攻めのM&A
戦略ガイド

成功する事業拡大・再編の新手法

森信静治
川口義信
湊　雄二

編著

日本経済新聞出版社

まえがき

　東日本大震災、タイの洪水被害、歴史的円高と、2011年はまさに日本国民、経済、企業にとって、これ以上はないと思われるほどの試練が続いた年でした。しかし、大震災の渦中で見せた、日本人の相互互恵の精神や、困難に毅然と立ち向かっていく姿は、世界中のマスメディアで報じられ、未曾有の災害の被災者への同情よりも、むしろ驚嘆と共に敬意の念を世界中の人達に抱かせました。

　タイの洪水被害でも、日本企業は大きなダメージを受けました。しかし、歴史的円高に対してはマイナスに考えるよりもむしろチャンスととらえ、多くの企業が果敢に海外での事業展開、拡大を図り、その一つの手段としてM&Aに積極的に取り組みました。

　どうやら、日本人は自分たちが思っている以上の底力を本当は持っているようです。震災からの復興には、長い道のりが待っているでしょう。ただ経済面では、今年に入ってから景気が復調し始め、円高が一服したこともあり、ようやく日本企業に回復の兆しが見えてきています。

　世界に目を転じれば、2011年初のチュニジアでのジャスミン革命に端を発し、エジプト、リビヤと、立て続けに長期独裁政権が倒れるという、一昔前には考えられないような政治的な大転換が起こりました。また、2010年に起こったギリシャでの財政危機はヨーロッパの他国にも飛び火し、ユーロ圏の経済が大きく揺らぎました。11年半ばからのドイツ、フランスの必死の火消し作業により、今春に入り、ギリシャ国債の棒引きという形で、事態は一応沈静化しましたが、火種はくすぶったままとなっています。

　長期独裁政権が転覆した背景には、民意の形成に劇的な変化をもたらしたソーシャル・ネットワークの発達が要因としてありました。ギリシャはじめユーロ圏内の数カ国に対する信用リスクが顕在化して大きな危機をもたらした底流を探ると、既存の金融システムや周

辺制度が現実に沿わなくなってきたことが要因と考えられます。この二つの大事件は既存の価値観やシステムが崩壊しつつある証左となるのではないでしょうか。

　日本には過去に政治的・経済的・社会的に困難な時代が幾度もありました。そのつどマスコミは、「激動の時代」「未曾有の危機」「海図なき航海」といった言葉を用いて、警鐘を鳴らしてきました。少し大げさかもしれませんが、今直面している危機は、日本企業にとって、過去のそれらの変化をとらえた言葉をすべて合わせたよりも、大変な状況ではないでしょうか。

　これらの時代の大変化をふまえ、前著の『M&Aの戦略と法務』を全面的に見直して改訂し、その趣旨に合うように『攻めのM&A戦略ガイド』と改題したものが本書です。

　執筆陣が、常に頭に描いたのは、困難に立ち向かいつつ、M&Aを使ってイノベーションや新しい発展のモデルを作り出そうとしている経営者や企業の姿であり、そして奔流のごとく、日本企業が力強く「攻めの姿勢」で取り組んだ数多くの案件です。

　今回は、この流れを読者諸兄がしっかりととらえられるように、より読みやすく、より理解しやすく、より使いやすく、を心がけました。

　具体的には目次を3部構成にして、大方の類書でも不明確となっている、①未上場の中小企業か、公開大企業かを問わない、M&Aに共通する基本の手続き・制度・ノウハウ、②未上場企業M&Aに関連する固有の問題項目、③上場企業など大企業M&Aに関連する固有の問題項目を、分類整理し一段と分かりやすく解説しました。

　さらに第1部では、海外M&Aにも通じる、M&Aの取引を完結させるまでの基本ノウハウと、「M&A後の経営」を成功させるノウハウとに大別して、プロセスを明瞭にし、より理解しやすくしています。

　M&Aに関する報道を理解したい場合やM&Aの戦略を立案する際、また具体的なM&Aの案件を検討する際に、実務書としてより

使いやすく、目次を見ればどこからでも参照できるように構成しています。

　本書が、現状を打破し、日本だけではなく世界へ積極的に打って出ようとする企業や役職員の方達ばかりでなく、それを支援する金融機関や公的機関や専門家の方々、またグローバルな世界を目指す若者や学生諸氏にとって、M&Aの実務の参考に役立つことを願ってやみません。

　執筆にあたっては、日本経済新聞出版社第1編集部の西林啓二氏から、心からの叱咤激励をいただきました。深く感謝いたします。

2012年4月

森信　静冶
川口　義信
湊　　雄二

装丁／吉延高明
編集協力／そぞろ工房、合同会社　第プロ
DTP／ヨシノブデザイン

攻めのM&A戦略ガイド

成功する事業拡大・再編の新手法

・

目次

序 章　　M&Aの奔流

第1部

成功するM&Aの基本ノウハウ

第3章 株式取得による買収のノウハウ
(Acquisition)

第4章 事業譲渡 (Asset Acquisitions)

第5章 合併・会社分割
(Merger and Split)

1 もっとも「古典的」なM&A——合併とは............128

　(1) 合併の特徴............128
　(2) 認められる合併の形態............130
　(3) 合併における対価の柔軟化——「三角合併」............131

2 合併にかかわる法規制............132

　(1) 会社法による手続き（株式会社の場合）............132
　(2) 独占禁止法・金融商品取引法による規制............139

3 契約書作成のポイント............139

　(1) 法定記載事項............139
　(2) 任意の記載事項............140

4 会社分割のノウハウ............144

　(1) 会社分割制度の概要............144
　(2) 会社分割にかかわる法規制............147
　(3) 契約書・計画書作成のポイント............153

5 合併と分割の税務............158

　(1) 合併の税務............158
　(2) 会社分割の税務............165
　(3) 合併と経営統合の違い............165
　(4) 会社分割と事業譲渡の違い............168
　(5) M&Aにおける買い手企業の会計処理方法............168

第 8 章　M&A後を勝ち抜く経営
(Post M&A Integration: PMI)

第2部
未上場企業のM&A

第9章 売却のノウハウ

第 *10* 章　買収のノウハウ

第 *11* 章　未上場企業M&Aのプロセス

第**3**部

大企業のM&A

第**12**章　**M&Aに関する法規制の要点**

序章

M&Aの奔流

■ 世界経済の拡大と激流化

世界経済は、2000年からの9年間で、GDPは約1.8倍、貿易量は約2倍にまで拡大し、グローバル化も急速に進展しました。一方では、G8の先進国と中国に代表される新興国との間の成長率格差が大きくなり、今や新興国は大きなマーケットに成長しました。先進国間では、この成長マーケットの争奪戦も激しくなっています。

今世紀に入り、先進国は大きな三つの金融危機に見舞われ、金融業界は大きな負担を強いられました。同時に、今までの金融システムの脆弱性も露呈し、先進国の金融や信用度への信頼が揺らいで金融が不安定化しています。今や巨額の金融資産が世界をめぐっています。投資や運用の流れが大きく変わる可能性があり、資金面での激流化が懸念されます。

■ 動乱を勝ち抜くM&A

激流を乗り切るには、機敏に流れを見極め、先を読む操船術と同じく、大胆かつ緻密な経営が求められます。現在は、日本企業の海外企業買収を中心に第3次M&Aブームといわれています。多くの企業が新興国市場をはじめとした海外事業の拡大とM&Aを経営課題としています。課題の実現には、攻めのM&Aで時代を拓く経営が必要です。内－外（海外企業対象）案件は多面化しています。国内M&Aは事業基盤を強化することや、後継者のいない未上場企業の買収により経営資源を活用することを目指しています。

■ M&Aの体系

M&Aの形態は、経営権の取得を目指す狭義のM&Aと提携や共同事業のような経営権を取得しない広義のM&A の2種類があります。また、成功するM&Aのプロセスには、M&A取引を成功させるプロセスとM&A後の経営を勝ち抜く二つのプロセスがあります。

■ 内－外M&Aの留意点

内－外（海外）M&Aは、形態や進め方は国内M&Aと大きな違いはありません。ただし、対象国の税制や法規制上の制約があるので事前に調査する必要があります。

激流化する世界経済

（1）世界経済の拡大と成長率格差の顕在化

① 世界経済の拡大とグローバル化

　東西冷戦の終結により、旧東欧圏の経済体制が自由化され、市場主義をベースとした経済領域が、まずヨーロッパで拡大しました。これに少し遅れ、今世紀には入ってから、BRICsに代表される新興国の経済も目覚ましい発展を遂げ、世界経済は全体として飛躍的な拡大を遂げています。

　図表1－1は、世界全体と主要先進国および主要新興国の、2000年から09年の代表的な経済指標の推移をまとめています。表の通り、世界のGDPは、32.2兆ドルから58兆ドルへと、9年間で約1.8倍と大きく伸びています。東西冷戦の崩壊前で統計データが未整備な点はありますが、85年の世界のGDPは約27兆ドルとされており、85年から00年までの15年間で、世界経済は約1.2倍に成長したことになります。つまり00年から09年の9年間で、その直前の15年間の成長率をはるかに凌いで、大きな成長を遂げたことになります。85年から00年の間には、97年にタイから発生したアジア通貨危機という成長への阻害要因がありましたが、その要因を勘案しても、今世紀に入ってからの世界経済の成長には目覚ましいものがあります。

　また、表の通り、00年から09年までに、世界の輸出は約2倍、輸入は1.9倍と、貿易量も金額ベースで飛躍的に伸びています。貿易の伸び率がGDPの伸び率よりも高いということは、世界をめぐるモノの動きが活発化したことを示しており、世界経済のグローバル化が大きく進展したということです。グローバル化の進展に伴い、ヒト、モノ、カネ、情報が自由に国境を越えて行き来する経済のボーダレス化も急速に進んでいます。GDPの伸び率や貿易の伸び率を見る限り、今世紀に入ってからの世界経済は、有史以来の発展を遂げている、といっても過言ではないでしょう。

図表1−1　拡大する世界経済と成長率格差　（世界の統計：総務省統計局）

		世界全体	G8参加国				新興国		
			日本	米国	ドイツ	イタリア	中国	インド	タイ
GDP 10億米ドル	2000年	32,244	4,666	9,899	1,900	1,097	1,193	468	123
	2009年	58,069	5,042	14,119	3,330	2,113	4,984	1,287	254
	同増加率	180.1%	108.1%	142.6%	175.3%	192.6%	417.8%	275.0%	206.5%
輸出 10億米ドル	2000年	6,360	479	782	550	240	249	42	69
	2009年	12,348	580	1,057	1,128	406	1,202	163	152
	同増加率	194.2%	121.1%	135.2%	205.1%	169.2%	482.7%	388.1%	220.3%
輸入 10億米ドル	2000年	6,573	380	1,259	495	238	225	52	62
	2009年	12,471	551	1,605	939	414	1,004	250	135
	同増加率	189.7%	145.0%	127.5%	189.7%	173.9%	446.2%	480.8%	217.7%
外貨 準備高 10億米ドル	2000年	2,071	356	69	62	29	169	38	32
	2009年	8,594	1,024	134	66	50	2,418	266	136
	同増加率	415.0%	287.6%	194.2%	106.5%	172.4%	1430.8%	700.0%	425.0%

②　成長率格差の顕在化

　表の通り、G8参加国と、新興国グループの各指標の増加率は大きく乖離し、一目瞭然で完全な二極化を示しています。特に、中国の場合、各指標の伸び率だけでなく、ドルベースの増加額そのものも、表中のG8参加各国を凌駕する伸びを示しています。表にはありませんが、中国は09年に国内自動車販売台数が、リーマン・ショック後の米国を抜いて世界No.1となり、翌10年には日本を抜いてGDP世界No.2となっています。今世紀に入っての世界経済は、中国を代表とする新興国経済の著しい台頭と、成熟化による先進国経済の停滞という、明暗をくっきりと分ける結果を残しています。

　成長率の格差は、先進国から新興国への所得移転が進んだことを意味しますし、その結果として成長率の高い新興国の消費需要が高まることにつながりました。つまり、先進国にとって、中国をはじめとする新興国は、もはや安価な

労働力を活かした製造拠点ではなく、将来有望な消費マーケットへと変わることになりました。したがって、先進国や新興国を問わず、今後の経済成長のためには、世界的なレベルで、生産拠点を確保すること、またその基になる資源の確保は当然のことであり、それに加え、製品、商品を販売するマーケットを確保していくことが大きな鍵となっています。

　このような趨勢は、当面は続くものと予想され、各国、各企業間での争奪戦ともいえる競争が、ますます激化するでしょう。

(2) 不安定化する金融

① 先進国での三つの大きな金融危機

　今世紀に入って、先進国は三つの大きな金融危機に見舞われています。97年から05年に及ぶ日本の不良債権処理、08年の米国のリーマン・ショック、それと11年のユーロ危機、と三つの大きな金融危機が発生しています。

　詳細な原因や経緯は他書に譲りますが、三大危機での金融部門の損失額や公的な主な資金投入額は、次のようになっています。

　07年までの日本の不良債権処理額の累計額は約98兆円。

　08年10月、リーマン・ショックに直面し、金融システム安定化のために、米国政府が7000億ドル（約70兆円）の公的資金を投入。

　11年6月、EFSF（欧州金融安定化基金）を5000億ユーロ（約55兆円）で設立。

　11年12月、ECB（欧州中央銀行）が欧州の金融機関向けに4890億ユーロ（約50兆円）を貸出し。

　日本の不良債権処理額は金融機関が被った損失額で、他の資金は金融システムや国債の安定化を目的としたもので、それぞれ内容は異なります。しかし、日本の一般会計の税収が現在42兆円程度ですから、これと比較するといずれも途方もない金額であることが分かります。

　そもそも日本の場合は、企業向けの、主として不動産貸金が延滞し、回収不能債権化したことが大きな原因となっています。米国のリーマン・ショックは、低所得者向け住宅ローンであるサブプライムローンを証券化した金融商品の不払いが原因でしたが、最終の債務者は住宅ローンを借りた個人となっています。欧州の場合は、アイルランド、ギリシャをはじめ数カ国の国債が償還不能とな

るかもしれない、いわゆるソブリン・リスクが顕在化したもので、債務者は国債を発行した各国政府となっています。つまり、三大金融危機を横断的に見ると、債務者が、日本は企業、米国は個人、欧州は公的機関（国家）と異なっており、債務者の属性としてはすべて含まれていることになります。

　この三大危機を、ともすれば金融危機とひとくくりで同一視するような風潮や報道が一部でありますが、債務者の属性から見れば、まったく異質の危機となっています。これらの三大危機は、たまたま、日米欧と国も違い、時期も違って発生していますが、もし一つの国の中で発生したと仮定すれば、その国の金融システムは崩壊し、つれて国家も破綻することになります。

②　揺らぐ先進国の金融システムへの信頼

　これらの金融危機の規模や影響、原因や背景については、すでにあまたの報道や解説、分析がなされて、ここで言及する余地はありません。ただ、この三大危機が、金融という成熟産業であり、また公的な統制、管理の厳しい業種でもあり、しかも経済力があり法整備の発達した先進国で起こったことは不可解としかいいようがありません。ギリシャの前政権のように、08年の財政赤字の対GDP比の比率が実際は13.6%となっていたのを、3.6%と粉飾していたことは言語道断ですが、やはり制度そのものにあった欠陥や歪みが露呈したことと、携わっていた実務家の能力に限界があったということではないでしょうか。一言でいえば、既存制度の瓦解です。

　金融の基本は、資金使途と返済能力に応じた貸金や与信であり、事情はともあれ、それを守らなかった金融実務家の怠慢が原因でしょうし、それに歯止めがかけられなかった制度にも弱点があるのでしょう。また、個別の企業や各種の金融商品や国の調査には限界があるとはいえ、長い間慣れ親しんできた現行の格付けシステムにも、やはり弱点があるのでしょう。不良債権処理で日本の金融機関は深手を負い、リーマン・ショックで米国のみならず欧州の金融機関も大きな損失を出しました。まだ、その傷も癒えていない段階で、ユーロ危機が着地点が見えないまま進行していて、先進国の金融機関や金融システムが大きく揺らいでいます。

③ 資金供給の不安定化

マッキンゼー社の調べによれば、世界の金融資産は10年に212兆ドル（約1京6324兆円）に達しています。また、シャドーバンキングといわれるヘッジファンド、金融会社や証券化商品の運用会社の資産規模は、10年に60兆ドル（約4620兆円）となっています。両方合わせれば、途方もない資金が世界を巡っていることになります。資金は経済の血液といわれ、経済成長や貿易の促進には、資金は不可欠であり、資金の供給が偏るとか滞ったりすると、実体経済の成長は阻害されることになります。

前述のように、今世紀に入って新興国経済は飛躍的な成長を遂げましたが、その裏には大きなリターンを期待して、投機的な資金を含めて、低成長の先進国から新興国へ資金が回ってきていたのは間違いありません。国際決済銀行（BIS）のデータでは、11年6月末で、世界全体のクロスボーダー（国境を越える）の与信残高は32兆ドルを超え、約19兆ドルが欧州の銀行の残高となって、うち5兆ドルは、新興国向けとオフショア市場に向けられています。しかしながら、ここにきて、欧州での金融危機は、新興国への資金供給にも影響を与え始めています。その原因の一つ目は、国債の保有でバランスシートが毀損している欧州の金融機関に供給する資金を捻出するために、新規融資の抑制や資金の引き上げが必要となっているからです。二つ目は、欧州危機により、欧州の銀行が自己資本不足に陥っており、貸出資産を圧縮する必要に迫られているからで、11年12月に、EBA（欧州銀行監督局）は、欧州銀行の健全性審査の結果として、31行の自己資本不足額が合計で1147億ユーロ（約11兆5000億円）となっている、と発表しています。

ユーロ危機は、足下では世界の金融に大きな影を落としています。日本の不良債権処理、米国のリーマン・ショックと合わせ、先進国が今まで構築してきた金融システムそのものの欠陥や脆弱性も露呈させました。このことにより、今後、資金の供給側が、長期投資のリスクをとらずに、短期の利ざや稼ぎ目的とか資金の安全資産への疎開を図ることが危惧されます。欧米の金融関係者や投資家が、ブラック・スワン（目に見えないリスク）がどこに潜んでいるか分からない、としてリスク資産を圧縮する動きが強くなっているようです。このことによって、新興国への資金供給が細るとか、不安定化すれば、経済成長も

図表1－2　変貌する日本のM&A

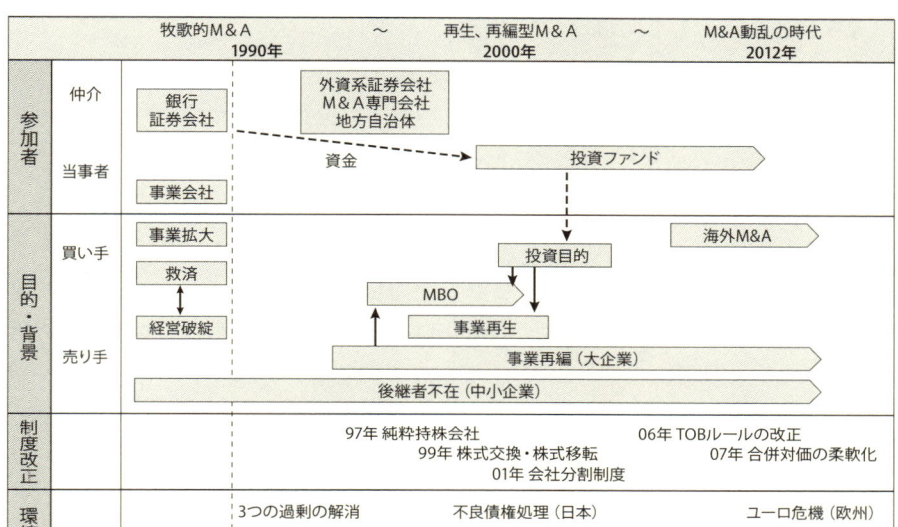

減速せざるを得なくなるでしょう。

 動乱を勝ち抜くM&A

　世界経済は、成長率の不均衡や金融の不安定化によって、激流の様相を呈してきています。これを乗り切るには、穏やかな大海原を大型船で航行するのとは、まったく異なった操船術が必要とされます。まず流れを読み、機敏に流れを乗り切り、そして先を読んで流れの中に点在する岩礁を避ける、緻密かつ大胆な操船術です。

（1）攻めのM&Aで時代を拓く

①　M&Aの変遷

　我が国の第1次M&Aブームは、1988年に始まり90年までの3年間続きました。97年のアジア通貨危機を経て、第2次ブームは99年から00年の2年間とされていて、第3次ブームは11年央に始まり現在に至っています。この20年

余で、M&Aに対する意識は日本企業にも浸透し、業種や企業規模を問わず、重要な経営戦略として認識されています。

　図表1−2は、我が国におけるM&Aの変遷の概要を表しています。第1次ブーム以前は、M&A という言葉にも馴染みがなく、銀行の依頼で大手企業が経営破綻した企業を救済する、といった、いわば牧歌的なM&Aが散発的に発生していた程度でした。

　第1次ブームは、まさにバブル景気のまっただ中にあり、大手銀行が仲介して、大手企業が買い手に参加、豊富な資金力を背景に後継者不在企業を買収するのが主体となっていました。その後、バブルの崩壊で、再生目的や事業の再編目的のM&Aが多くなり、つれて外資系の証券会社やM&Aのブティックがアドバイス業務に参入、投資ファンドが新たな資金の供給者として登場しました。図中にも記載の通り、M&Aの取引がスムーズにいくように、制度の改正も数度にわたって行われてきました。

　第3次M&Aブームは、日本企業の海外でのM&Aの活発化に起因していますが、国内でもブームの様相を呈しています。

(2) 日本企業のM&A戦略

　日本経済新聞が定期的に実施する、社長100人アンケートの11年12月分では、12年の主な経営課題として、

　ⅰ　新興国などの海外事業の拡大——70.8%
　ⅱ　新規の製品やサービス分野の開拓強化——61.3%
　ⅲ　海外での生産規模を拡大——49%
　ⅳ　M&Aや提携などの外部資源活用——24%

などが挙げられています。

　また、同じく日本経済新聞によれば、主要企業の経営者の12年の年頭所感でも、新興国需要の開拓で世界を攻める、また、M&Aを通じてグローバル化に備える、世界へ打って出ようとする経営者が多くなっています。

　11年11月26日付、日本経済新聞の「分析ニッポン株式会社」に、海外売上高比率がM&A実施企業で上昇した旨が掲載されていて、上位5社は図表1−3の通りです。

図表1−3　M&Aで海外売上高比率が上昇した企業 （日本経済新聞の記事のまとめ）

順位	社　名	海外売上高比率の対前年増加率 (%)	海外売上高比率 (%)
1	タカラトミー	22.2	41.7
2	千代田化工建設	17.3	62.8
3	ナカノフドー建設	12.8	36.4
4	新東工業	11.7	43.6
5	日立国際電気	8.8	50.3

図表1−4　大手企業の主なM&A戦略 （日本経済新聞の記事のまとめ）

企業名	投資金額	M&Aの内容
東洋製罐	1000億円	5〜10年間で海外中心に展開
大陽日酸	1000億円	14年3月までに新興国、米国中心に実施
日清製粉	2000億円	20年度までにアジア中心
NTTドコモ	4000億円	5年間で放送・医療関連、海外でのコンテンツ事業強化
NTTデータ	数百億円	IT関連企業を欧米、新興国中心に実施
ユニクロ	5000億円	欧米での小売事業強化
北越紀州製紙	600億円	今後5年間でM&Aを含めた海外投資を計画

　図表1−4は、日本経済新聞に11年中に掲載された大手企業の主なM&A戦略をまとめたものです。各社の投資予定の金額も嵩んでいますが、各社とも、やはり、海外と新興国での事業拡大を目指す戦略を強く打ち出しています。

（3）多面化する内−外（海外企業対象）案件の増加

①　日本企業の地域別M&A

　M&A助言のレコフ社のまとめによれば、日本企業の海外企業を対象とするM&Aは、6兆2665億円と金額ベースで対前年比67%増加しました。また、件数ベースでも同様に23%増加して455件となっています。対象地域別の件数では、アジアが42%増加して198件、欧州は26%増加して96件となりました

が、北米は9%減少して109件となっています。件数の実績から見れば、日本企業のアジア地域への傾斜が鮮明な結果となっています。

②　対外直接投資の推移

　日本の対外直接投資の推移は図表1－5の通りとなっています。5年ごとの投資残高の比率を見れば、成長率の伸びに合わせるように、アジアの比率が大きくなっているのが分かります。米国の比率が落ちて、10年の欧州の比率が00年比では増加していますが、05年比では微減しています。やはり、日本企業の投資がアジアに厚く向かっており、全体としてアジアを重視した経営姿勢が窺えます。また、年間の直接投資額も、日本企業が、海外に打って出始めたことを表すように、11年は1～9月で、10年と05年を既に上回っています。これは、11年央の"歴史的円高"も追い風になっていることが十分考えられますし、ドル－円の為替相場の推移から見れば、11年のドルベースでの投資額は大きく伸びていることに間違いないでしょう。

③　中小企業の海外進出

　以前は、海外への進出や海外での事業展開は、大手企業以外には無理だと考えられてきました。やはり、中堅中小企業にとっては、資金面、人材面、運営ノウハウなど多くの点で、海外での事業展開に大きなハードルがあり、思い切って海外進出する企業はまれでした。

　中小企業の海外進出は、95年に対ドルで80円を割ったのが大きな契機となり、本格化し始めました。メーカーを中心とする大手企業が、円高回避のために海外に製造拠点を設ける必要性が高くなり、下請けや系列の中小企業が追従する形で進出するという形態がほとんどでした。その後、円安となり、円高に押される形での進出は減少することになります。

　中小企業庁の11年7月の調べでは、海外に子会社を持つ中小企業は約5700社で、その半数は製造業が占めています。今は、日本企業の海外M&Aが、第3次ブームになっていますが、いくら円高とはいえ、現状では中小企業も同じように海外M&Aを積極的に行うとは考えられません。ただ、中堅企業の中には、海外での経営のノウハウを身につけてきた企業も多くなっており、その中

図表1−5　対外直接投資残高と投資額の推移

		00年		05年		10年		11年
対外直接投資残高（JETRO）　単位：億ドル								
			比率%		比率%		比率%	
	アジア	493	17.7	882	22.7	2127	25.6	
	米　国	1322	47.5	1502	38.7	2518	30.3	
	欧　州	568	20.4	943	24.3	1935	23.3	
	全　体	2784		3882		8305		
対外直接純投資額（財務省）　単位：兆円								1〜9月
		3.4		5		4.9		6.1

から、進出先の地場企業や同業の外資系企業をM&Aで傘下に収めていく企業が出てくることは十分に考えられるのではないでしょうか。

④　メガバンクの動き

　日本企業の海外M&Aへの取り組みの活発化に応じ、メガバンクも体制の強化を進めています。具体的には、3行合わせて、11年の上半期で、既に7000億円程度の買収資金の融資を実行しています。また、今後のM&A 案件の獲得のために、営業体制の強化に動いており、ファイナンス部門やアドバイス部門の整備や外銀や外資系投資銀行との連携の強化を図っています。この動きと連動し、11年10月に政府系金融機関の国際協力銀行が、日本企業の海外企業M&A 向け貸金の資金手当に充当するために、3メガバンクに総額3.3兆円の融資枠を設定しています。これは、官民挙げて海外M&A を実施する企業への資金面での支援を強化し、日本企業が海外M&Aを積極的に促進する環境を整備するのが大きな狙いとなっています。

⑤　内−外M&A の類型

　第1次、第2次の海外M&Aは、88年のブリヂストンのファイアストーン（米国）買収や89年のソニーのコロンビア（米国）買収、そして99年のJTのRJR

図表1-6　内-外M&Aの類型

生産拠点確保型 ―――――――――――――――――――――――――

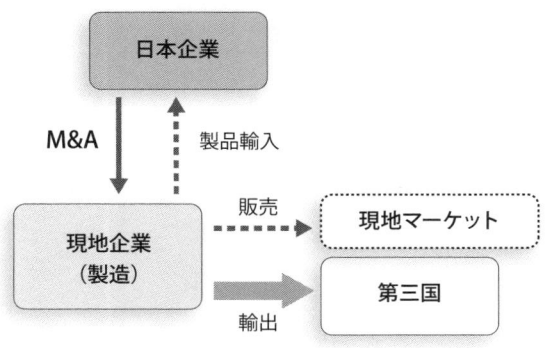

現地マーケット開拓型 ―――――――――――――――――――――――

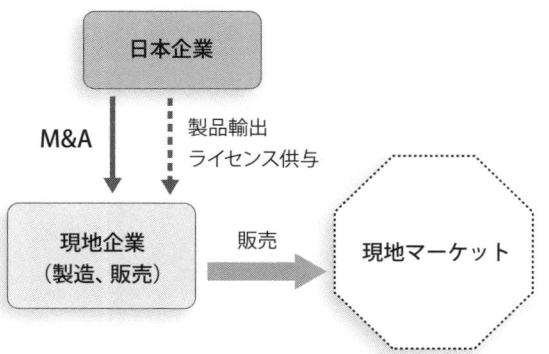

資源確保型 ―――――――――――――――――――――――――――

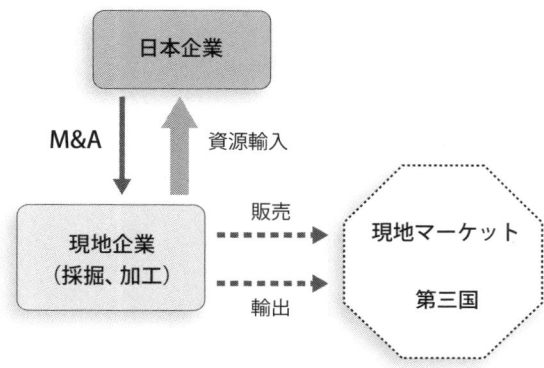

図表1-7　主な内－外M&A案件 （日本経済新聞の記事のまとめ）

買い手（買収企業）	売り手（被買収企業）	国	金額（概算）	内容
生産拠点確保型				
武田薬品工業	ナイコメッド	スイス	1兆1000億	東欧への販売強化
日清紡HD	TMD	ルクセンブルグ	450億円	摩擦材で世界1位となる。欧州、南米への販売網を強化
富士フイルム	ソノサイト	米国	770億円	携帯診断装置の大手メーカー。両社の販売網を活かし世界展開
クボタ	クバナランド	ノルウェー	171億円	畑作農機の大手、世界規模の販売網を持つ
ポーラ・オルビスHD	ジュリーク	オーストリア	230億円	豪州、中国への販売
テルモ	カリディアンBCT	米国	2162億円	カテーテルの世界への販売
現地マーケット開拓型				
キリンHD	スキンカリオール	ブラジル	3038億円	ブラジルでの飲料販売
アサヒグループHD	インディペンデントリカー	ニュージーランド	982億円	ニュージーランドでの飲料販売
アサヒグループHD	ピーアンドエヌビバレッジ	オーストラリア	272億円	オーストラリアでの飲料販売
みらかHD	カリス・ダイアグノスティクス	米国	580億円	米国での病理検査事業
資源確保型				
三菱商事	アングロ・アメリカン・スール	チリ	4200億円	チリの銅鉱山
伊藤忠商事	サムソン・インベストメント	米国	780億円	天然ガス（シェールガス）の権益
伊藤忠商事	ドラモンド	米国	1285億円	石炭事業
丸紅	アロエッテアルミ精錬所	カナダ	140億円	アルミ精錬事業の権益拡大
丸紅	APモラー・マースク	デンマーク	1070億円	LNG船所有による権益確保

ナビスコ（米国）のたばこ部門買収に代表されるように、超大手企業による米国大手企業の買収が主流となっていました。

　最近の日本企業による海外企業へのM&A（内－外M&A）は、業種が多様化していることと、対象国が多様化していることが大きな特徴となっています。かつてのような超大手企業、米国ではなく、企業が多業種化、実施国が多国化、多面化しているといえるでしょう。

　図表1－6は、最近の内－外M&Aを類型化したもので、図表1－7はそれぞれの類型の主な案件をまとめたものです。M&Aの狙いから見て、内－外の案件は大きく三つの型に分けることができます。

i　生産拠点確保

　これは、買収した企業から製品を日本へ輸入するとか、製品を現地で販売

するとかよりも、買収した企業をベースに、自社が未開拓となっている国への販売を強化するとか、買収企業の製品を、自社が既に持っている海外販売ルートへ乗せることを目的としています。まさに、グローバルに市場を開拓していくことが大きな狙いとなっています。

ⅱ　現地マーケット開拓

　表に掲載している企業以外でも、生活関連商品や日用品関連の日本企業が実行しているM&Aで、現地のマーケットへの参入や販売強化を目的としています。これは、ⅰの生産拠点確保型も同様ですが、日本国内での需要の先細りを補い、これから成長が見込めるマーケットを取り込んでいくという、長期的な視野に立ったM&Aとなっています。特に、経済発展が著しい、中国、東南アジア、インドのマーケットを開拓し、シェアを確保していくことが課題となっています。

ⅲ　資源確保

　図表1－7のように、日本の商社が買収の主体となっています。日本企業でもメーカーは、ⅰ、ⅱのように、将来的なマーケットの確保を狙いとしてM&Aを進めています。前節の通り、世界経済は急速な発展を遂げていますが、発展を維持継続するには、天然資源の確保が大きな鍵となります。このような、M&Aを含めた、海外での資源確保事業を積極的に展開した結果、日本の7大商社が12年3月期に、海外子会社から受け取る配当金は1兆数百億円に達し、過去最高額となる見込みとなっています。まさに激流を乗り越えたことによる、大きな成果となっています。

　三つの類型ともに目的や狙いは違うように見えますが、海外で将来に向けた大きな布石を打っていくことや橋頭堡を確保していくことが経営的な狙いとなっています。

(4)事業基盤の強化を目指す国内M&A——高収益企業を目指す再編、統合、提携

　11年12月に公正取引委員会が、新日本製鐵と住友金属工業の合併を承認し、両社は、12年10月の「新日鉄住金」発足へ向けて、本格的な準備作業に着手しました。70年の八幡製鉄と富士製鉄の合併、02年の川崎製鉄とNKKの統合

図表1−8　国内の主なM&A案件 （日本経済新聞の記事のまとめ）

1　買収

買い手（買収企業）	売り手（被買収企業）	形態	金額（概算）	内容・狙い
イオン	マルナカ、山陽マルナカ	株式取得	400億円	中四国地区の基盤強化
京セラ	オプトレックス	株式取得	200億円	小型液晶パネル事業の強化
アース製薬	バスクリン	株式取得	180億円	シェアアップ、ブランド力強化
ヤマダ電機	エス・バイ・エル	TOB	74億円	スマートハウス事業の拡大・強化
H2Oリテイリング	家族亭	TOB	52億円	外食事業の強化
NTTデータ	JBISホールディングス	TOB	100億円	証券業界向システム開発事業
NTTドコモ	らでぃっしゅぼーや	TOB	70億円	宅配事業の強化
ワールド	ファッションウォーカー	事業譲渡	11億円	通販事業の強化
JR東日本	東急車輛製造	事業譲渡	65億円	鉄道車輌製造部門の買収

2　合併、統合、提携

企業名		分野	形態	内容・狙い
イオン	AHBインターナショナル	ペット事業	吸収合併	ペット事業の強化と集客力向上
日立建機	日産自動車	建機事業	共同出資会社	フォークリフト事業を統合
サッポロ飲料	ポッカコーポレーション	飲料事業	新設合併	販売力強化のために統合
出光興産	イエローハット	カー用品	資本業務提携	仕入、商品開発の効率化
大日本印刷	オールアバウト	ネットサービス	資本業務提携	ネット運営のノウハウの共有化

によるJFEホールディングスの設立と、同業界の大型合併の最終章という貌になっています。鉄は国家なり、とまで謳われた業界も、80年代以降の新興国メーカーとの激烈な国際的な競争には抗しきれず、経営統合が体力、技術力の強化のための残された唯一の道であったといえるでしょう。

　また、12年に入って、同じような背景で、国内造船第2位のユニバーサル造船と同7位のアイ・エイチ・アイマリンユナイテッドが10月に経営統合する旨を発表しました。ユニバーサル造船を存続会社とする合併で、統合後のコスト削減効果をてこに中国韓国勢への追い上げを図るとしています。

　これほどの大型案件ではありませんが、最近の国内M&Aの主な案件は図表1−8の通りとなっています。企業の顔ぶれも、狙いも、第3章以降で詳述するM&Aの形態も多士済々となっています。「2　合併、統合、提携」に挙げているように、買収ばかりではなく、大手企業が共同出資事業や提携にも動いて

います。これは、前述の社長100人アンケートで、「M&Aや提携などによる外部資源の活用」を経営課題に挙げているのと符合しています。

　イオンやアース製薬は同業の買収による規模の拡大、ヤマダ電機やH2Oリテイリングはまったく異業種の買収による新規事業の強化、ワールドや京セラは周辺業種の買収、イオンは吸収合併による、関連事業の強化を狙ってM&Aを実施しています。共同事業や提携の案件の狙いも、業務の効率化やノウハウの共有を狙ったものとなっています。大手企業といえども、本業を従来通りに経営していれば業績は伸びる時代は終わっていて、合従連衡によって道を切り開いていくことを迫られています。経済のグローバル化の波の中で、高収益会社へ変身するためには、業種、企業規模を問わず、国内でも攻めのM&Aの必要性がますます高まってくるのではないでしょうか。

（5）経営資源の活用を目指す事業の承継

①　中小企業数の減少と後継者不在

　中小企業経営者には、いろいろ経営上の悩みや課題がありますが、会社＝事業の後継者不在が一番深刻な悩みとなっています。総務省の統計によれば、日本の中小企業数は、86年の543万社をピークとして、06年には424万社にまで減少しています。また、中小企業庁によれば、01年から06年までに、年平均で28万社が廃業していますが、そのうちの25％にあたる7万社が、後継者不在が廃業の理由となっています。これに追い打ちをかけるように、中小企業の12年問題が浮かび上がってきています。12年は、団塊の世代が65歳に達し始め、大量に退職することになり、つれて中小企業経営者の引退も増加して、後継者不足がますます深刻化することが危惧されています。

②　事業承継目的のM&A

　詳細な統計データはありませんが、国内M&Aの売り手（被買収企業）の9割以上は中小企業が占めています。売却の理由で最も多いのが、後継者の不在で、他社に自社ないしは自社の事業を引き継いでもらいたいというものです。いわば、事業承継目的のM&Aとなっています。ただ、その数は、後継者不在を理由に廃業する中小企業数に比べれば、おそらく2〜3％に満たない、まだ

図表1−9 事業承継目的のM&Aのカベ (東京商工会議所調査)

理　由	比率（%）
① 適当な売却先を見つけるのが難しい	67.3
② 公式な売却価格を決定しづらい	41.1
③ 身売りの噂が流れ取引に影響が出る恐れ	35.8
④ 相談相手がいない	14.9
⑤ 税の負担が大きい	12.1

まだ少ないものとなっています。

　中小企業経営者のM&Aに対する理解不足が、中小企業の事業承継目的のM&Aが進まない大きな理由となっています。少し前になりますが、06年に東京商工会議所が行った調査では、後継者のいない経営者が、事業承継M&Aでの事業承継を考える時に、大きなカベと感じるのは図表1−9の5点となっています（複数回答の結果）。対象数の多い東京での調査であることを考慮すれば、ここに挙げられている項目や比率は、現在も平均的な中小企業経営者が抱えている悩みと考えても大きな違いはないでしょう。

　つまり、事業承継の方法としてM&Aがあるのは知っているが、自身が決断し実行するのには、あまりにもハードルが高いと感じていることを表しています。特に、一番多い悩みとなっている「適当な相手先を見つけるのが難しい」は買い手の問題ともなっています。上場企業や大手企業だけでなく、多くの中小企業も、M&Aで他社や他の事業を買収したいという"買いニーズ"を持っています。また、後継者不在が理由で毎年廃業する7万社に比べれば、買いニーズを持った企業数ははるかに多く、10倍から20倍程度はあると推測されます。

③　買い手に求められる条件

　M&Aを実施するには、もちろん、売り手の事業の内容や財務、業績の良し悪しが大きな決め手となります。ただ、買い手にも問題がある場合もあり、買いニーズは持っているが、いざ実際の案件が出てきた場合に、対応できないと

いう企業も多数あります。M&Aを実行しようとする企業に、買い手として望まれる条件としては以下の3点が挙げられます。どれが一番重要な条件かは個々のケースによりますが、最低限この三つの条件が備わっていないと他社をM&Aで承継し、事業を発展させていくのは難しいといえるでしょう。

i 事業意欲が旺盛で目利き能力がある

事業承継目的のM&Aの場合、事業意欲が旺盛なことが、買い手として最低限の条件であり、そうでないとまず案件を検討することすら難しくなります。加えて、事業の目利きができることも重要で、そうでないと、承継の対象となる事業の評価はもちろんのことですが、承継後に経営課題を解決し事業を発展させることが難しいからです。売り手側から見れば、事業を承継するのに相応しい相手に手厳しさも必要となります。

ii 高い資金調達力

買い手側には、株式譲渡代金や事業譲渡の代金のように、買収資金がまず必要となります。これに加えて、通常は、承継した後で、事業を活性化するための追加投資の資金が必要となります。また、事業を活性化させれば、不意の資金需要や追加の運転資金が発生することも多くなりますが、事業からのキャッシュ・フローや利益が出るまでには相応の時間がかかることもあるので、買い手は買収資金と追加投資用の資金だけではなく、追加の運転資金を賄うだけの資金の調達能力が不可欠になります。

iii 人材の補強能力がある

事業承継目的のM&Aは、売り手側の後継者不在が大きな理由となっています。後継者不在の企業には、現場の実務や日常業務をこなす人材には恵まれてはいても、経営者を補佐していく人材に乏しい場合が多く見られます。これは、オーナー経営者が、経営の後継者だけではなく、経営事項を判断する人材の養成を怠ってきたことが大きな原因と考えられます。オーナー経営者が会社のすべてを取り仕切ってしまうことによる、ワンマン経営の大きな弊害の一つといえるでしょう。買い手側は、M&A後に新しい経営者を送り込むことは最低限必要ですが、事業発展の要となる営業、技術、管理などの経営の根幹を統括できる人材も送り込めるぐらい、能力の高い人材の余裕があることが望まれます。

3 M&Aの体系

（1）目的別M&Aの形態

① M&Aの区分

M&Aというと、合併や買収が頭に浮かびがちです。実際にM&Aといわれる取引は、かなり広範な概念で 図表1－10のような体系となっており、M&Aは、二つの観点から分けられています。まず、資本・資金投下で資金を使う場合と、資金を使わない契約書のみの業務提携とに分けることができます。もう一つは、経営権や事業を取得する場合の狭義のM&Aと広義のM&Aとに大別されます。

② 狭義のM&A

一般的に "M&A" は、ほとんどの場合、狭義のM&Aを意味しています。経営権の取得や事業を買収する目的で、資本や資金の投下を行うM&Aであり、本書のM&AがまさにこのM&Aに該当します。資本投入や資金の投下を伴う狭義M&Aの目的は図表の通りで、売り手企業の経営権の取得や事業の買収を目的とする形態となっています。

ⅰ 形態の選択と法手続き

狭義のM&Aを実行する際には、法的な手続き面から見れば、図表のいずれかの形態を選択することになります。M&Aの当事者が、売り手と買い手の立場に分かれる場合、買い手にとっては、売り手の法人格を引き継ぐのか、あるいは事業のみを引き継ぐのかという選択が、重要なポイントになります。

（イ）経営権の取得

M&Aの対象会社（被買収会社）の経営権を取得する目的で、過半数以上の株式取得か合併を選択することになります。株式取得の場合は、発行済みの株式を取得するか新しく発行される株式を引き受ける（新株の引受け）かの二通りがあります。新株の引受けも、実際の新たに発行される株を取得する場合と、将来発行される新株を取得する権利を取得

するかの二通りがあります。

　合併は、図の通り、一つの企業が他の企業を吸収する吸収合併と、新しい会社を設立し、合併当事者企業のすべてがその新会社に吸収される新設合併の二通りがあります。

（ロ）事業買収

　売り手の経営権は取得する必要はないが、対象会社の事業のみを買収する場合で、手続き的には、事業譲渡か吸収分割を選択することになります。実務的には、事業譲渡の手続きをとるのが一般的となっています。

③　広義のM&A

　広義のM&Aというのは、あまりなじみがない言葉かもしれませんが、資本提携や業務提携を意味しています。資本提携の場合には、当事者となる企業が買い手・売り手という立場ではなく相互互恵的な立場で、相手方への資本参加や双方から共同出資の形態をとることになります。また、共同出資会社の場合は、2社だけではなく3社以上の参加となるケースもあります。また、図のように資金を使わない業務提携は、あくまでも契約を基に、当事者相互間で特定の事業の協力を進めていくことを目的としています。

i　業務提携の概要

　株式を持ち合う場合がありますが、お互いの経営権に影響は与えず、したがって経営権は移転せず、提携する相手の経営を支配することはありません。経営権がどちらにも移らないので、当事者企業の間で相互の利益を図ることが基本になっています。相互に商品を供給し合うとか、片方が技術を提供し一方はそれに対価を支払うとか、供給や提供する物や内容と規模はケースバイケースですが、相互の利益を図ることが基本になっています。また、単純な売買契約とは異なり、お互いの利害得失を明確にし、経常的な取引関係を維持することになります。そして、明確な契約に基づく商品の売買や業務の委託、請負いであり、提携関係には期限を設けることになります。実務的には、解除の条項も盛り込みますが、自社の勝手な事情だけで相手の合意もなしに契約を解除することはできません。

図表1-10　M&Aの形態図

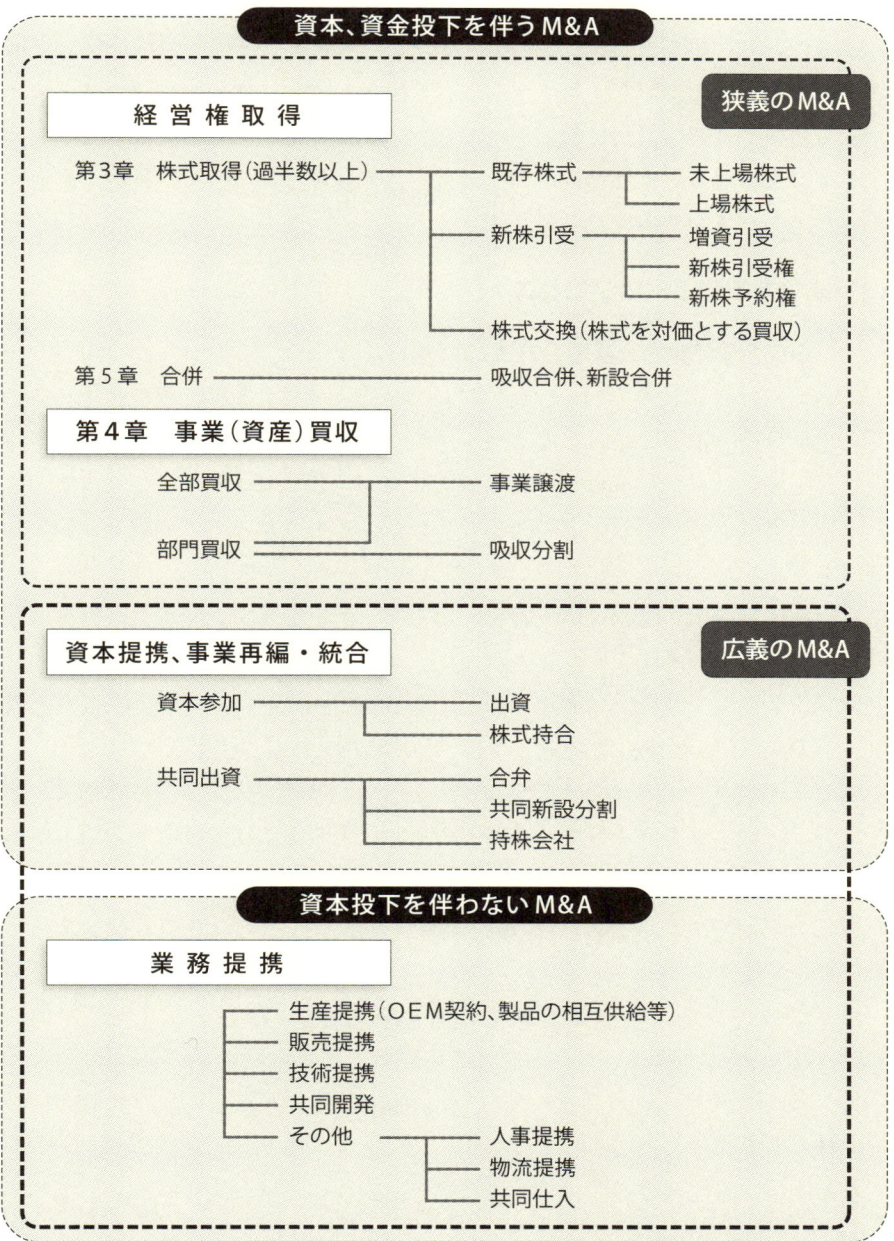

ⅱ 多様化する目的や狙い

　経営戦略的な観点から見た場合、業務提携の主な目的や狙いとしては、投資額の軽減、抑制やM&Aの前段階といった事業拡大を図る目的や狙いが主となっていました。しかしながら、経営環境の変化に伴い、最近では事業再編や情報や資産の活用にも広がっており、提携の目的や狙いも多様化しています。また個々の業務提携においては、優先順位は別にして、目的や狙いが複数となる場合も多くなっています。

(2) 成功するM&Aのプロセス

① 事前合意（覚書、基本合意書の締結）

　図表1−11は、狭義のM&A（以降はM&Aとします）で、売買の相手が決まり、事前合意を書面で結ぶ必要があるかを表しています。当事者企業を未上場会社と上場会社に分ければ、売買の組合せは表のように4通りとなります。株式取得の場合、売り手が未上場企業であれば、基本合意を書面で取り交わす必要があります。

　次の、事業譲渡と吸収合併の場合も、すべての組合せで、基本合意を書面で取り交わす必要があります。この書面は、基本合意書や覚書の形式を取るのが通常で、第6章、第7章で説明する買収調査や価値算定のために、売買当事者双方がM&Aに対する意思を確認するための手続きとなります。

　売り手が上場企業の場合、言い換えれば、上場企業を株式取得でM&Aをする場合には、当事者同士は事前合意ができません。上場株式は証券市場で売買されており、経営支配可能な50%以上の株式を取得する場合には、金融商品取引法の規制を受け、TOB（株式の公開買付け：後述）以外の方法で取得することはできないからです。

　事業譲渡や合併は、売買当事者が未上場、上場に関係なく、企業規模やM&A後の市場占有率で、独占禁止法上の届け出が必要となります。

　以上は、売り手（消滅会社）、買い手（存続会社）の概念のない新設合併でも同様となります。

　なお表中にも記載の通り、未上場企業を株式取得で買収する形態が、国内のM&Aの90%以上を占めています。

図表1-11　事前合意：合意書、覚書

◎ 株式取得（50%以上）

	売り手	買い手	事前合意
＊1	未上場	未上場	有
＊2	未上場	上場	有
＊3	上場	未上場	無
＊4	上場	上場	無

＊1と＊2：M&Aの90％以上をこの二つの組み合わせが占める
＊3：MBOで活用される組み合わせ
＊3と＊4：50％以上の上場株式の取得は後述のTOBとなる

◎ 事業譲渡と吸収合併　　　　　　　　（　）内は吸収合併の場合

売り手（消滅会社）	買い手（存続会社）	事前合意
未上場	未上場	有
未上場	上場	有
上場	未上場	有
上場	上場	有

○上場、未上場問わず企業規模や市場占有率によって独占禁止法上の規制あり
○上場企業が売り手、買い手となる場合は金融商品取引法上の制約あり

②　M&A後の経営を勝ち抜くノウハウ

　図表1-12は、後述のM&Aを成功させるプロセス（第2章から第5章）とM&A後の経営を勝ち抜くプロセス（第6章から第8章）の概要を表しています。このプロセスは国内でのM&Aのプロセスに限らず、海外企業を買収する場合でも、同様のプロセスを適用することができます。というのは、株式制度自体がもともとイギリスで始まり、現在の株式や株式会社にまつわるルールのほとんども欧米で発展し、後に日本入ってきたもので、株式をベースとする意思決定は日本だけに限定されたものではありません。加えて、M&A取引も欧米で開発され、それを日本が取り入れたものであり、欧米のシステムを模倣する形で株式市場や金融市場を整備してきた新興国でも、M&Aも同じような取引形態をとっているからです。したがって、株式や株式市場が存在する国では、お

おむね図表と同様のプロセスでM&Aを実行できることになっています。

　図表の通り、M&Aは前述の売買当事者が基本合意を書面で締結することから、本格的に始まります。当事者双方は、本契約に必要な取締役会や株主総会の手続きをとることが必要となります。同時に、売買の条件の折衝も並行して行いますが、買い手側から見ればM&Aを成功に導くプロセスとなります。法手続きを含め適正な手続きを、遺漏なく進めることがM&Aを成功に導くことになります。

　買い手は、必要な手続きをとっていくことはもちろん必要ですが、買収調査（デューディリジェンス）や売り手の会社や事業の価値算定をする必要があります。買収調査も価値算定も、一義的には、売り手とのM&Aの条件の折衝や交渉のためと、本契約の内容を確定するために必要な作業となっています。しかしながら、M&A後の経営を展望した場合、デューディリジェンスや価値算定は、さらに重要な意味を持っています。詳細は後述しますが、これらの作業は売り手の重要な経営情報を得る手段であり、また、妥当な買収価額つまり適正な投資額を決定する意味があり、すべてM&A後の経営に大きく影響を与える作業となっています。

　デューディリジェンスや企業の価値算定は、とかく技術論や方法論に終始しがちですが、買い手は、M&A後を勝ち抜くノウハウだということを、はっきりと認識して作業に当たることが肝要です。

(3) 内－外（海外）M&Aの留意点

　最近の内－外M&Aの目的別の類型は、前述の通りとなっています。また、海外のM&Aの形態や進め方も国内M&Aと大きくは変わらないというのも前述の通りです。しかしながら、内－外M&Aを実施する際には、日本では考慮する必要のない現地の風土に始まり、法律、労働事情の相違による留意点が多数あります。内－外M&Aに関し留意しておくべき主要な項目は、次の通りとなっています。

　なお、③、④は、対象国の制度、規制にかかわること、また適用税率などがつど変更することになるので、M&Aの検討時に対象国の大使館、領事館やジェトロなどで確認することが必要です。

図表1−12 勝ち抜くM&Aのプロセス

		基本合意		本契約締結	
		調査と必要手続きの期間			
成功させるノウハウ	第3章 株式取得				経営権取得
	既存株式			株式買収	
	新株引受				
	増　資	増資手続き		増資株式取得	
	引受権 予約権	付与手続き		権利取得 権利行使 新株取得	
	第4章 事業譲渡	事業譲渡承認手続き		事業譲渡	
	第5章 合併	合併承認手続き		合併実行	
勝ち抜くノウハウ		アフターM&Aへの準備		第8章 M&A後の経営	

第6章 デューディリジェンス
・財務、法務、ビジネス
・事業構造の把握

経営情報 → 第8章 M&A後の経営計画策定
↑ 業績計画

財務業績 → 情報 → 第7章 企業価値算定
・投資額決定
・将来収益計画

・事業の再編・統合
・資産・負債リストラ
・人事、組織再編
・管理システム見直し
→ 財務体質強化
高収益企業

① 連結対象

出資比率や支配力基準で子会社、関連会社となれば、連結決算の対象となります。

また、セグメント情報の海外売上高の対象ともなるので、継続的な業績管理や財務内容の把握が必要となります。

② 為替の管理

日本企業が直接M&Aを実行する場合には、外貨建ての買収資金や貸付金は、日本側に資産計上され、以降は常に為替リスクを負うことになります。また、M&A後に、日本との間で貿易をする場合や、現地子会社から配当を送金する場合にも、為替リスクの管理が必要となります。貿易や配当の送金を円建てにすれば、為替リスクは現地企業が追うことになりますが、外貨建ての場合には、日本側が為替リスクを負うことになります。

　また、買収した現地企業が第三国と貿易取引する場合には、同様に現地企業が為替リスクを負うことになります。もっとも、ユーロ圏の企業がユーロ圏の企業と取引する場合には、当然ユーロ建てとなるので、現地企業側では為替リスクの問題は発生しません。

　最近は、前述のヘッジファンドの投機目的の為替取引が盛んになっており、為替相場が乱高下することも多くなっています。内－外M&Aを実施する日本企業は、日本サイドでの為替管理はもちろん重要ですが、現地企業の為替管理も十分に行うことが肝要となっています。

③　移転価格税制

　企業活動の国際化に伴い、国際展開する企業グループが、国ごとの税率格差を活用して、同一グループ内での貿易とか資金取引などの各種取引を通じ、所得を国際的に移転させることに対応する税制となっています。

　端的にいえば、税率の高い国の親会社から、税率の低い国の子会社（国外関連者といいます）に輸出する場合に、"通常より安く"輸出して利益を子会社に移転しようとする行為を防ぐ狙いがあります。このような取引には、国外関連者との取引価格と独立企業間価格、つまりまったく持株関係とか支配関係がない国外企業との取引の価格、との比較で、見なし課税が発生する可能性があるので、価格設定には十分な注意が必要となります

　この税制が対象とする取引は、国外関連者との間で行う資産の売買、役務の提供、資金取引などが該当します。現在は、OECDの加盟国のほとんどがこの税制を採用しており、経済の国際化に伴い採用する国の数は増加しています。概要は以上の通りとなっていますが、内容の詳細は、必要なつど、税務通達などで確認する必要があります

④　外資規制

　M&Aを検討している国の外資規制についても事前に確認しておくことが重要です。国によって程度の差はありますが、国外企業が自国内に子会社を設立する際にはなんらかの規制や制約を設けています。

　主に次のような規制や制約があります。

図表1−13　内−外M&Aの基本的な役割分担（メーカーの場合）

項 目	日 本 側	現 地 側
人材	社長、役員、財務・経理責任者、技術者	役員、中間管理職、従業員
資金	円建て、外貨建て資金の貸付け 現地通貨建て借入に対する保証	現地通貨の借入
設備	基幹設備の輸出	工場建屋、一般設備の調達、維持
技術	核となる技術の供与 新技術の取得	既存技術の活用
原材料	特殊な原材料の輸出	通常の原材料の調達
部品	基幹部品の輸出	
販売	製商品の輸入	製商品の現地販売 製商品の第三国への輸出

i　**業種による規制、制限**

　軍需や放送のような国家の安全保障にかかわるような業種や、農業などの自国産業の保護が必要な業種、また、国策として自国資本や産業の育成を目的とするような業種が対象となっています。

ii　**外資の比率に関する規制、制限**

　外国企業の出資比率に上限を設ける方法で、外資の経営支配権を制限することを目的としています。新興国の場合は、産業振興、輸出促進、先進技術の移転が見込まれる業種について、例外として外資の経営支配を認める特例を制定しています。

⑤　**基本的な役割分担**

　日本のメーカーが、内−外M&A実行した場合、M&A後は日本側と現地側とでおおむね図表1−13のように役割を分担することになります。

　人材面では、M&A後の経営の円滑化を図り、業績を向上させるために、社長、役員、財務・経理責任者、核となる技術者を派遣する必要があります。特に、コア技術を守りたい場合には、技術者の派遣は不可欠で、日本側にしかないコア技術や製造ノウハウの提供や製造工程全般の管理を行うことになり

ます。

　また、海外子会社の経営の正否は、財務や経理の管理に負うところも多いので、財務・経理責任者の派遣も不可欠となっています。 資金面では、前述の通り、為替管理の点から、外貨、円建て資金は、日本側で調達して貸し付けることも必要です。現地通貨建ての運転資金などは現地での調達となります。

　製造設備については、基幹設備や現地では調達できない設備を日本で調達して、現地あてに輸出することになります。原材料、部品も同様で、現地での調達製造できる物は現地調達し、それ以外の原材料や部品は日本から供給する必要があります。

　販売については、今までは、現地の日本メーカー、外資系メーカーに販売し、残りを日本の親会社もある程度は輸入する、というのが一般的でした。最近では、内－外の類型にもあるように、買収した現地企業を製造拠点と位置づけて第三国への販売を拡充、強化しようとの狙いも多くなっています。

成功するM&Aの基本ノウハウ

第2章

株式と経営支配権

■ 株式とは

M&Aの基本は対象企業の経営権もしくは事業を取得することですが、株式と経営支配権の関係を理解することが重要です。

■ 株式会社の利点

株式会社は持分会社とは異なり、社員と会社の関係および社員相互の関係が希薄な会社です。会社の所有（株主）と経営（取締役）が分離でき、社員の地位（株主）も自由に譲渡できるメリットがあります。また、「株式」によって社員の地位を細分化でき、社会から資本を効率的に調達することができます。これによって、一つの事業を起こすための資金調達が容易にできるシステムです。

■ 株式平等の原則と種類株式

会社法改正（旧商法の改正）によって、数種の種類株式が認められ、株式の内容に特色を持たせることができるようになりました。これによって、優先株式、全部取得条項付種類株式、拒否権付種類株式（黄金株）、取締役選任、解任決議種類株式など、M&Aにとって有用な株式が発行できることになりました。

■ 株主の権利と経営支配権

株主の権利には単独で行使できる株主権と株式数などに制限のある少数株主権があります。M&Aは会社の経営権の取得が目的ですので、株主総会の主導権をとるのに、どのような持株比率が必要かを知らなければなりません。過半数、3分の2、3分の1、4分の1などの割合が重要です。また、株主総数の割合か、出席株主の割合かにも注意が必要です。

■ 株式譲渡の自由と制限

株式は原則として自由に譲渡できます。株主は譲渡によって投下資本を回収できます。一方、所有と経営が一体化している、オーナー企業では、株主の移動は事業にとってマイナスとなりますので、法定の要件で制限できることになっています。

■ 自社株の取得とM&A

自社株は会社法では「自己株式」と規定されています。実質資本の払戻しであるということで、取得には規制があります。合併や事業譲渡の結果として自社株を取得する場合がありますが、M&Aの対価の自由化に伴って自社株を使うことが可能になり、戦略的な自社株買いが進んでいます。

株式とは

　M&Aの基本は対象企業の経営権もしくは事業を取得することですが、その前提として、株式と経営支配権の基礎知識はM&A戦略に不可欠なものです。

（1）株式会社の利点

　一口に会社といっても、株式会社とは限りません。会社法では株式会社とは別個の類型として持分会社という形態を認めています。会社法では商法で認められていた合名会社、合資会社に加えて、新たにすべての社員が有限社員である合同会社（日本版LLC）が創設され、これら三つの種類の会社を「持分会社」という一つの類型に整理しています。

①　所有と経営が分離できる

　持分会社は社員と会社との関係、および社員相互の関係が密接な会社です。このような会社では、社員は自ら会社経営に参加するとともに、会社債権者に対しても重い連帯責任（無限責任）を負担します。そして、社員の個性が重視されるために、社員の総数が多くなることはなく、社員の地位の譲渡も簡単にはできません。

　これに対して、社員と会社との関係、および社員相互の関係が希薄な株式会社では、社員は会社経営について重要な事項の決定には参加しますが、業務執行には当たらず、会社債権者に対しても出資額の範囲内での責任（有限責任）のみを負います。その結果、社員間の人的信頼関係はあまり重視されませんので、多数の社員の参加が可能で、社員の地位も自由に譲渡できることになるのです。

　会社の種類による主な違いは図表2－1の通りです。日本では、ここまであげた中でも株式会社形態の会社が最も多く、約250万社あるといわれています。

②　資金調達の優位性

　株式会社を特徴づけているのは「株式」です。株式とは、社員としての地位

図表2−1 会社の種類による主な違い

	株式会社	持分会社		
		合名会社	合資会社	合同会社
設立（発起人）	1名以上 （会社法25条1項）	1名以上 （会社法576条2項）	2名以上 （会社法576条3項）	1名以上 （会社法576条4項）
出資額の下限	制限なし （最低資本金制度は廃止）	制限なし	制限なし	制限なし
出資者（社員の地位）	株主（株式数）。法人も可	持分。法人も可	持分。法人も可	持分。法人も可
社員の責任	有限（会社法104条）	無限（会社法576条2項、580条1項）	有限または無限（会社法576条3項、580条）	有限（会社法576条4項、580条2項）
持分の有価証券化	可能（株券）	不可	不可	不可
出資の形態	株式	財産出資のほか、労務、信用の出資も可能	有限責任社員は、金銭その他の財産に限る（会社法576条1項6号）	有限責任社員は、金銭その他の財産に限る（会社法576条1項6号）
社員の地位（持分）の譲渡	譲渡は原則自由。定款で制限可（会社法107条1項1号、108条1項4号） 株券の交付（株券発行会社の場合）（会社法128条）	他の社員の全員の同意（会社法585条1項）	原則他の社員の全員の同意（会社法585条1項） 業務を執行しない有限責任社員は、業務執行社員の全員の同意（会社法585条2項）	原則他の社員の全員の同意（会社法585条1項） 業務を執行しない有限責任社員は、業務執行社員の全員の同意（会社法585条2項）
業務執行	取締役 （会社法348条1項）	全社員 （定款で別段の定め可） （会社法590条1項）	全社員 （定款で別段の定め可） （会社法590条1項）	全社員 （定款で別段の定め可） （会社法590条1項）
代表	代表取締役 （会社法349条1項但書）	業務執行社員 （会社法599条1項）	業務執行社員 （会社法599条1項）	業務執行社員 （会社法599条1項）

を細分化し、単位化したものです。これによって、社会に散在する資本を効率的に集めることができ、一つの事業を起こすために必要な資産を調達し、会社を成立することが容易になったのです。

　今日、事業を発展させるためには、技術開発、製造設備の拡張、宣伝広告などに莫大な資金が必要となっています。株式会社は、その莫大な資金を株式という形で小分けにすることで、広く集めることを可能にしたのです。言い換えれば、他の会社形態では難しい資本の充実が容易であるということです。

　株式の募集、新株の発行を通じ、資本市場からの資金調達がきわめて容易にできるため、事業の拡大、発展にとって、最も便利な会社形態として利用されているのです。

(2) 上場会社と閉鎖型の会社

　同じ株式会社でも、証券市場に上場している会社と中小企業など閉鎖型の会社では、会社法上やその他の法律上で抱える問題はまったく異なります。特に閉鎖型の株式会社では、株式に自由な譲渡性がないため、経営に関与するためでなければ資本出資する意味は乏しいのです。本書でもこの点に留意して、M&Aの法制についても上場会社、大企業と閉鎖型の中小企業の場合を区別して解説しています（公開買付けなど金融商品取引法の規制は第12章、第13章で後述）。なお、会社法にいう公開会社は必ずしも上場会社ではないので注意が必要です。

(3)「株式平等」の原則と種類株式

① 「株式平等」の原則

　それでは、株式会社において、その出資者である株主は、どのような形で事業運営あるいは経営に参加できるのでしょうか。

　株式会社では、株主総会における議決権の行使は、社員である株主の頭数ではなく、その出資割合である株式数に応じた多数決で決められることになっています。この点が、社員の頭数による多数決を採用している合名会社、合資会社と大きく異なる特徴です。これは「資本多数決の原理」と呼ばれています。

　議決権だけではなく、一般に株主の権利義務がその持株数に応じて会社から平等に扱われることは、株式会社制度の基本です。これは「株主平等の原則」と呼ばれています。より正確には、「株式平等の原則」ということもできるでしょう。

② 種類株式

　会社法では、株式による資金調達を容易にすること、会社の支配関係を多様化するために、株式平等の原則の例外として、種類株式を認めています。すべての株式の内容として特別な定めをすることと（会社法107条）、権利の内容の異なる複数の種類の株式を発行できること（会社法108条）となっています。

　この種類株式の内容については、図表2—2を参照してください。

図表2-2　株式の種類

■すべての株式の内容として特別の定めを認めるもの

	内容・コメント	会社法
① 譲渡制限株式	すべての株式について、その譲渡〔法文上は「譲渡による取得」〕に会社の承認を必要とするという形で株式の譲渡を制限することを認めた。	2条17号・107条1項
② 取得請求権付株式	株主がその株式について会社に取得（買取り）を請求できるような株式。	2条18号・107条1項2号
③ 取得条項付株式	一定の事由が生じた場合に、株主ではなく会社側が取得権を有するような株式。言葉を換えると強制取得株式。	2条19号・107条1項3号

■種類株式

	内容・コメント	会社法
① 剰余金の配当 （優先株式・劣後株式）	剰余金の配当、残余財産の分配について他の種類株式より優先的な地位か劣後的な地位かによる。一般的には剰余金配当について優先株式とする代わりに、次の議決権のない株式とするという形での利用が想定される。配当・分配についての優先、劣後以外にも特定の事業に連動する株式（トラッキング・ストック）などがある。	108条1項1号
② 残余財産の分配 （優先株式・劣後株式）	同上	108条1項2号
③ 議決権の制限	株主総会の全部または一部の事項について議決権を行使することができない株式。例えば、剰余金配当について累積的優先株式としてかつ無議決権株式とすれば配当について、ある年度の配当をなしにして、翌年の配当にすることも可能で、利益の内部留保が可能となる。	108条1項3号
④ 譲渡制限	譲渡による株式の取得に当該会社の承認を要する種類株式。定款変更の手続きのほか、制限を受ける種類株式、その種類株式を取得の可能性のある、取得請求権付株式、取得条項付株式の種類株主総会の決議が必要。反対株主には株式買取請求権がある。一部の譲渡制限をした会社は公開会社である。	108条1項4号 116条1項2号
⑤ 取得請求権付種類株式	株主が会社に対してその株式の取得を請求できる種類株式。対価として交付される財産に制限はない。	108条1項5号
⑥ 会社による強制取得 （取得条項付種類株式）	一定の事由が生じたことを条件として会社がその株式を強制的に取得することができる種類株式。既発行の株式について当該定款の定めを設け、または内容の変更には定款変更手続きのほか、株主全員の同意必要。	108条1項6号
⑦ 全部取得条項付種類株式	株主総会の特別決議により会社がその全部を取得することができるような種類株式。 定款で、発行可能種類株式総数と取得対価の決定方法・条件を定める。 反対株主には株式買取請求権がある。	108条1項7号 108条2項7号、ただし3項・規則20条1項6号 116条1項2号
⑧ 定款による種類株主総会の承認 （いわゆる拒否権付種類株式）	株主総会、取締役会、清算人会において決議すべき事項について、その決議のほかに当該種類の株式の種類株主総会の決議が必要とする種類株式。黄金株とも呼ばれており、組織再編、役員の選任解任など重要な決議について拒否できる株式。敵対的M&Aの防衛策として利用可能。	108条1項8号
⑨ 選解任種類株式	その種類の株式の種類株主を構成員とする種類株主総会において取締役・監査役を選任することができる内容の種類株式。この株式を発行した場合には、取締役・監査役の選任は全体の株主総会では行われない。	同108条1項9号 委員会設置会社と公開会社は除く

M&Aに関連する種類株式はおよそ次の通りです。

i 優先株式、劣後株式——配当の優先劣後だけでなく、株価を完全子会社の業績に連動する株式（トラッキング・ストック）として使用できます。

ii 議決権制限株式——ある事項について議決権を行使できるか否かという形で議決権を制限する種類株式で、合弁会社などで持株比率と議決権割合を変えることができます。

iii 譲渡制限株式——会社の意思に反する株主を排除できます。

iv 全部取得条項付株式——一定の種類株式に全部取得条項をつける種類株式で、少数株主のスクイーズアウトの場合に使用できます。

v 拒否権付種類株式——株主総会、取締役会、清算人会の決議事項について、拒否できる種類株式で、合弁企業に使えるほか、敵対的M＆Aに対する防衛策（黄金株）として使用できます。

vi 取締役・監査役の選任決議種類株式（class voting）——全株式譲渡制限会社でのみ認められますが、合弁企業などの契約で合意した場合の選任に使用できます。

(4) 株主の議決権と配当

このように、株主は「一株一議決権」の原則にもとづき、株主総会において議決権を行使することによって、経営の意思決定に参加します。また、取締役の選任・解任決議を通じて経営をコントロールすることになるのです。

その一方で、株主は経営により獲得した利益を配当の形で受け取ることができます。これもやはり株主の頭数ではなく、株式数に応じて配分されることになります（会社法453条）。株主平等の原則がここでも適用されるわけです。

上場株式の場合には、株主は株の値上がり益（キャピタルゲイン）を狙うために、配当はあまり重視されていません。一方、非上場企業の場合には、株式に流通性がないため、その株主は議決権行使を通じて経営に参加し、業績を伸ばすことにより高額の配当を得ようとします。

ここで、株主の議決権と配当について法的な問題点を整理してみると、次の通りになります。

① 議決権について

i 一株一議決権の原則

各株主は株主総会、種類株主総会において、原則として一株につき一個の議決権を有します（会社法308条1項）。

ii 一株一議決権の原則の例外

（イ）議決権制限株式

定款によって、いっさいの総会決議事項につき議決権がない株式（完全無議決権株式）や一定の事項についてのみ議決権を有する株式などの議決権制限株式を作ることができます（会社法108条1項3号、2項3号種類株式参照）。しかしながら、海外では認められている例もある複数議決権株（dual-class common stock）の制度はありません。

（ロ）自己株式（会社法308条2項・325条）

会社は、その有する自己の株式については、議決権を有しません。

（ハ）相互保有株式（会社法308条1項括弧書・325条）

ある会社（A）の議決権の総数の4分の1以上を他の株式会社（B）が有する場合に、Aが有するBの株式は議決権はありません。親会社（C）とその子会社を合わせて、または子会社のみで、Aの議決権の総数の4分の1以上を有する場合にも、Aはその有するCの株式につき議決権はありません。

（ニ）単元未満株（会社法189条1項）

議決権はありません。

② 配当について

i 株主の会社から剰余金の配当を受ける権利

手続きとしては、原則として株主総会による承認決議（会社法454条）が必要です。

（イ）配当財産の種類、および帳簿価額の総額

（ロ）株主に対する配当財源の割当てに関する事項

（ハ）剰余金の配当の効力発生日を定めて行います。

ただし、例外的に定款で定めれば剰余金の配当を取締役会で決定できま

す。この例外は、会計監査人設置会社でかつ監査役会設置会社（委員会設置会社）であって、取締役の任期が1年を超えない会社でなければなりません。

ⅱ　配当可能利益の限度（会社法461条、464条）

　株主に利益配当するに当たっては、会社法上制限があります。この分配可能利益が存在しないのに配当をすると、違法配当として、役員には民事、刑事上の責任が生じます。

ⅲ　株主平等の原則（会社法454条3項）

　利益の配当は、各株主間で平等でなければなりません。ただし、定款で利益の配当につき異なった扱いをする種類株式を定めたときは例外ですが、種類株式間では平等でなければなりません。

株主の権利と経営支配権

（1）会社の「所有」と「経営」は違う

　株式会社の経営支配権については、会社の「所有」と「経営」の分離という観点から考える必要があるでしょう。

　会社の所有者である株主は、高配当あるいは高株価を維持するためには、自分の会社の業績を発展させる必要があります。しかし、高度情報化、グローバル化の進展する現在では、会社の経営に際して多様な要素を考慮しなければならず、それ相応の豊富な知識、経験が必要となってきます。そこで、株主（所有者）が自ら経営をするよりも、豊富な知識、経験を有する有能な経営者に経営を任せるほうが合理的です。ここに、会社の「所有」と「経営」の分離が生じます。

　しかし、忘れてはならないのは、株式会社の場合、現行商法上、会社の経営支配はあくまでも「株主総会の意思決定」によって行われているという点です。言い換えれば、株主総会において決議ができる議決権（control stock）を持っている株主が、最終的に会社経営の支配権を持っているということなのです。

　経営の専門家である取締役といえども、株主総会により選任、解任され（会社法329条・339条）、さらに「株主の監督是正権に服する（会社法847条ほか）」、

つまり株式を所有した株主の支配権に服するわけです。

これまで、日本の株式会社では、銀行や保険会社、友好的な取引先など、現経営陣と密接な関係にある者に、会社の大株主になってもらうことが多く見られました。そのような株主は、多数の株式を長期間手放さず、安定株主として現経営陣を支え続けます。彼ら株主にとっても、自らと友好的な関係にある現経営陣が安定して経営を続けていくことが、自らのメリットになると考えられていたのです。このため、本来市場で流通するはずの株式が流通性を失い、既存株主以外の者が市場から株式を取得することを通じて会社の支配権を取得することが非常に困難でした。

その結果、市場で流通するのは、安定株以外の一部の「浮動株」であり、それを取得する一般株主は、経営権を取得することなどは考えず、株価の値上がり、配当のみに関心のある投機株主、投資株主になってしまっているといった状況でした。

このように、株主が現経営陣にとって友好的な安定株主と、キャピタルゲイン狙いの一般株主だったことから、日本の株式会社は、株主に対して高配当を行う必要があまりなく、内部留保を拡大することができたといわれています。

しかし、会社の経営が流動性を失い、実質的なワンマン経営者が長期にわたり会社の経営を支配し続けると、放漫経営を招くなどさまざまな弊害も出てきます。破綻したダイエーなどもその一例でしょう。

会社経営の流動性を高める方法の一つが、M&Aです。序章でも詳述したとおり、日本でもM&Aが経営戦略として定着し、他の会社の経営支配権を取得することが日常化してきた今、会社の経営権と株主の権利の関係について、もう一度確認する必要があるでしょう。

(2) 株主の権利

株主の権利には、大きく二つの種類があります。

一つは自益権といわれるもので、株主の財産的利益を直接目的とする権利です。例えば、会社への利益配当請求権、その会社が清算した場合の残余財産分配請求権などがこれに当たります。つまり、自益権は経営に対する権利主張というよりも、会社財産に対する権利主張といえます。

　二つ目は、共益権といわれるものです。これは、自益権とは異なり、会社経営に対する権利の主張です。会社自身の目的を達するために与えられた権利といわれています。つまり、会社の経営の方向づけに参加できる権利のことです。その中には、一株の株主でも行使できる単独株主権（例えば、議決権、代表訴訟提起権、取締役の違法行為差止請求権など）と、一定の割合の株式を保有しなければ行使できない少数株主権（例えば、総会招集権、帳簿及び書類の閲覧謄写権、検査役選任請求権など）とがあります。

　それぞれの株主の権利については図表2－3を参照してください。

（3）株主総会の主導権をとる持株比率

　株主総会は、会社経営の根幹にかかわる事項についての決定権限を持っています。したがって、会社を支配するには、株主総会の主導権を握ることが必要となります。では、どれだけの株式を取得すれば株主総会の主導権を把握できるのでしょうか。次の議決権割合がポイントとなります。

①　3分の1以上の持株比率

　取締役、監査役の選任は、まさに経営権取得の要件です。この選任決議は、種類株主総会による選任を定めている場合を除いて、株主総会の通常の決議（普通決議）事項です。したがって、定款に別段の定めがある場合のほかは、次に述べるように発行済株式総数の過半数に当たる株式を持つ株主が出席し（定足数）、出席した株主が持つ議決権の過半数をもって決することになります。

　ただし、普通決議の場合の定足数については、一般には定款によって軽減するか、または定足数自体をなくしてしまう（排除する）こともできます。実際は、定款で軽減しているのが通例ですが、取締役、監査役などの役員の選任決議については、定足数を排除するのはもちろんのこと、発行済株式数の3分の1未満に軽減することもできません（会社法341条）。これは、経営の権限を有する取締役（監査役）の選任について、なるべく多数の株主の意思を反映させようという狙いがあります。この意味で、3分の1以上という持株比率が重要になるのです。

　ちなみに、定款でほかの普通決議について定足数を発行済株式総数の3分の

図表2−3 株主の権利

	権利の内容	会社法の条文	議決権数・株式数の要件	保有期間（公開会社）
単独の株主権	自益権としての剰余金配当請求権と残余財産分配請求権、株式買取請求権。株主総会議決権	105条1項2項	要件なし	要件なし
	設立無効等の訴権	828条2項①など	要件なし	要件なし
	累積投票請求権	342条	要件なし	要件なし
	募集株式発行差止権等	210条など	要件なし	要件なし
	代表訴訟提起権	847条など	要件なし	行使前6カ月
	取締役・執行役の違法行為差止請求権	360条・422条	要件なし	要件なし
少数株主権	提案権	303条・305条	総株主の議決権の1%以上または300個以上	行使前6カ月
	総会検査役選任請求権	306条	総株主の議決権の1%以上	行使前6カ月
	帳簿閲覧謄写権　検査役選任請求権	433条　306条	総株主の議決権の3%以上または発行済株式総数の3%以上	要件なし
	取締役等の責任軽減への異議権	426条5項	総株主の議決権の3%以上	要件なし
	取締役等の解任請求権	479条・854条	総株主の議決権の3%以上または発行済株式総数の3%以上	行使前6カ月
	総会招集権	297条	総株主の議決権の3%以上	行使前6カ月
	解散判決請求権	833条	総株主の議決権の10%以上または発行済株式総数の10%以上	要件なし
	簡易合併等の反対権	796条4項	法務省令〔規則197など〕	要件なし

（注）少数株主権については、すべての会社において、定款で要件の緩和ないし単独株主権化ができる。

1未満に定め、取締役の選任については何も定めていない場合でも、選任決議については3分の1までしか軽減していないものと判断するべきです。

② 過半数の持株比率

　株主総会の普通決議は、発行済株式総数の過半数にあたる株式を持つ株主が出席し（定足数）、その出席株主の議決権の過半数によって行われます（会社法309条1項）。なお、定款でこの要件を軽減しても差し支えありません。実際上も、定款によって定足数を軽減または排除しているのが通常です。ただし、決議要件は、最低でも過半数にしておかないと、複数の決議が可能となってしまい、会社の意思決定ができなくなるので注意が必要です。

　定足数の点は別にして、発行済株式総数の過半数の取得は、次に述べる特別

決議を除くすべての決議が可能となり、会社の意思を決定できるという意味で、会社の経営権支配のために十分な持株比率といえます。

③ 3分の2以上の持株比率

株主の利害に特別重要な関係のある事項については、特別決議事項とされ、議決権を行使することができる株主の議決権の過半数を有する株主が出席し（定足数）、その出席株主の議決権の3分の2以上の多数で決定します。この定足数は、定款で3分の1まで軽減することができます。他方、決議要件である3分の2の基準は定款で引き上げることが認められる上、一定数以上の株主の賛成を要するなどを定款で定めてもよいことになっています（会社法309条2項）。

なお、取締役、監査役の解任の決議は普通決議でよくなりました。

そのほか特別決議事項は、図表2－4の通りで、経営支配権にとって重要な事項が含まれています。

i 会社の基礎を変更する行為

例えば、定款の変更、事業の譲渡など、合併、株式交換、株式移転、会社分割、資本金の減少、解散、継続などです。

ii 株主の地位にかかわる事項

例えば、一般承継人に対する株式売渡請求、全部取得条項付種類株式の取得、株式併合などです。

iii 株主平等の原則からの株主の利害にかかわる事項

例えば、譲渡制限株式の買取り、特定株主からの自己株式取得、現物配当などです。

v 募集株式・新株予約権の発行にかかわる重要事項

例えば、特に有利な新株、新株予約権発行などです。

vi 会社支配にかかわる重要事項

例えば、累積投票により選任された取締役・監査役の解任、役員の責任の一部免除などです。

図表2−4　特別決議事項

＜特別決議を必要とする手続き＞

議決権を行使することができる株主の議決権の過半数を有する株主が出席し（定足数）、その出席株主の議決権の3分の2以上の多数で決定する。この定足数は、定款で3分の1まで軽減することができる。他方、決議要件である3分の2の基準は定款で引き上げることが認められる上、一定数以上の株主の賛成を要するなどを定款で定めてもよいことになっている。	会社法（以下同）309条2項
譲渡制限株式の譲渡不承認時における会社による買取事項を決定する株主総会および指定買取人の指定	140条2項5項
自己株式の合意取得に関する事項	156条1項　ただし160条1項の場合に限る。
全部取得条項付種類株式の取得に関する事項および相続人等に対する売渡請求に関する事項	171条1項
株式併合に関する事項	180条2項
募集株式の募集事項の決定、その委任、募集株式の割当てを受ける権利付与の非公開会社における決定、募集譲渡制限株式の取締役会非設置会社における割当て	199条2項・200条1項・202条3項4号・204条2項
募集新株予約権の募集事項の決定、その委任、募集新株予約権の割当てを受ける権利付与の非公開会社における決定、譲渡制限株式を目的とする募集新株予約権・募集譲渡制限新株予約権の取締役会非設置会社における割当て	238条2項・239条1項・241条3項4号・243条2項
役員の解任	339条1項　ただし342条の累積投票により選任された取締役の解任または監査役の解任の場合に限る。その他は普通決議。
役員などの責任の一部の免除	425条1項
資本金額の減少に関する事項	447条1項　ただし309条25項9号イ、ロいずれにも該当する場合を除く。
現物配当	454条4項
定款の変更、事業の譲渡など、解散の規定により株主総会の決議を要する場合における当該株主総会	会社法第2編第6章から第8章まで
組織変更、合併、会社分割、株式交換および株式移転の手続きの規定により株主総会の決議を要する場合における当該株主総会	会社法第5編

＜特殊の決議──特別決議以上に厳格な決議　その1＞

議決権を行使することができる株主の半数以上（これを上回る割合を定款で定めることも可）で、かつ、当該株主の議決権の3分の2（これを上回る割合を定款で定めることも可）以上の賛成が必要。	309条3項
その発行する全部の株式の内容として譲渡による当該株式の取得について当該株式会社の承認を要する旨の定款の定めを設ける定款の変更を行う株主総会	309条3項1号
783条1項の株主総会（合併により消滅する株式会社または株式交換をする株式会社が公開会社であり、かつ、当該株式会社の株主に対して交付する金銭等の全部または一部が譲渡制限株式など〔同条3項に規定する譲渡制限株式などをいう。次号において同じ〕である場合における当該株主総会に限る）	309条3項2号
804条1項の株主総会（合併または株式移転をする株式会社が公開会社であり、かつ当該株式会社の株主に対して交付する金銭等の全部または一部が譲渡制限株式などである場合における当該株主総会に限る。）	309条3項3号

＜特殊の決議──特別決議以上に厳格な決議　その2＞

前3項の規定にかかわらず、109条2項の規定による定款の定めについての定款の変更（当該定款の定めを廃止する者を除く）を行う株主総会の決議は、総株主の半数以上（これを上回る割合を定款で定めた場合にあっては、その割合以上）であって、総株主の議決権の4分の3（これを上回る割合を定款で定めた場合にあっては、その割合以上）に当たる多数をもって行わなければならない。	309条4項

④ 特殊決議事項

例えば、その発行する全部の株式の内容として、譲渡による当該株式の取得について、当該株式会社の承認を要する旨の定款の定めを設ける定款について、定款の変更を行う株主総会については、議決権を行使することができる株主の半数以上（これを上回る割合を定款で定めることも可）で、かつ、当該株主の議決権の3分の2（これを上回る割合を定款で定めることも可）以上の賛成が必要（会社法309条3項）ということになっています。株主総会への出席人数だけでなく、議決権を有する株主の数が必要という意味でより重い要件です。

(4) 何％の株式保有が必要か

会社の経営支配権を取得するためには、株主総会の議決権を制すればよいわけですから、原則として、普通決議の議決要件である過半数、分かりやすくいえば51％があればよいことになります。そうすれば、原則として、取締役、監査役といった経営陣の選任、解任が可能となり、取締役会の過半数を制することができ、会社の意思決定についても総会の決議を得ることが可能になるからです。

また、その他定款の変更や、営業の全部譲渡、合併など経営権にかかわる重要な事項は、原則として議決権の3分の2以上の特別決議を要することになっています。そこで、仮に買収側が3分の1以上の株式数を制した場合に、相手企業はこの特別決議ができないことになり、その意味でも3分の1以上を保有するということは、重要な持株比率であることが分かります。

このように、会社の経営権を取得するのに必要な持株比率は過半数であり、経営権に重大な制約を加える持株比率は3分の1であることが分かります。

ただ、経営権に影響を及ぼすという意味では、これだけの持株比率には至らなくても、株主がいくつものグループに分かれている場合などには、株主順位が大きな意味を持つこともあります。一部上場会社などでは、筆頭株主の地位はそれだけで、役員割当といった人事や実質的な取引先への影響も含めて、経営に大きな影響を与える場合があります。また、もっと端的に他の株主と結びつき、少数株主権を行使できる持株比率に達することもあり得ます。

株式譲渡の自由と制限

（1）株式は自由に譲渡できる

　株式会社の場合、合名会社などの持分会社と異なり、株主は退社しても、出資金の払戻しが受けられるとは限りません。持分会社の社員であれば、6カ月前に予告すれば退社でき（会社法606条1項）、退社した者には持分を計算し、それがプラスであれば金銭による払戻しがなされ、マイナスであれば退社員のほうから、その金額を払い込まなければなりません（会社法611条、612条など）。これに対し、株式会社の株主は、退社して会社から資金の回収をすることはできません。

　そこで会社法では、株式を譲渡し、換金することによって資金を回収することを株主に対して保障しています。これが「株式譲渡の自由の原則」です。会社法では「株主はその有する株式を譲渡することができる」と定められています（会社法127条）。

　したがって、法律、定款、契約によって株式の譲渡制限がなされていない限り、株式の譲渡は自由です。株主に対し、より広く株式の譲渡の自由を認めることが株式の公開制度です。その方法としては、店頭市場への登録、または証券取引所への上場というかたちをとることになります。このように、株式を公開することにより、株式は一定の価格を持った商品として売買されることになります。実際には、株式公開するとその株式の時価、売出価格は非常に高くなるのが通常ですので、株主である創業者は、莫大な創業者利益を得ることになります。

　その反面、株式の譲渡の自由を認めるということは、会社の側からいうと、出資者である株主の変更を認めるということです。株主である経営者は、莫大な創業者利益のほか、上場によるさまざまな経営上のメリットも受けているわけであり、株式の譲渡の自由を保障しなければならないことは当然のことだといえます。したがって、上場会社の経営者にとっては、株式を公開している限り株主を選ぶ権利はないのです。言い換えれば、経営を社会に対して公開して

いるのですから、株式の権利譲渡は防ぎようがありません。

(2) 譲渡を制限するには

① 法律による株式譲渡の制限

i 時期による制限

　会社成立前または新株発行前の株式引受人の地位（権利株）の譲渡は当事者間では有効ですが、会社には対抗できません（会社法35条・63条2項・208条4項）。

ii 子会社による親会社株式の取得の制限

　子会社は親会社の株式を取得することが原則禁止されています（会社法135条1項）。ただし、事業の全部の譲渡や合併、会社分割などのM&Aによって取得する場合には例外的に許されています。

　自己株式については本章4節で述べる通りです。

② 定款による株式譲渡の制限

日本の株式会社の90％は、創業者一族が役員を独占するいわゆる同族会社であり、閉鎖的な会社です。このように、所有と経営が一致したオーナー型企業では、株式譲渡により株主が転々と変わることは、経営者（オーナー）にとって事業の運営上、支障や不都合をきたすことになります。そこで、当然のことながら、株式の譲渡に関して制限を設ける必要があります。改正前の商法では、定款で「取締役会の承認を要する」と定めるのが唯一の方法でしたが、会社法では、次の通り、定款に定めることによって株式譲渡の制限ができることになっています。

i すべての株式を譲渡制限する場合

　（イ）株式の譲渡による取得について会社の承認を要する、と定める。

　　原則は、取締役会の承認という態様ですが、代表取締役の承認を要するとすることも可能です。

　（ロ）一定の場合に会社が承認したものとみなす、と定めることもできる。

　例えば、会社の従業員が取得する場合などです。

図表2−5　取締役会議事録（株式譲渡の承認）

取 締 役 会 議 事 録

1. 日　　時　　平成　　年　　月　　日（　曜日）午　　　時
2. 場　　所
3. 出　　席
4. 議　　長
5. 議決事項
　　議題　株式譲渡承認の件
　　議長は、　　　　（　　株）、　　　　（　　株）から、同人らの有す
　　る当会社の株式　　　　　　を、次の者に譲渡したいので取締役会の承
　　認を求める旨、申出があった事を報告し、この承認方を議場に諮った。
　　〔譲受人〕
　　ここにおいて、本件譲渡については各々賛否を問い、各特別利害関係人
　　を除いて、即ち、　　　　　　については同人を除く出席取締役会　　名
　　の、　　　　　　については同人を除く出席取締役会　　名の全員一致
　　によりこれらの株式の譲渡を各承認した。
6. 閉　　会　午　　　時　　分
　　上記の結果及び経過を明確にする為に本議事録を作成し、出席取締役が
　　次に記名捺印する。

　　平成　　　年　　月　　　日
　　　　　株式会社
　　　　　　議　長　代表取締役
　　　　　　　　　　取締役
　　　　　　　　　　取締役

ⅱ　一部の種類株式についての譲渡制限

　この場合には、①のⅰ、ⅱのほか、発行可能種類株式数も定款に定めることになります。

　なお、これらの株式譲渡制限を設けるときは、登記と株券を発行している場合には株券への記載が必要です。

　実務では、取締役会の承認を要する制限のある場合の株式の譲渡については、図表2−5、図表2−6の取締役会議事録、株式譲渡承認申立書を使用

図表2−6　株式譲渡承認申立書（単純な承認請求の場合）

株式譲渡承認申立書

株式会社　　　　　　　　　　　御中

　　　　　　　　　　　　　　　　　　　　平成　　年　　月　　日

株主（住所）
　　（氏名）
株主（住所）
　　（氏名）

下記の通り貴社株式を譲渡したいので、承認されるよう申立てます。

記

1. 譲渡する相手（譲受人）
　　　（住所）
　　　（氏名）
2. 貴社株式の種類・数

　　　　　　　　　　　　　　　　　　　　　　株
　　　　　　　　　　　　　　　　　　　　　　株
　　　　　　　　　　　　計　　　　　　　　　株

　　　　　　　　　　　　　　　　　　　以上

（注）2部提出し、1部を承認書として返却する。

承　認　書

　　　　　　　　　　　　　　　　　平成　　年　　月　　日

株主　　　　　　　　　　殿

　　　上記申立について、承認致します。

　　　　　　　　　株式会社
　　　　　　　　　代表取締役

します。

　また、株式の譲渡について会社の承認を得られない場合には、株主は次のような手続きをとれば譲渡をすることができます（会社法136条以下）。

i　会社に対して株式の譲渡を承認するように求めます（同136条）。

　会社が、2週間以内に承認の回答をしなかった場合には、承認したものとみなされます。

ii　会社に対して、譲渡を承認しない場合には、会社がその株式を買い取るか、または会社が指定する買取人が買い取ることを求めることができます（同138条1項、140条）。

　会社が買い取る場合、または、買取人を指定した場合に、その買取価格が合意できない場合には、裁判所がその価格を決定します（同144条など）。裁判所は、配当還元方式、時価純資産方式などを参考に決定します（東京高決90・6・15『金融・商事判例853号』30ページ以下など）。

iii　いったん成立した売買契約は、裁判所の価格決定の結果によって、一方的に撤回したり、解除したりすることは認められていませんので注意が必要です（同143条2項など）。

③　契約による株式譲渡の制限

i　他方当事者の同意なしに譲渡できない条項

　例えば、合弁契約などで、相手企業を拘束するのに使われます。

ii　先買権を与える条項

　例えば、合弁契約などで、一方の当事者が株式を処分しようとする場合には、相手方当事者へ通知したうえで、相手方当事者に先買権を与えます。

iii　売渡しを強制する条項

　例えば、相続や、合弁契約の不履行など、一定の事由が発生した場合には、相手方当事者に強制的に売り渡す旨を定めます。

　ただし、契約で譲渡を制限しても、株券が発行されていると、契約に反して譲渡がなされても、譲渡は有効として、株券を会社に提示した場合には会社は名義変更に応じざるを得ないことになるので、株券を保管しておく必要があります。

（3） 株券の発行と株式譲渡

① 株券の発行義務

　以前は、会社は設立ないし新株の払込後遅滞なく株券を発行することが必要とされ（旧商法226条）、株式の譲渡には、記名株式、無記名株式を問わず、株券を引き渡すことが必要とされていました（旧商法205条1項）。

　しかしながら、上場企業においては、株券流通が高度に必要なため、株券のペーパーレス化が図られ、株式振替制度が実施されています。また、一方、非上場の中小企業においては逆に、株式の流通性は必要がありません。

　会社法においては、この実情に合わせて、会社は原則として株券を発行しないものとし、株券の発行を定款で定めた場合に限って、株券を発行できることにしています（株券発行会社）。なお、会社法施行時から存続していた会社の場合には、原則、株券を発行する必要があったので、定款に株券不発行の定めがなければ、株券発行会社の定款の定めがあるとみなされます（会社法整備法76条4項）。

　以上のように、これまでは、会社の合併や株式交換などに当たり、株券の発行が必要となり、その金銭的・時間的コストはM&Aの実施において無視できない要素でした。株券不発行を原則にしたことで、株券発行コストを減少することができますので、M&Aの活性化になります。

② 株式譲渡と株券

　株式譲渡をする場合に、株券発行会社の場合には株券を譲受人に交付することにより行います。株券を交付しなければ株式譲渡は無効です（126条1項）。株券不発行会社の場合には、株式振替制度の適用があれば、その特別な規定（社債、株式等の振替に関する法律）が適用になりますが、それ以外は、株主名簿に株式取得者の氏名（名称）住所が記載されないと会社その他の第三者に対抗できません。譲渡当事者間では意思表示（株式譲渡契約）だけで有効です。

③ 株券の紛失と失効制度

　2002年以前は、株券を喪失した者は公示催告・除権判決をもらって再発行

していましたが、株券喪失登録制度ができ、会社法でもこの制度を引き継いでいます。会社または名義書換代理人をおいている場合には、その者に対して株券喪失登録簿への記載・記録を請求して、登録し、一般に閲覧させることになっています。喪失登録がなされた株券は、登録された日の翌日から1年後に失効して、再発行がなされます（221条以下）。

4 自己株式（自社株）の取得とM&A

M&Aにおいては、自社株（会社法では自己株式）の取得について配慮することが必要です。自社株を取得するケースとしては、一つは事業譲渡、合併、会社分割などを実行したときに結果として、相手方企業の資産にある自社株を取得するケース。二つ目はあえて戦略的に自社株を取得するケースがあります。会社法改正によって、合併などの対価の自由化が進み、株式交換など、最近ではM&Aの対価として、自社株を使えるようになっています。そこで、積極的に自社株を買い付けてM&Aに使用する戦略も増えてきています（「日産自動車M&Aに備え自社株買い」日本経済新聞朝刊11.12.22など）。しかしながら、自己株式の取得（金庫株）は自由化されたとはいっても、一定の規制はあるので注意が必要です。

（1）自己株式の取得の意義と変遷

自己株式の取得は、従来、原則として禁止されていました。その理由は、①自己株式取得は実質的には資本の払戻しであるから、資本充実責任に反する、②一部の株主のみから買い付けることになると、株主平等原則に反する、③株価操縦に利用される、などといった弊害があると考えられるからです。しかし、余剰資金の投資の必要性、株式市場の活性化、企業再編（M&A）の容易化という実務界のニーズに対応して、まず01年の商法改正によって、自己株式の規制を緩和しました（金庫株の解禁）。会社法でもこれを引き継ぎ、より合理化しました。会社法では、「次に掲げる場合に限り自己株式を取得することができる」（155条）という定めになっており、手続き・方法・財源についての制限はありますが、広く認められています。

(2) 自己株式の取得が認められる場合と規制

自己株式の取得が認められている場合、その規制については図表2－7の通りです。

(3) 株主との合意によって自己株式を取得する場合の手続き

株主総会の決議によれば、株主から直接自己株式を取得することができます（156条1項）。この場合の手続きは、会社法156条から163条に規定されています。

要約しますと、

i すべての株主が申し込める場合

定款で剰余金の配当を取締役会の権限とした会社では取締役会で、そのほかの会社は株主総会で、①取得株式数、②取得と引き換えに交付する金銭などの内容およびその総額、③取得する期間を定めます。

その後取締役会で、所定の事項を定めて株主に通知し、会社が取得します。

ii 特定の株主から取得する場合

この場合には、定款に上記の定めのある会社も取締役会ではなく、株主総会で決議する必要があります。

iii 市場取引、公開買付けの場合

定款で定めれば取締役会決議で可能です（会社法165条2項3項）。

(4) 取得財源・期末の財産状態の予測からの制約

図表2－7の通り、株主から直接自己株式を取得する場合には規制があります。自己株式を取得するのと引き換えに交付する金銭などの総額は「当該行為がその効力を生じる日における分配可能額」を超えてはなりません。この分配可能額は会社法461条などに規定されていますので、ご参照ください。

要は、配当できる財産がなければ、自己株式を任意に株主から取得できないということです。この規定に違反して自己株式を取得しますと、会社の取締役などの関係者は支払いと責任を追及されることになりますので注意が必要です。

図表2−7　自己株式の取得

■ 取得できる場合

		会社法	財源規制
①	取得条項付株式の取得	107条2項	あり
②	譲渡制限株式の取得	138条の請求	あり
③	株主総会決議などに基づく取得 ［一般的に取得できる場合、株主との合意による取得］	156条1項	あり 取得手続きと取得方法の規制もあり
④	取得請求権付株式の取得	166条の請求	あり
⑤	全部取得条項付株式の取得	171条1項の決議	あり
⑥	株式相続人への売渡し請求	176条1項の請求	あり
⑦	単元未満株式の買取り	192条1項の請求	なし
⑧	所在不明株主	197条3項	あり
⑨	端数処理の買取り	234条	あり
⑩	事業の全部譲受け、合併、吸収分割		なし 事業の一部譲受けの場合にはあり
⑪	法務省令で定める場合		

■ 財源規制の内容

①	剰余金の分配可能額規制	461条から464条	
	・取得財源の規制		
	・期末の財産状態の予測からの規制		
②	業務執行者の期末の欠損補填義務	465条	

第3章
株式取得による買収のノウハウ
(Acquisitions)

株式取得によるM&Aの方法としては、株式の譲渡を受ける、新株（新株予約権）の発行を受けるといった方法があります。

■ 株式譲渡によるM&A

株式譲渡については、上場会社の場合は原則市場取引によらなければなりませんが、非上場会社の場合は、株主と株式譲渡契約を締結することにより株式を譲り受けることになります。

後者の場合、分散する株式の把握、反対派株主の懐柔、譲渡制限株式への対応といった準備が必要になります。また買取り価格を決定するための買収調査は最も重要です。そして契約書類には、会社の資産・財務内容などについての保証をさせ、株主に担保責任を負わせるといった条項（表明・保証条項）を付することが必要です。

■ 増資によるM&A──新株引受・新株予約権

新株発行には、株主割当、第三者割当、公募があります。特にM&Aの場面においては、既存の株主以外の特定の者に対して新株を割り当てる「第三者割当」がよく利用されます。

第三者割当増資を含む新株発行は、自己株式の処分とまとめて「募集株式の発行等」として、会社法による規制を受けます（会社法199条以下）。また一定の場合、金融商品取引法の規制を受けます。

第三者割当の有利発行・不公正発行は、既存株主からの反発を受け、差止請求などを起こされる危険性があります。

■ 株式交換によるM&A

株式交換手続により、少数株主の反対があっても、対象会社の株式を取得して完全親子会社を創設することが可能となっています。

■ 株式取得の税務

株式売買の場合の買い手には、原則として税金の支払いは発生しません。ただし、例外もありますので注意が必要です。

売り手には、個人株主の場合、申告分離課税制度により、非上場株式の場合は譲渡益の20%の課税となります。譲渡代金の一部を役員退職金として支給すれば、その部分は被買収会社で損金算入ができます。売り手にとってはその部分は退職所得となり、税金が安くなることがあります。

新株引受で、有利な発行価額により第三者割当増資を引き受けた場合の税務上の取扱い、株式交換にかかわる税務にも注意が必要です。

スムーズに集める——株式譲渡

　前章で説明した通り、企業の経営権を支配するのは株主＝株式であり、多数の株式を押さえること、すなわち株主＝株式の取りまとめが企業買収では重要になります。そこで、企業を買収する、あるいは資本参加を前提としてM&Aを行う場合には、多数の株式をスムーズに取りまとめることが、成功の第一歩といえます。

　上場企業の場合、この株式を取りまとめる手段・方法は限定ないし定型化されています。つまり、一定の上場株取得のルールの中で、基本的には、公開市場から取得せざるを得ません。しかし対象企業が非上場企業の場合は、株式の移動はあくまでも対象会社の個々の株主との交渉、それに基づく個々の株主の意思決定によるところが大きくなります。つまり、M&Aの申入れに対し、対象企業の株主全員が賛成であれば、かえって上場企業とのM&Aよりは、当事者が限定されるという点で、条件の話し合い、手続きの取り進めが容易となる場合もあります。

　しかし、M&Aのターゲットとされる企業の株主全員がそのM&Aに賛成とは限りません。意見の分かれた株主から、いかに経営権取得に必要な株式を取得するかが問題になります。そこで、株式の取りまとめについてのノウハウが必要になってくるのです。

（1）分散する株式をどう集めるか

　非上場企業のM&Aを考える場合、取得すべき株式が分散しているということを考えなければなりません。

　株式会社設立の場合、会社法改正前は、7人以上の発起人が必要な時代があり、それによって設立当初から制度上、株主が複数にならざるを得ませんでした。したがって、現在でも株主が7人以上の企業が大半です。そのような会社でもオーナーが買い戻して一人株主になることはできますが、そこまでしている会社は少なく、株主は複数になってしまいます。

　さらに、株式が分散していく理由は大きく分けて四つあります。①相続、②

相続税対策、③従業員持株、④株の持合いです。

① 相続による株式の分散

　これは業歴の長い会社に多く、株主が死亡することにより、株式が相続財産の一部として相続承継されていきます。二代目、三代目となると、この種の相続が重なり、株主の数はねずみ算式に増え、結果的に分散株が生じます。この場合には、血縁者であっても会社経営に縁のない株主、いわゆる「遠い株主」が生じることになります。

② 相続税対策による株式の分散

　相続税対策として、生前に推定相続人に株を取得させることから分散株が生じます。これは、相続税評価の高い会社の場合によくあることです。

　例えば、その会社の株式の相続税評価が非常に高い、A社オーナーのA氏の相続税対策としては、以下の三つが考えられます。

　第1は、自社の持株会社を設立し、相続人であるその子供にこの持株会社の株式を持たせる方法です。すなわち、A氏の生前に、A氏が自分の所有するA社の株式を現物出資することにより、A社の持株会社甲社を設立するのです。これにより、A氏は甲社の株主になります。A氏に相続が生じた場合、A氏の子供B、C、DはA社の株式ではなく、評価の低い甲社の株式を相続することになり、相続税対策となります。

　第2は、持株会社甲社をB、C、Dの出資により設立し、A氏の所有するA社の株式を甲社に移動する方法です。これにより、B、C、Dは甲社を通じて間接的にA社の株を取得することになります。

　第3は、A氏の生前に、A氏の所有するA社の株式をB、C、Dに売却することです。以前のように、税金上の優遇措置は認められませんが、A氏の所有するA社の株式をそのまま相続するよりは、将来の株評価の上昇を考えれば有利であり、相続税対策となります。

③ 従業員持株会による株式の分散

　株主の安定化と従業員の経営参加意識高揚のため、従業員持株会が利用され

ます。

④　株式持合いによる株式の分散

　取引先と株式の持合いをすることにより、取引上の関係強化および株主の安定化を図ることも日本の社会の特色です。これによっても株式の分散が生じます。

　分散株の生じる理由は以上の通りですが、たとえ形式的に株式が分散していても、会社の売却について株主の意見が一致している場合や、オーナーが他の株主を押さえさえすれば、あまり問題はありません。

　しかし、株式を第三者に売却し、経営を第三者に委ねるということになると、分散した株主の間で意見が分かれることが十分にあり得ます。意見の対立は、具体的には、株式の譲渡価格といった経済的な問題、また、自分もしくは自分の親や先祖の作り上げた会社を売ってもいいのか、といった心情的な問題から生じることがよくあります。

　このように、一部の株主が会社の売却に反対の場合、会社を売りたいというオーナー側の株式を取得したとしても、その株式の比率によっては、経営権を取得できない恐れがあるのです。

　そこで、分散株のある場合には、株式取りまとめのノウハウが必要になります。そのノウハウの第1は委任状です。つまり、分散した株式の株主から委任状を集めることがポイントなのです。

　委任の中身は、株式を特定の株式譲受人に譲渡すること、株式譲渡契約書の作成、譲渡代金の受領、保管などであり、その書式は図表3－1の通りです。

　この委任状を集めるタイミングとしては、株式譲渡の基本条件が固まったときがいいでしょう。そして買い手としては、この委任状集めは売り手の責任でさせるようにすべきでしょう。その集まり具合により、売り手側の株主全員の会社売却の意思確認ができるからです。これによって100％集まれば問題ありませんし、万一集まらなければ、その反対する原因を明確にして、再度条件交渉に当たることになります。場合によっては、M&Aを諦めなければならないこともあり得るのです。

　その意味でも、前述の委任状をとるタイミングが重要になります。買い手に

図表3−1 株式譲渡の委任状の例

委 任 状

1. 私は、　　　　　　　を代理人と定め、私名義の下記株式を譲渡するにつき、株式発行会社の取締役会の承認申請、譲渡契約の締結（譲渡価額の決定その他一切の内容を含む）、株券の引渡し、譲渡代金の受領、保管、手数料の支払いなど、譲渡手続の一切の権限を委任します。

2. 私は、本件株式譲渡について、上記代理人以外の者にはかさねて委任しません。また、この委任は上記代理人の承諾がない限り解除しません。

記

（銘柄）　　　　　　　　　（種類）　　　　　　　　　（株数）

普通株式　　　　　　　　　　　　　　　　株

平成　　年　　月　　日

株主（住所）

（氏名）

おいて、M&Aの最終段階でM&A後の人事措置、例えば自社からの派遣の決定、あるいは他社からの人材の派遣のデリバリーを終えてしまっていたり、取引先への案内、挨拶を終えてしまっていたりした後で、一部の株主の反対が判明し、M&Aを中止せざるを得なくなった場合には、とりかえしのつかないことになってしまうからです。したがって、委任状集めは最終段階ではなく、M&Aの基本条件の合意ができたときに行うべきでしょう。

(2) 反対派を懐柔するために

同族会社においては、おうおうにして親族間の対立があります。特に社長が二代目、三代目になるとさらに多くなってきます。このような場合に、売却に同意する過半数の株を反対派に先駆けて委任状によって集めてしまい、反対派の株主の株式比率を限定してしまいます。例えば、反対派を3分の1以下、50%未満に抑えることができれば、M&Aの反対を断念させることができます。それによって、最終的に100%の株式取得が可能になるはずです。

　ただ、もちろん取得側からいえば、100%でなくとも、3分の2以上の株式があれば、経営権は取得できるわけですが、反対派をそのままにした場合には、買収後の経営に支障をきたす場合もあります。例えば、二代目、三代目の経営者の兄弟などが、その会社の役員として役員報酬をもらっており、それで生計を立て、会社にすがっていくしか生活の方法がないケースなどです。このような場合には、たとえ彼らの株式比率が少ないとしても、そのままにして過半の株式取得だけでM&Aを強行すると、種々の妨害にあい、経営に支障をきたす結果となる恐れがあります。

　そこで、株主に反対派のいることが分かったら、その対立の原因をつきとめ、その反対派を懐柔することによって、100%の株式取得をすることが可能になるのです。

　反対派の株主、役員を懐柔する方法としては次の三つが有効です。

　①　そのまま役員、ないしは顧問として会社に残す

　②　退職に当たって退職金を厚くする

　③　退職後の再就職の面倒を見る

　さらに、この委任状を集める方法は、売り手企業の分散株主間がきわめて友好的であり、売却という方向で意思統一できる場合にも有効です。各株主が株式譲渡契約書に調印することが、物理的に難しい場合があるからです。例えば、株主の住所が遠隔地であるとか、未成年の株主がいる、老人または病床にある株主がいる（特に大株主が病床にある場合には注意をする必要があります）といったケースです。このような場合には、事前に委任状をとりつけておけば手続きが容易になります。

（3）あなどれない名義株の存在

　前述の通り、以前は会社設立に際し、発起人が7名以上必要でした。そのため、必要な発起人の人数を整えるため、親族、知人など経営に直接関心のない人に依頼して名義を借りることになっていました。この場合、仮に株券の発行があったとしても、その管理、処分など、いっさいの権限を名義借人である会社代表者に与えているのが通常です。まして、以前の商法では株券を発行することになっていましたが、大多数の会社では会社設立後株券を発行していない

図表3−2　名義株の念書の例

念　　書

　　私名義の後記記載の株式は、私が払込みをしたことはないことはもちろん（譲受代金を支払ったことはないことはもちろん）、私が　　　　　　　から、贈与を受けたものでもありません。
　　したがって、後記記載の株式は、いわゆる　　　　　　　の名義株であって、私はなんらの権利を有するものではありません。
　　以上の事実を明らかにするため、本念書を差し入れます。

記

　　株式の明細

　　　　平成　　年　　月　　日

殿

のが実情で、個々の株主は、株主としての認識がなくなってしまうのが普通です。これが、名義株の発生する原因です。

　M&Aを行う場合には、この名義株の存在があなどれません。たいていの場合、売り手企業の代表者は、「株主は多数いるが、名義株なので、私の一存でどうにでもなる」と考えがちです。しかし、いざ会社の売却ということになり、個々の株主の同意をもらう段階になると、名義株主が簡単にウンといわなくなるのです。特に、株価が高い企業で多大の売却益を期待できるときに問題となります。

　例えば、真の株主（創業者）が死亡した後、名義を貸していた者が権利を主張してきた場合にトラブルとなります。創業者が死亡し、その妻が株式の50%を相続し、その余りは名義株という場合を想定してみます。さらに、その株式

の時価純資産評価でいくと、一株が3万円になるというケースを考えてみましょう。

この場合、妻が事業を継ぐ意思がなく、会社を売却しようとすると、仮に名義株主が、1000株だけ持っていたとしても、株価になおすと3000万円になります。その金額が苦もなく手に入るとなると、名義株主の目の色が変わってもなんら不思議ではありません。それも、創業者も死亡しているとなると、よけいに単なる名義株であるとして諦めきれず、権利を主張してくるでしょう。こうして、株式の売却がスムーズにいかなくなってしまうのです。

したがって、買い手の立場からいえば、このようなトラブルを排除するために、名義株は事前に実質株主に取りまとめてもらっておくのが、交渉および手続きをスムーズにするうえで重要なのです（図表3―2参照）。

(4) 思わぬ障害になる譲渡制限

株式の譲渡制限については、前述の通り、会社法のもとでは種々の制限を設けることができます。また、旧商法のもとでも、定款の定めで取締役会の承認を要するという制限を設けることができました。そして、非上場企業の大部分は、経営を安定させるため、以前からこの制限を設けています。

この制限が、M&Aを行う際に思わぬ障害になる場合があります。M&Aにあたっては、買い手の経営戦略上、過半の株式取得の段階でM&Aに踏み切らざるを得ない場合も考えられます。M&Aは「時間を買う」といわれているように、反対派の説得に時間がかかりすぎる場合には、その間に話が壊れてしまうこともあるからです。このように100%ではなく、過半の株式取得によってM&Aに踏み切った場合、取締役会の承認の決議が大きな関門になり、通常以上の労力や手間がかかってしまうことになるのです。

例えば、株式を売却しようとする株主が取締役である場合、その取締役自らは特別利害関係人として決議に加われません（会社法369条2項）。その結果、株式譲渡について賛成派、反対派の取締役が同数となってしまい、承認決議ができなくなってしまうこともあるのです。特に悲劇的なのは、会社売却、株式の譲渡を決断した社長自らが決議に加われず、議決権の行使ができないことです。

　実際に、M&Aの最終段階で、いざ取締役会の決議をとろうとしたところ、可否同数でにっちもさっちもいかなくなったケースがありました。この解決策として実行したのは、取りまとめた過半数の株数を背景にして株主総会を開催し、そこで社長派の取締役を増員するという方法でした。結果的には、これによって取締役会の多数を占め、決議を得ることができましたが、これも結局は、すでに過半の株式を取りまとめていたからこそできたのです。いずれにしても、株式を取りまとめることが重要であるということが理解いただけるでしょう。

2　増資による方法——新株引受・新株予約権

（1）対象会社の発行する新株を引き受ける——第三者割当増資

　株式取得によるM&Aの法的手続きのもう一つとして、対象企業の発行した新株を引き受けることが挙げられます。

　対象企業の新株の発行（会社法では新株の発行については、「募集」概念を用い「募集株式の発行」と規定されています）は大まかに分類すると、

① 既存の株主に対して平等に新株を割り当てる「株主割当」

② 既存の株主以外の特定の者に対して新株を割り当てる「第三者割当」

③ 不特定多数の者に対し引受けの勧誘をし、割り当てる「公募」

があります。

　増資は新株の対価の払込みを受けるものですから、資金調達目的で用いられることが多いのですが、M&Aの場面においては第三者割当を受けて会社の支配権を獲得するといった使われ方をします。逆に敵対的買収を仕掛けられた場合に、株主割当やホワイトナイトに対する第三者割当を行って対抗するといった使われ方もしてきましたが、特定の株主の持株比率を低下させ、現経営者の支配権を維持することを主要な目的とするときには、不公正な発行として差止めの対象になります（図表3−3、詳しくは本節の（9）項で述べます）。

（2）第三者割当増資の手続き

　会社法上、第三者割当増資を含む新株発行は、自己株式の処分とまとめて「募

図表3−3　第三者割当増資の使われ方

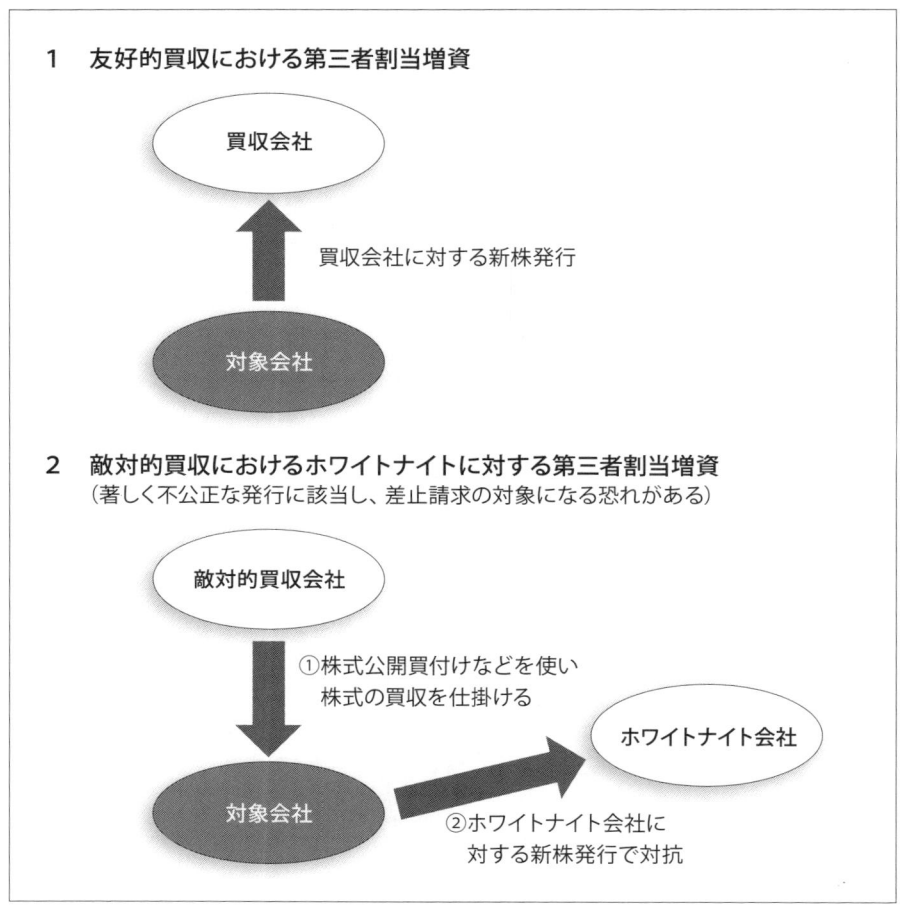

集株式の発行等」として規定されています（会社法199条以下）。

　第三者割当増資については、既存の株主にとってはいきなり新しい大株主が出現し、議決権が大幅に希釈化するなど影響も大きいのに対して、特に公開会社においては後述のように取締役会決議のみで決定することもできるため、株主の意思と無関係に手続きが進むといった問題もあり、株主の意思の反映、株主に対する情報提供に配慮した規制が多くあります（図表3−4、なお株主割当の手続きの概略は図表3−5をご覧ください）。

図表3-4　第三者割当増資の手続き

		全株式譲渡制限会社	公 開 会 社	
			目的である株式が譲渡制限株式でなく、譲渡制限付新株予約権でもない場合	目的である株式が譲渡制限株式である場合、または譲渡制限付新株予約権の場合[※1]
		引受者との交渉～(大筋)合意		
発行の決定	原則	株主総会特別決議	取締役会決議	取締役会決議+譲渡制限株式株主による種類株主総会
	下位機関への委任の可否	株主総会の定めにより取締役・取締役会に委任可	委員会設置会社では執行役に委任可	
	例外		有利発行の場合・定款で株主総会権限と決めた場合、株主総会の特別決議	
割当先の決定	原則	取締役会決議		
	下位機関への委任の可否	不可	代取・執行役に委任可	不可
株主に対する開示		不要（株主総会で開示されるので）	募集事項の公告または通知	
			一定の場合有価証券届出書	
申込み	原則	書面による申込み		
	例外	引受者が1人の場合不要 金商法に基づき目論見書を交付している場合なども不要		
出資の履行		払込期日		
効力発生		払込期日の定めのある場合は、出資の履行があればその日。払込期間の定めのある場合は、出資の履行がなされた日		
登記		株式に関する事項・資本の額について変更登記		

（図中右側の補助線・注記：「2週間以上」「前日までに」）

※1　この場合は必ず種類株式発行会社になる。

　なお、特に有利な払込金額による第三者割当（有利発行）における問題・手続きについては本節（9）項で説明します。

①　発行の決定機関

i　全株式譲渡制限会社（公開会社でない会社）について

　募集株式の発行のつど、株主総会の特別決議により、①募集株式の数、②払込金額またはその算定方法、③現物出資を認める場合はその旨・財産の内

容・価値、④払込期日・払込期間、⑤株式を発行するときは増加する資本金・資本準備金に関する事項を決定しなければなりません（会社法199条1項各号・2項・309条2項5号）。

したがって、通常、この株主総会の前に、買収者と会社の間で、上記決定事項について合意をすることになります。

持株比率を変動させない株主割当の場合は定款の定めにより取締役・取締役会への委任ができますが、第三者割当の場合は定款での委任は認められていません。第三者割当は各株主の持株比率を変動させるので各株主にとって重要な問題だからです。ただし、会社の置かれた状況によっては手続きの柔軟化が必要な場合もあるので、株主総会の特別決議により、募集事項の決定を取締役（取締役会設置会社においては取締役会）に委任することができます（会社法200条1項）。

また、種類株式発行会社において、募集株式の種類が譲渡制限株式であるときは、当該種類株主総会の特別決議がなければ効力を生じません（会社法199条4項・200条4項）。ただし、定款でこれを不要とすることはできます。

ii 公開会社の場合

（イ）有利発行の場合（会社法199条3項）を除いて、募集事項は取締役会の決議で決定できます（会社法201条1項）。公開会社（特に上場会社）の場合、譲渡制限株式以外の株式の発行を行う場合、既存の株主は通常、持株比率に関心を有していないためと考えられるからです。

ただし、種類株式発行会社において、募集株式の種類が譲渡制限株式であるときは、上記取締役会決議のほか当該種類株主総会の特別決議がなければ効力を生じません（会社法199条4項・200条4項）。定款で別段の定めを設けることは可能です。

（ロ）決議内容

市場価格のある株式を引き受ける者を募集する場合には、具体的な価額ではなく、公正な価額による払込みを実現するために適当な払込金額の決定方法を決議することで足ります（会社法201条2項）。

図表3−5　株主割当の手続き

		全株式譲渡制限会社	公開会社	
			譲渡制限株式以外の株式の募集	譲渡制限株式の募集※
発行の決定	原則	株主総会特別決議	取締役会決議	取締役会決議
	下位機関への委任の可否	定款の定めにより取締役・取締役会に委任可	委員会設置会社では執行役への委任可	委員会設置会社では執行役への委任可
申込みの勧誘			一定の場合有価証券届出書	
		公告		
		基準日		
		基準日における株主に通知		
申込み		書面による申込み		
		申込期日		
出資の履行		払込期日または払込期間		
効力発生		払込期日の定めのある場合は、出資の履行があればその日 払込期間の定めのある場合は、出資の履行がなされた日		
登記		株式に関する事項・資本の額について変更登記		

（図中注記：25日以上／2週間以上／2週間以上）

※　この場合は必ず種類株式発行会社になる。

②　公開会社について　株主に対する開示（会社法201条3項・4項）

　払込みなどの期日（会社法100条1項4号）の2週間前までに、募集事項（会社法201条2項の場合は払込金額の決定方法を含む）を株主に通知または公告しなければなりません（会社法201条3項・4項　金融商品取引法に基づく開示がある場合は通知は不要。同条5項）。募集株式の発行の差止めの機会を与えるためです。

　本項の手続きは、募集株式を引き受ける者が一人であるときは不要です（会社法205条）。企業提携・買収の場合は引受者が一人の場合も多く、現実には本項の手続きは不要となる場合も多いと思われます。

　i　申込みの勧誘（必要事項の通知。会社法203条1項）

　ii　申込み（申込者から書面の交付。会社法203条2項。電磁的記録で代替

可能。同条3項）

iii　割当て

　会社は、申込者の中から割当を受ける者・割り当てる募集株式数を定めなければなりません。企業提携・買収の場合はもともと決まっている場合が多いと思われます。募集株式が譲渡制限株式である場合は株主総会（取締役設置会社においては取締役会）が決定しなければなりません（会社法204条1項・2項、ただし定款で別段の定めが可能）。

　そして会社は払込期日（払込期間を定めた場合は期間の初日）の前までに、同人に対して割り当てる募集株式数を通知しなければなりません（同条3項）。

③　出資の履行（会社法208条1項、商登法56条2号）

　なお、対価が金銭でない現物出資の場合は検査役による調査が必要です（会社法207条1項、商登法56条3号・4号）。

④　効力の発生（会社法209条1号・2号）

(3) 独占禁止法による規制

　第12章3節で詳しく述べますが、現在は株式取得会社の属する企業結合集団の国内売上合計高が200億円を超える場合で、他の会社（株式発行会社）とその子会社の国内売上高を合計した額が50億円を超え、取得後の議決権割合については20%または50%を超える場合に公正取引委員会への事前届出義務が課されています。外国会社も同様の規制に服します。

(4) 金融商品取引法による規制

①　開示規制（有価証券届出書）

　発行価額または売出しの総額が1億円以上の募集・売出しの場合には、原則として内閣総理大臣に対して有価証券届出書を提出しなければなりません（金商法4条1項5号）。また、有価証券届出書の提出の必要がない場合でも有価証券通知書を提出することが必要な場合があります（金商法4条4項・5項、開示府令4条4項）。

　募集とは、原則として50名以上の者に対して新たに発行される有価証券の取得の申込みの勧誘です（金商法2条3項1号、金商法施行令1条の5）。上場会社の実施した第三者割当増資の約7割のケースで引受者が1名に留まるといわれていますが、一定期間内に複数回にわたって株式の募集を行った場合などは、そのトータルが50名以上になる場合や、たとえ一人に対するものでも、トータルで1億円に達する場合、有価証券届出書の提出が必要になります。

　なお、上場会社においては、原則取締役会決議のみをもって行える第三者割当増資において、投資者に対して十分な情報開示を行う必要があるとの観点から、09年12月11日、企業内容などの開示に関する内閣府令（開示府令）の改正が施行され、第三者割当増資を行う企業は、有価証券届出書に「割当予定先の実態」「割当予定先による株式等の譲渡にかかわる事項」「割当予定先による資金手当て」「手取金の使途」「発行条件に関する事項」「大規模な第三者割当に関する事項」「キャッシュアウト等の予定」に関する情報を記載することが必要となりました。

　「発行条件に関する事項」については、有利発行に該当するか否かの判断についてその理由や判断過程、有利発行でないと判断した場合には、監査役の対外表明意見や第三者算定機関による評価があれば、その内容を記載することも必要になります。「大規模な第三者割当に関する事項」としては、第三者割当増資を行うこととした理由や、既存の株主への影響についての取締役の判断内容を記載しなければなりません。

② インサイダー取引規制

　第三者割当増資を含め新株の発行はインサイダー取引規制の対象でもあります（金商法166条2項1号イ）。

③ 規制違反の罰則

　これらの規制に違反した場合、民事上の損害賠償義務を負うほか、課徴金、刑事罰の制裁があります。

（5）証券取引所の規制

東京証券取引所も株主保護の趣旨から、2009年8月24日有価証券上場規定を改正し、希釈化率が25%以上となるとき、または、支配株主が異動するときは、経営陣から一定程度独立した者による第三者割当の必要性および相当性に関する意見を入手することを要求、その他適時開示規定の新設、希薄化率300%超または支配株主の異動を伴う場合に上場廃止になり得るなどの規制を加えました。

（6）証券業界の自主ルール

日本証券業協会は「第三者割当増資の取扱いに関する指針」を出しています（最新のものは10年4月1日。図表3－6参照）。

これはもともと忠実屋・いなげやの第三者割当増資を契機として、発行価額と流通市場における時価との乖離が論議の対象となったことなどをふまえ、時価発行増資と第三者割当増資との間の整合性を図るという観点から、03年3月11日に発表されたものです（新株発行会社経営陣の恣意的な発行価額の設定を困難にする方向性が確認されました）。宮入バルブ04年事件においても裁判所がこの自主ルールに合理性を認めており、「公正な価額」の判断基準として重要な意味を持っているといえます。

（7）その他のチェックポイント──発行可能株式総数

発行可能株式総数と払込済株式数との差額を確認すること。

会社法でも旧商法と同じように授権資本制度を採用しています。これは、定款に資本の額は定めず、会社の発行可能株式総数（上限）を定めていることをいいます（会社法37条1項）。したがって、募集株式の発行数はこの発行可能株式総数に制限されることになります。

そこで、この授権資本の枠を超える場合には、定款の変更が必要となります。ただし、公開会社については、株式発行による既存株主の持株比率の低下という不利益を防止するため、定款を変更して、この授権資本の枠を広げる場合には、その時点での発行済の株式数の4倍を超えることはできない（会社法37

図表3－6　第三者割当増資の取扱いに関する指針

第三者割当増資の取扱いに関する指針

平成２２年４月１日
日本証券業協会

１．会員は、上場銘柄の発行会社（外国会社を除く。）が我が国において第三者割当（企業内容等の開示に関する内閣府令第 19 条第２項第１号ヲに規定する方法をいう。）により株式の発行（自己株式の処分を含む。以下同じ。）を行う場合には、当該発行会社に対して、次に定める内容に沿って行われるよう要請する。

(1)　払込金額は、株式の発行に係る取締役会決議の直前日の価額（直前日における売買がない場合は、当該直前日からさかのぼった直近日の価額）に 0.9 を乗じた額以上の価額であること。ただし、直近日又は直前日までの価額又は売買高の状況等を勘案し、当該決議の日から払込金額を決定するために適当な期間（最長６か月）をさかのぼった日から当該決議の直前日までの間の平均の価額に 0.9 を乗じた額以上の価額とすることができる。

(2)　株式の発行が会社法に基づき株主総会の特別決議を経て行われる場合は、本指針の適用は受けない。

２．会員は、１．(1)のただし書により払込金額が決定されるときには、発行会社に対し、株式の発行に係る取締役会決議の直前日の価額を勘案しない理由及び払込金額を決定するための期間を採用した理由を適切に開示するよう要請する。

条3項参照）という制約があるので、注意が必要です。なお、株式譲渡制限会社についてはこの制限はありません。

(8) 新株予約権・新株予約権付社債

① 意義

新株予約権とは、権利者（新株予約権者）が、株式会社に対して行使することにより当該株式会社の株式の交付を受けることができる権利をいいます（会社法2条21号）。新株予約権者が権利を行使したときは、新株予約権者は当然に株主となり、会社は株式を発行するか、またはこれに代えて会社の有する自己株式を移転しなければなりません。社債に新株予約権が付されたものを新株予約権付社債といいます（会社法2条22号）。これについては社債と新株予約権を分離して譲渡・質入れをすることはできません。

② M&Aにおける利用場面

新株予約権は、商法の01年改正以前は取締役・使用人に付与するストックオプションまたは社債発行とともにする形しか認められていませんでしたが、同年改正により、取締役・使用人に限らず誰にでも付与すること、および社債に付することなく付与することができるようになりました。そのため、現金の代わりに新株予約権を発行するという一種の資金調達として利用できることになったほか、近年ではM&Aの手段（合併などの組織再編における、消滅会社などの株主に対して交付する対価としての利用）や買収防衛策（ポイズンピル、ライツプランなどと呼ばれます。第14章を参照）としての利用が目立つようになっています（07年にスティール・パートナーズ・ジャパンが行った敵対的TOBに対して、ブルドックソースが有事防衛策として、新株予約権の既存株主への割当てを利用しました）。

③ 新株予約権の発行手続き

新株予約権の発行についても、新株発行についてと同様に、「募集」の概念が用いられており、募集新株の発行手続きとほぼ同じです（第三者割当の手続きについて図表3－7）。

図表3-7　新株予約権の第三者割当の手続き

		全株式譲渡制限会社	公開会社	
			譲渡制限株式以外の株式の募集	譲渡制限株式の募集 ※
引受者との交渉～（大筋）合意				
発行の決定	原則	株主総会特別決議	取締役会決議	取締役会決議＋譲渡制限株式株主による種類株主総会
	下位機関への委任の可否	株主総会の定めにより取締役・取締役会に委任可	委員会設置会社では執行役に委任可	不可　ただし定款で種類株主総会を不要とすることはできる
	例外	有利発行の場合、株主総会の特別決議		
株主に対する開示	原則	定款の定めにより取締役・取締役会に委任可	募集事項の公告または通知	
	例外		有利発行につき株主総会特別決議があった場合は不要	
			金商法に基づく開示を行っている場合も不要	
申込みの勧誘・申込み	原則	通知・申込み必要		
	例外	引受者が1人の場合不要 金商法に基づき目論見書を交付している場合なども不要		
割当先の決定機関	原則	取締役会（取締役会が設置されていない会社は株主総会）	取締役会決議	
	下位機関への委任の可否	不可	代表取締役・執行役員に委任可	不可
効力発生		割当期日		
払込み		払込期日または払込期間		
登記		新株予約権に関する登記		

2週間以上

前日までに

2週間以内

※　この場合は必ず種類株式発行会社になる。

　なお、効力の発生は払込日ではなく割当日になります（会社法245条1項）。

　公開会社に関して、発行の決定は原則取締役会決議で足りること、株主に対して募集事項を通知・公告する必要があるほか、金商法の開示規制に服すること、有利発行の場合、株主総会の特別決議が必要になることについても新株発行の場合と同様です。

④　新株予約権の行使方法

ⅰ　行使方法

　新株予約権の行使は、行使期間内に、その行使にかかる新株予約権の内容・数、および新株予約権を行使する日を明らかにしなければなりません（会社法280条1項）。

　新株予約権を行使する者は、新株予約権証券（新株予約権付社債の場合は社債券）を会社に提出します。新株予約権証券が発行されていないときは請求書への添付は必要ありません（会社法280条2項・3項）。さらに、新株予約権の行使に際してする出資の目的が金銭の場合は金銭の払込みを、それ以外の財産の場合はその財産の給付を証券提出の日にしなければなりません（会社法281条1項2項）。

ⅱ　行使の効果

　上記新株予約権の行使の日に株主となります（会社法282条）。

⑤　独占禁止法による規制

　新株予約権・新株予約権付社債の発行自体は規制の対象になりませんが、新株予約権の行使により新株が発行される場合には事前届出の対象になります。

⑥　金融商品取引法による規制

　新株引受の場合と同様の規制が及びます。開示規制のほか、新株予約権の発行はインサイダー規制の対象となる重要事実に含まれます（金商法166条2項1号イ・ホ）。規制に違反した場合、民事上の損害賠償義務を負うほか、課徴金、刑事罰の制裁があります。

（9）有利発行・不公正発行に気をつける——差止請求権

① 有利発行規制潜脱の場合

ⅰ 特別決議の必要性

　第三者割当増資（新株予約権の第三者割当も同じです）により会社は経営状態が改善します。議決権の割合についても経営陣側の議決権割合が増えるのが通常ですから、経営陣としては多少不利な（すなわち引受手に有利な）条件でも第三者割当増資を実行したいのが本音です。しかし安い価格で増資をするとなると、既存の株主からの反発を受ける可能性も高くなります。

　第三者増資において、さまざまな株主保護手続が求められていることはすでに見てきました。特に、公開会社が行う第三者割当増資においては、原則として取締役会決議のみで決定できるのですが、払込金額が引受者に特に有利な金額でなされる場合（会社法199条3項）には、既存の株主保護のため、株主総会の特別決議が必要となります（会社法201条1項）。

　この点、株主のチェックを避けるべく取締役会決議のみをもって第三者割当増資を行った場合は、後に既存の株主から有利発行規制に違反したと反発を受け、差止請求を受けたり（会社法210条1号　新株予約権の場合にも同様の規定があります。会社法247条）、役員責任（会社法423条1項）を追及されたりする恐れがあります。したがって、経営陣としては、今回行おうとする第三者割当増資が、株主総会の特別決議が必要な「特に有利な金額」になるのかどうか、間違わないようにする必要があります。

ⅱ 「特に有利な金額」かどうかのメルクマール

　（イ）有利発行規制は既存株主の利益のためのものですから、既存株主に不利益にならない金額を考えると、上場株式の場合、最も合理的な基準は市場価格ということになります。しかし、一方で、新株を引き受ける新株主にとっては、市場価格とまったく同じでは引き受けるメリットがなく、会社としても新株発行の目的を達せられません。そこで、原則として、市場価格を少し下回る金額が公正な価額と考えられます。

　（ロ）最高裁の示す基準

　　最高裁は、その決定基準につき「発行価額決定前の当該会社の株価、

右株価の騰落習性、売買出来高の実績、会社の資産状態、収益状態、配当状態、発行済株式数、新たに発行される株式数、株式市況の動向、これから予測される新株の消化可能性といった諸事情を総合し、旧株主の利益と会社が有利な資本調達を実現するという利益との調和の中に求められるべきである」（最判75・4・8、民集29・4・350　横河電機製作所事件）としています。

下級審の判断事例については図表3−8をご参照ください。

新株予約権についても同様の基準が当てはまりますが、新株予約権付社債の場合は、新株予約権部分の「実質的対価」（当該新株予約権付社債について定められた利率と、普通社債を発行する場合に必要とされる利率との差額をキャッシュ・フローベースの現在価値に割り戻して計算した額）と新株予約権の「公正な価値」とを比較して有利発行かどうかを決めることになります（図表3−8のNo.9決定）。

② 「著しく不公正な方法」の場合

経営陣が自分に味方する第三者に第三者割当増資をしたり、敵対的M＆Aを仕掛けられた会社が、買収防衛策として第三者割当を利用するケースがあり、これが「著しく不公正」として差止請求の申立てを起こされる事件も少なからずあります（会社法210条2号）。

その新株発行が特定の株主の持株比率を低下させ、現経営者の支配権を維持することを主要な目的とするときは不公正な新株発行に当たり（主要目的ルールといわれます）、また、主要な目的でなくても、その新株発行により特定の株主の持株比率が著しく低下されることを認識しつつ新株発行がなされた場合は、その新株発行を正当化させるだけの合理的な理由がない限り、不公正な発行に当たると考えられます（東京地決88・7・25・　秀和／忠実屋・いなげや事件）。

裁判所が判断した事例については図表3−9をご参照ください。不公正でないとされたケースは資金調達が主要な目的と認定されたケースです。これまでの裁判例では、資金調達と支配権確保目的が並列している場合、比較的に資金調達が主要目的であることを容易に認めていた傾向がありましたが、不公正発

図表3−8　第三者割当増資・有利発行についての裁判例

	裁判所・年月日	当事者・事案	第三者に対する発行価額	取締役会決議直前の株価など	有利発行か否か	裁判所判断の主な理由
1	最判 75. 4. 8	横河電機製作所の、証券会社2社に対する第三者割当増資（株主代位請求事件）	320円	取締役会決議当日の市場価額370円	当たらない	（本文参照）
2	東京地判 72. 4. 27	アイワの、ソニーへの第三者割当増資（株主代表差額金請求事件）	70円	取締役会決議の前日の市場価額137円75銭	当たらない	取締役会前日の株価は異常な投機の結果でありアイワの客観的企業価値を反映していないと判断
3	大阪地決 87. 11. 18	タクマの、株主15社への第三者割当増資	680円	取締役会決議直前の市場価額1250円	当たらない	取締役会前日の株価は買い占めを主たる原因として形成されたものと判断
4	東京地決 89. 7. 25	①忠実屋の、いなげやへの第三者割当増資	1120円	取締役会決議直前の市場価額5050円	当たる	株価3000円以上が1年5カ月、4000円以上が1年以上続いていたことを重視
		②いなげやの、忠実屋への第三者割当増資	1580円	取締役会決議直前の市場価額4150円	当たる	株価3000円以上が1年、3650円以上が10カ月続いていたことを重視
5	東京地決 88. 12. 2 東京地決 89. 9. 5	宮入バルブの、関連会社、金融機関、取引先への第三者割当増資	851円	取締役会決議の1カ月前以前は700円〜900円の後急騰、最高で1700円、1300円は下らない状態にあった	当たらない	投機により株価が急騰し、取締役会決議までに短時間しか経過していないので、宮入バルブの客観的価値を反映していないと判断
6	大阪地決 90. 6. 22	ゼネラルの、相生産業への第三者割当増資	1300円	直近7カ月間2400円（1900円〜2900円）を中心に推移	当たる	株価の高騰は必ずしも合理性のない異常なものではないと判断、株価が1900円以上で7カ月間続いていたことを重視
7	大阪地決 90. 7. 12	ゼネラルの、相生産業への第三者割当増資（上記事件により差止めが認められたことにより、金額を変えて発行することにした）	2000円	最近7カ月間2400円（1900円〜2900円）を中心に推移	当たらない	取締役会直前の市場価格に近接した価格であると判断
8	東京地決 04. 6. 1	宮入バルブの、同社の台湾における販売代理店の総経理への第三者割当増資	393円	03年8月に200円台だったが同年9月から一貫して上昇、取締役会決議の前日の市場価額1010円	当たる	証券業界の自主ルールに当てはめても決議直前の市場価格に比較して低すぎる
9	名古屋地決 08. 11. 19	丸八証券の、無担保転換社債型新株予約権付社債の発行	新株予約権の実質的対価は34.1円〜49.33円と認定	新株予約権の公正な価値は34.74円〜42.35円と認定	当たらない	

図表3-9　「著しく不公正な方法」についての裁判例

	当事者・事案	新株発行前の株式総数	新株発行数	差止の申立人	
				発行前の割合	発行後の割合
1	忠実屋の、いなげやへの第三者割当増資	約9030万株	2200万株	秀和	
				約33.34%	約26.81%
2	宮入バルブの、関連会社、金融機関、取引先への第三者割当増資	1380万株	250万株	高橋産業（保有割合は同調者保有分も含む）	
				約47%	約40%
3	ベルシステム24の、NPIホールディングス（日興コーディアルグループの関連会社）への第三者割当増資	約490万株	520万株	CSK	
				約39.2%	約19.0%
4	ニッポン放送の、フジテレビジョンへの第三者割当増資（新株予約権）	3280万株	4720万株	ライブドア	
				約42%	約17%
5	ニレコが買収対抗策として行った既存株主に対する新株予約権発行（株主割当）。基準日現在の株主に対し、1株につき2個の新株予約権を無償で与え（譲渡不可）、3年以内に20%以上を保有する一定の要件を備えた敵対的買収者が出現した場合には、取締役会が新株予約権を償却しない旨の決議をすると、新株予約権が行使される。	約1000万株	約3000万株	英領ケイマン諸島のファンド会社	
				約2.85%。将来20%以上の株式を取得した場合、買収防衛策の発動により7%程度まで落ち込む。	
6	ブルドックソースが、全株主に1株につき3個の新株予約権を発行し、スティール以外の株主には新株予約権1個につき1個の株式を、スティールには株式相当額の金銭を交付すること（新株予約権の株主割当）	約1902万株	約5706万株	スティール・パートナーズ・ジャパン（保有割合は関連会社保有分も含む）	
				約10.25%	0%
7	クオンツの第三者割当増資	約2億2803万株	約4444万株	オープンループ	
				1.71%	1.43%

行に当たらないとしたブルドックソースの株主割当のケース（図表3-9のNo.6）でも、裁判所は、内容に差別のある新株予約権無償割当が、もっぱら現経営者などの経営支配権を維持するためのものである場合には、その新株予約権無償割当は原則として著しく不公正な方法によるものと解すべきである、としています。さらにその後のクオンツ事件では、資金調達の「一般的な必要性」だけでは支配権確保目的が主要目的との推認を覆せないという認定をし、不公正発

著しく不公正な方法	裁 判 所 判 断 の 主 な 理 由
当たる	① 新株発行が特定の株主の持株比率を低下させ現経営者の支配権を維持することを主要な目的としてされたものであるときは、その新株発行は不公正発行にあたる。 ② ①に該当しない場合でも、新株発行により特定の株主の持株比率が著しく低下されることを認識しつつ新株発行がされた場合は、その新株発行を正当化させるだけの合理的な理由がない限り、新株発行は不公正発行に当たる。
当たらない	別会社の買収、鉄鋼弁生産設備の自動化、コンピューターシステムの改善に要する費用が合計で約21億円と見込まれ、新株発行会社にはそのために資金を調達する必要がある。 資金の調達方法も、金利の支払いを必要としない新株発行の方法によることには合理性がある。
当たらない	新株発行会社には業務提携にかかわる事業計画のために本件新株発行による資金調達を実行する必要があり、かつ当該事業計画自体には一応の合理性がある。支配権の維持が唯一の動機ではない。
当たる	① 会社の経営支配権に現に争いが生じている場合、株式の敵対的買収によって経営支配権を争う特定の株主の持株比率を低下させ、現経営者やこれを支持する特定の株主の経営支配権を維持・確保することを主要な目的として新株予約権の発行がされた場合には、原則として「著しく不公正な方法」による新株予約権の発行に該当する。 ② ①のような主要目的があっても、「特段の事情」がある場合には、例外的に不公正発行に該当しない。例えば、敵対的買収者がa）グリーンメーラーである場合、b）焦土化経営を行う目的である場合、c）経営支配後に会社資産を買収者の担保などに流用する予定である場合、d）経営を一時的に支配して事業に当面関係していない高額資産などを売却処分させ、一時的な高配当をさせるかあるいは株式の高値売り抜けをする目的である場合。
当たる	① 新株予約権行使の対価は1円であり、株式分割と同様に、会社資産に増加がないのに発行済み株式総数だけが3倍に増加するため、ニレコ社の株式価格は3分の1程度に下落する可能性がある。議決権の3分の1程度の希釈に加え、この値下がりの危険性があるから、ニレコ社の株式価格も下落するなど、買収と関係のない既存株主に受忍できない損害が生じる。
当たらない	① 特定の株主による経営支配権の取得に伴い、会社の存立、発展が阻害される恐れが生ずるなど、会社の企業価値が毀損され、会社の利益ひいては株主の共同の利益が害されることになるような場合には、その防止のために当該株主を差別的に取り扱ったとしても、当該取扱いが衡平の理念に反し、相当性を欠くものでない限り、これをただちに同原則の趣旨に反するものということはできない。 ② 本件対応策が事前に定められず、示されていなかったとしても、それが緊急の事態に対処するための措置であること、スティールに割り当てられた本件新株予約権に対してはその価値に見合う対価が支払われることも考慮すれば、本件新株予約権無償割当を著しく不公正な方法によるものということはできない。 ③ 内容に差別のある新株予約権無償割当が、もっぱら現経営者などの経営支配権を維持するためのものである場合には、その新株予約権無償割当は原則として著しく不公正な方法によるものと解すべきであるが、本件新株予約権無償割当はそのような場合に該当しない。
当たる	① 取締役間の会社支配権の争いがある状況下において、株主総会直前の大規模な第三者割当増資、割当先第三者による経営陣支持の表明、割当先第三者への基準日後の議決権付与といった事情があることからは、支配権維持目的の存在と同時に、それが主要な目的であることが推認される。 ② 発行を合理化する特段の事情があれば上記推認は覆されるが、本件では資金調達の一般的必要性はあるものの、合理化する特段の事情は認められない。

行に当たるとの結論を導いています（図表3－9のNo.7）。

　この点、株式・新株予約権発行による買収防衛策の妥当性について経産省がガイドラインを出しており、参考になります（第14章図表14－2）。

③　その他差止請求の対象となる場合　定款違反（会社法210条1号）

　定款所定の発行可能株式総数（会社法37条）を超える数の発行、定款に定

めのない種類の株式（会社法108条1項・2項）の発行、定款上株主に募集株
式の割当てを受ける権利を付与した場合にその権利を無視した発行などがこれ
に当たります。

株式交換（完全親会社の構築）

（1）株式交換とは

　株式交換とは、既存の株式会社がその発行済株式の全部をほかの株式会社ま
たは合同会社に取得させる行為です（会社法2条31号）。100%親子会社を構
築する行為ですので、企業買収のほか、既存の子会社の完全子会社化にも利用
できます。

図表3-10　株式交換の概要

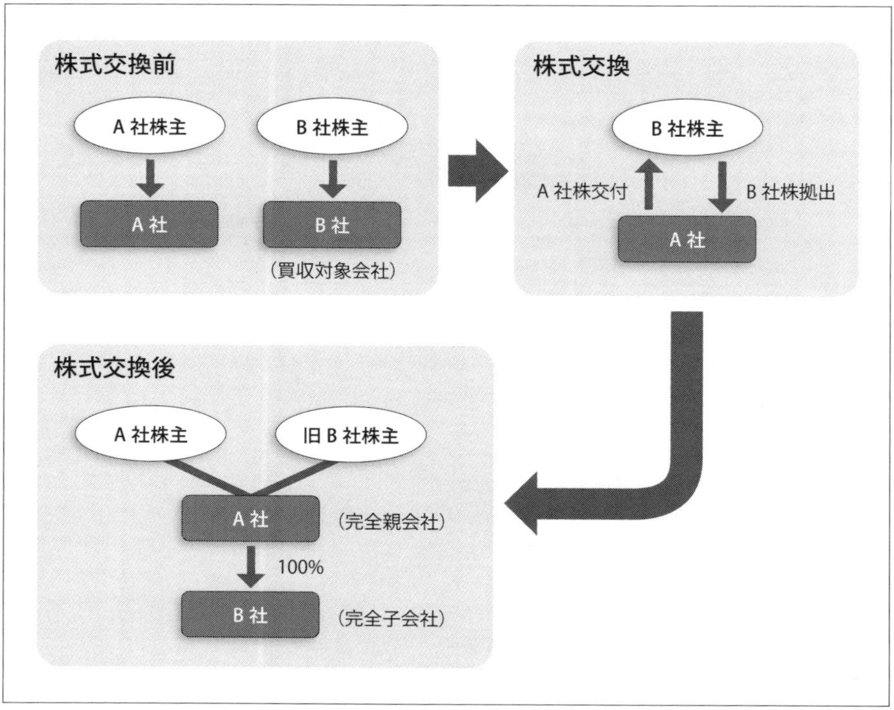

株式交換前

A社株主 → A社

B社株主 → B社（買収対象会社）

株式交換

B社株主

A社株交付 ↑ ↓ B社株拠出

A社

株式交換後

A社株主、旧B社株主 → A社（完全親会社）

100%

A社 → B社（完全子会社）

図表3－11　三角株式交換の概要

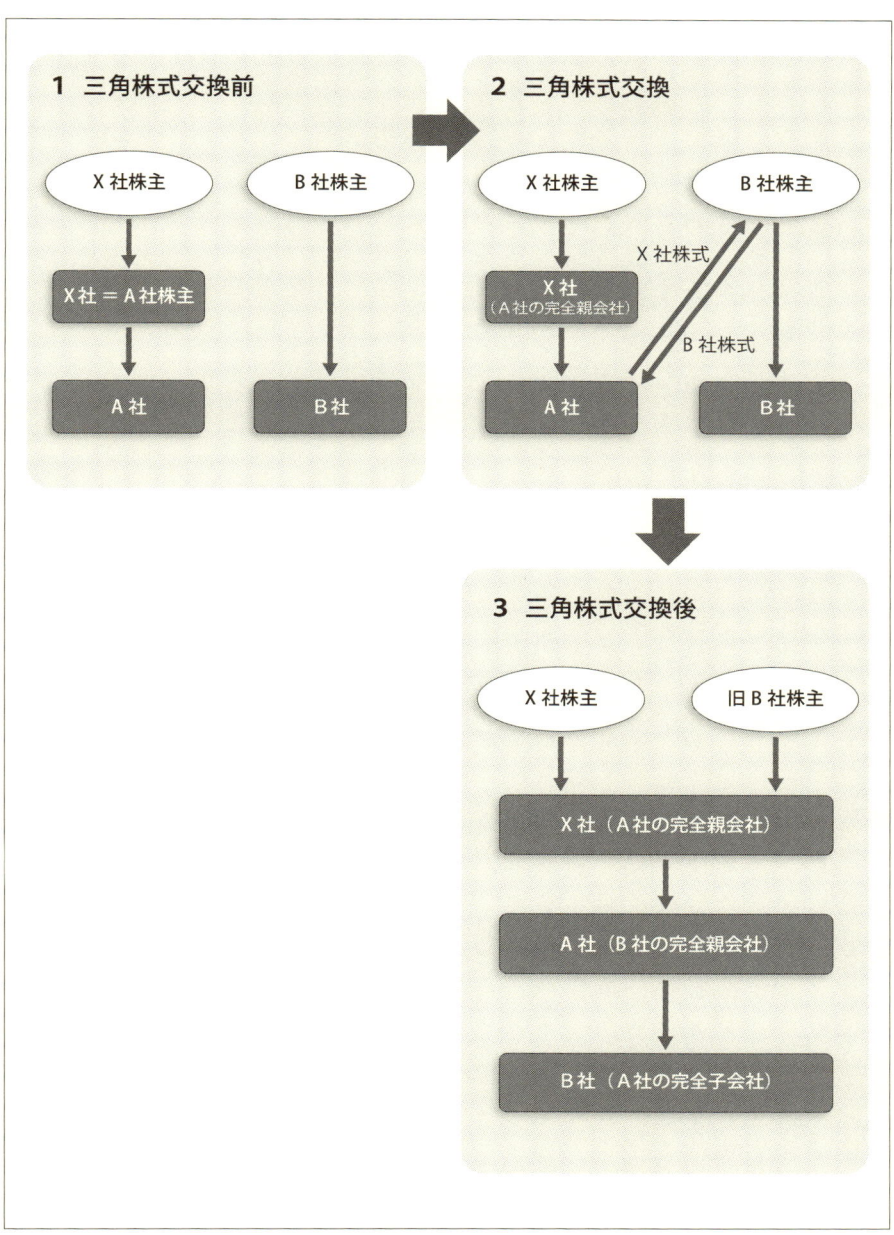

　株式交換により完全子会社となる会社の株式は、完全親会社になる会社に移転するとともに、子会社の株主には親会社の発行する新株が割り当てられ、完全親会社の株主となります（図表3−10）。97年の独禁法改正により、持株会社の創設などが原則解禁となったことを受け、99年の商法改正により創設されました。

(2) M&Aにおけるメリット・デメリット

① 多数決で強制できる

　株式交換を利用することにより、企業買収の際、たとえ少数株主が反対しても、株主総会の多数決で強制的に100%子会社として迅速かつ円滑に傘下に収めることができます。

② 資金負担が不要

　株式取得による買収の場合には、買収のための資金が必要ですが、株式交換の場合には自社の株式を交付すれば足りるので資金負担が不要になります。さらに親会社になろうとする会社の100%親会社の株式を交付することも可能です。これは三角株式交換と呼ばれます（図表3−11）。ただし、株式交換でも対価となる自社の株式を取得する段階で資金が必要となるケースもあります。

③ 合併による手続きなどを避けることができる

　合併でも、自社の新株を吸収する会社の株主に引き受けさせることにより、資金負担を不要とすることはできますが、株式交換の場合には当事会社は手続き後も両方存続しますので、合併において要求される、消滅会社の権利義務の承継・対抗要件具備（不動産登記など）手続や、経営風土、カラーの違いによる軋轢といった問題を避けることができます。

④ 負債も承継する

　株式交換は合併と同じく、買収する会社の資産、事業、負債を包括的に承継するものです。事業の一部や負債を除いて資産だけを取得したい場合には事業譲渡を選択するしかありません。

図表3−12　株式交換スケジュールの例

日程	株式交換完全親会社	株式交換完全子会社
2012年		
5月1日	取締役会決議（株式交換契約の承認）	取締役会決議（株式交換契約の承認）
5月31日	株式交換契約書の締結	
6月12日	株主総会招集通知発送・事前開示書類の本店備置	株主総会招集通知発送・事前開示書類の本店備置
6月28日	株主総会（特別決議による株式交換契約書の承認）	株主総会（特別決議による株式交換契約書の承認）
7月31日	（必要に応じて）債権者に対する通知・公告	（必要に応じて）債権者に対する通知・公告
7月31日	（必要に応じて）公正取引委員会への事前届出	
8月12日	反対株主の株式買取請求権行使開始	反対株主の株式買取請求権行使開始
8月31日	反対株主の株式買取請求権行使期限	反対株主の株式買取請求権行使期限
9月1日	効力発生日	
2013年		
2月28日	事後開示書類の本店備置	

（右欄の注記：2週間以上／1カ月以上／30日以上／20日／翌日／6カ月以上）

（3）会社法による規制

① 株式交換ができる会社の種類

　会社は株式会社のみならず合同会社も株式交換により親会社となることができます（会社法767条）。特例有限会社は株式交換の当事会社となることはできません（会社法整備法38条）。

② 株式交換当事会社の手続き（株式会社が当事会社の場合）

i　スケジュール

　大まかなスケジュールは図表3−12の通りです。原則、①株式交換契約を締結し、②当該契約について株主総会の特別決議による承認を受けなければなりません（会社法767条・783条1項・795条1項・309条2項12号）。③反対株主には株式買取請求権が認められます（会社法785条・797条）。

ii　簡易株式交換

　株式交換による影響が軽微な場合には株式交換完全親会社の株主総会の承認を不要としました（会社法796条3項）。

iii 略式株式交換

ほぼ完全な支配関係にある会社間においては、株主総会の承認を不要としました（会社法784条1項、796条1項）。

iv 債権者の保護について

株式交換は債権者の地位の変動をもたらすものではなく、債権者の利害に大きな影響を及ぼすケースは限られていますので、債権者異議手続が要求されるのは次の場合に限ります。

（イ）株式交換完全子会社——株式交換契約新株予約権が新株予約権付社債に付された場合の当該新株予約権付社債権者（会社法789条1項3号）

（ロ）株式交換完全親会社——完全親会社が完全子会社の株主に対し交付する対価が完全親会社の株式その他これに準ずるものとして法務省令で定めるもののみであるケース以外の場合の全債権者（会社法799条1項3号）、完全親会社が株式交換新株予約権として新株予約権付社債を承継する場合の全債権者（会社法799条1項3号 768条1項4号ハ）

v 効力発生日

株式交換契約に定めた効力発生日に効力が発生します。

（4）独占禁止法による規制

株式取得の一形態であり、09年改正により公正取引委員会への事前届出の対象となりました（独禁法10条2項〜）（詳しくは第12章3節参照）。

（5）金融商品取引法による規制

組織再編成行為として、金商法の開示規制、インサイダー規制が及びます（詳しくは第12章1節参照）。

 契約書作成のポイント

（1）M&Aの意思を確認する——基本合意書・覚書（M&Aに共通）

M&Aの協議が始まり、本契約までにまだ詰めなければならない重要な事項

があるときでも、なんの約束もせずに、M&Aの協議を継続していくと、せっかくコストと時間をかけても相手方がノーといってしまえば、大きなロスが生じます。双方が基本合意書または覚書に署名することにより、互いにM＆Aに対する相手の意思を確認することができますし、議論のむし返しを防ぐこともできます。また、これら書面に法的拘束力を持たせることにより（例えば、違約金の定めを設ける）、対象企業がより有利な買い手にM&Aされたり、反対に対象企業が自らの財務内容をすべてさらけだした後、買い手に逃げられたりすることを防止できます。このように、合意に一定の効力を持たせて、M&Aの事前調査や協議事項の絞り込みを行い、本契約の成立を確実にするために基本合意書、覚書を締結します。

　M&Aの方式について、株式取得、合併、事業譲渡あるいはその組み合わせにするのかもこの段階で合意することができます。M&Aに共通の基本合意書・覚書の内容としては、①取引の方式・手続き、②買収調査の手順、③守秘義務、④独占的交渉権、⑤合意書の効力・条件・期間の定め、⑤違約金などを定めます。

　基本合意書・覚書の効力については、両当事者が契約成立に向けて誠実に努力するという内容が盛り込まれただけでは、ただちに法的拘束力があるとはいえません。ただ、責に帰すべき違約があった場合には、「契約締結上の過失責任」が問われることがあることに注意が必要です。独占的交渉権の定めについては、事業再編および業務提携に関して基本合意書を取り交わした後、破棄されたUFJホールディングスと住友信託銀行の事例が参考になります。（04年5月　最高裁04・8・30）

　一方、M＆Aのごく初期の段階では、法的拘束力を持たせることは当事者にとって酷な場合もあるので、単なる確認メモ、あるいは協議議事録の形で書面化すべきでしょう。議事録には双方の確認印をとっておくことが望ましいでしょう。

（2）株式譲渡の場合の基本合意書、覚書の内容

　株式譲渡によるM&Aの場合、初期段階では通常、対象会社の資産・負債の細目的な内容が確定していない場合がよくあります。特に問題になるのが、債

務の処理について、売り手側で弁済するのか、買い手において肩代わり弁済するのか、そのまま引き継ぐのかという点です。その債務の額についても確定していないことが多いようです。

　ただ、その場合でも、買い手の資金負担額の大枠、つまり取引総額は決まっていることはよくあります。細目はともかく、このように合意できた事項について、双方で書面を取り交わしておくことが必要です。具体的には、次の通りです。

① 取引総額

　M&Aを行ううえで、対象企業をいくらで買うかという値決めは最も重要な課題です。その値決めに当たり、対象企業の財務内容の調査、いわゆる買収調査が完全になされてから価額を決定するのが望ましいでしょう。それができなくても、売り手、買い手の信頼関係から、取引総額はいくらにするという合意ができる場合もあります。

　そこで、この取引総額を基本合意書、あるいは覚書の形で定めることが大切です。特に、譲渡代金、債務の肩代わり、役員退職金をいくらにするかといった取引の内容が未確定の段階でも、書面の形で取り交わせるのがメリットです。

② 買収調査（Due diligence）の手順

　買収調査の詳細は第6章で述べます。対象企業の財務内容の調査、いわゆる買収調査は、基本合意書または覚書の締結までに実行しておくのが望ましいでしょう。現実には、信頼できる仲介者がある場合には、第三者である会計士による買収調査がすでに行われ、その報告書があがっています。

　しかし、売り手と買い手に信頼関係がある場合には、基本合意書・覚書締結の後、買収調査にかかり、財務内容の確認や、細かい数字を合わせるということもあります。

　買収調査では、調査の対象、調査期間、調査担当者など、財務調査の手順を定める必要があります。売り手にとっては、財務内容をすべてさらけだすわけですから、売り手の保護という観点も必要です。

③ 違約金の定め

買い手が対象企業の財務内容を調査した結果、売り手の説明とたいして違わないのに、ささいな相違を理由にして、買い手に買収をとりやめられたのでは、売り手の信用は丸つぶれです。一方、せっかく時間と費用をかけて買い手が調査したのに、売り手が他社に売却してしまったというのでは、買い手は大損してしまいます。

したがって、両当事者の身勝手な契約からの離脱を許さないため、各当事者の責に帰すべき事由による解約、あるいはどちらかの都合による解約の場合には、違約金を支払う旨の定めをする必要があります。ただ、この場合でも、財務内容を調査した結果、売り手側に落ち度がないのに、当初の予測と大きな相違があり、買い手が契約の目的を達することができないときには、無条件に契約不成立とする余地を残しておく必要があるでしょう。

また、この違約金を担保する意味で、預託金、取引保証金の形で売り手が金員を預かることも有効です。

④ 前提となる条件の定め

最終の株式譲渡契約の調印（closing）までに、クリアしなければならない条件があるときは、それを明記する必要があります。例えば、行政上の許認可手続きなどです。株式譲渡により出資者が変わることによって、既に取得されている許認可が裁量取消になる危険がないか、あるいはもっと基本的に、M&Aの買収側の事業展開上、許認可手続きが新たに必要になる場合には、許認可が取り消されないことや、許認可を取得できることが条件になるので、その明記が必要です。

（3）株式譲渡契約書を締結する

買収調査も終了し、譲渡代金、その税務上の取扱いも固まれば、いよいよ株式譲渡契約書を取り交わすことになります。その場合のチェックポイントは次の通りです。株式譲渡契約書のサンプルは図表3－13の通りです。

図表3-13 株式譲渡契約書の例

株式譲渡契約書

A株式会社（以下、甲という。）の別紙株主目録記載の株主（以下、乙という。）と、B株式会社（以下、丙という。）とは、乙の有する甲の発行済株式を、丙に譲渡することにつき合意し、以下の通り契約する。

第1条（株式の譲渡）

1. 甲、乙は、各々自己の所有する甲の株式数が下記の通りであることを保証し、自己の所有する甲の株式を、各々丙に平成　年　月　日限り、1株あたり金　円にて譲渡する。

記

	株
	株
	株
	株
	株
	株
計	株

2. 株式の譲渡は譲渡代金の支払いと引き換えに株券を引き渡してなすものとする。

第2条（取締役会の承認）

乙は、前条の株式譲渡につき、既に甲の取締役会の承認を得ていることを、丙に対して保証し、その取締役会議事録及び株式譲渡承認書の写しを、本契約締結と同時に丙に交付する。

第3条（甲の貸借当事者の変更）

丙は別紙に記載する甲の各債権者からの借入金債務　円について、第1条1項の履行日に甲に対して同金額を貸し付け、乙は甲をして前記各債権者に既存の各債務を返済させることを保証する。

第4条（甲の資本構成）

甲、乙は、甲の発行済株式の総数が　株、資本の額が　円であることを、丙に対して保証する。

第5条（資産・財務内容）

甲、乙は甲の平成　年　月　日の財務内容が別紙貸借対照表の通りであり、簿外債務、製造物責任などの偶発債務、追徴税、加算税等の存しないことを、丙に対して保証する。

第6条（資産・財務内容の変化）

甲、乙は、平成　年　月　日以降契約締結までの間に甲が記念配当等通常でない配当、役員賞与の支払い、役員報酬の増加、役員退職慰労金の支払い、債務保証等、通常の商取引以外の行為により甲の資産・財務内容に変更を加えていないことを、丙に対して保証する。

第7条（訴訟等）

甲、乙は、甲が国内、海外を問わず、裁判の原告にも被告にも、又仮差押・仮処分事件において債権者にも債務者にもなっていないことを、丙に対して保証する。

第8条（財務諸表）

甲、乙は、甲の財務諸表が完全かつ正確であり、一般に承認された会計原則に従って作成されたことを、丙に対して保証する。

第9条 （担保責任）

　　乙は、前8条により保証した事項に関し、万一相違した事実が判明し、丙に損害を与えた場合は、その損害を賠償し、又は譲渡株式の譲渡価格の変更に応ずるものとする。なお、損害を賠償したときは乙は甲に対する求償権を放棄する。

第10条 （役員の辞任、退職慰労金）

　1. 第1条の株式譲渡日後、最初に開催される株主総会の日に甲の現在の全取締役、監査役は辞任し、甲は辞任の登記をする。
　2. 丙は、甲をして前項の役員に対し別紙のとおりの役員退職金を支払うことを保証する。

第11条 （従業員の処遇）

　　丙は、甲の現在の全従業員の雇用を継続することを保証する。

第12条 （物品の引渡し）

　　乙は丙に対して、譲渡代金の決済日に別紙記載の物品を交付する。

第13条 （補則）

　　本契約の内容に盛り込まれていない事項により、甲、乙、丙間に問題が生じた場合又は本契約の内容の解釈につき甲、乙、丙に相違が出た場合は、甲、乙、丙は相互協議の上誠意をもってその解決をはかるものとする。

上記契約の成立を証するため、本書2通を作成し、甲、乙の代表者　　　　　　　と丙が記名捺印の上、各1通を保有する。

　　　　　　　　　　　　　　　　　　　　　　　　　　　　　以　上

　平成　　年　　月　　日

甲
　　　（住　所）
　　　（氏　名）

乙　　株主○名代理人兼本人
　　　（住　所）
　　　（氏　名）

丙
　　　（住　所）
　　　（氏　名）

　　　株主目録
　　　　株主の表示
　　　　1.
　　　　2.
　　　　3.
　　　　：
　　　　：

① 契約当事者

株式譲渡契約の当事者は、株式譲渡人と株式譲受人です。譲渡会社も、財務内容などを保証してもらう必要があるので、当事者としたほうがよいでしょう。

また、株式譲渡人は通常、複数であることが多いようです。その場合、全員が株式譲渡人として署名捺印し、契約書を株式譲渡人の数だけ作成し、各自が保有するのが原則です。ただ、株式譲渡人のうちの一人（通常は実質的な経営者）が代表者として署名捺印し、他の株式譲渡人は、委任状を作成して契約書に添付する方法が簡便です。

② 譲渡価格

契約の基本です。債務の肩代わり金額、および退職金の金額などが確定すれば、必然的に株式譲渡代金も確定します。

③ 譲渡代金の支払い時期、支払い条件

譲渡代金の支払いは一括決済が原則ですが、追徴税や手形決済などのリスクをヘッジするために、代金の一部を株式譲受人または第三者機関に一定期間預ける場合もあります。会社法では、定款で株式を発行することを定めた会社だけが株券発行会社ということになりました（会社法214条）。したがって、株券発行会社の場合には、株式譲渡は株式の交付によって行うことになりますので、株券の引渡しのない場合には、株式譲渡は無効です。したがって、株券を発行していなければ発行してもらってから譲渡を受けなければなりません。

株券をいったんは発行したが、紛失してしまった場合には、第2章3節（3）項で説明した株券喪失登録制度を使って、従来の発行株式を無効にした上で、株券の再発行をしてもらわなければなりません。この場合には、紛失した株式についてだけは1年以上遅れることになりますので、注意が必要です。

株券不発行会社の場合には、株式の譲渡は意思表示のみによって成立します（会社法130条）。したがって株式譲渡契約だけで有効です。ただし、会社以外の第三者に株式の譲渡を主張するには、株主名簿の名義書換が対抗要件となりますので、契約上も株主名簿の名義書換を要件とすることが望ましいでしょう。

④ 取締役会の承認決議などの保証

譲渡制限のある株式については、対象企業の取締役会の承認決議などが必要です。したがって、承認決議を経ていること、およびその議事録または承認権限のある者の承認書を添付するのが望ましいでしょう。

⑤ 資産、財務内容の保証

M&Aについては対象企業の財務内容、特に粉飾決算のリスク、簿外負債のリスクなどに注意しなければなりません。ここでは原則として、次の3点について株式譲渡人に保証させることが必要です。

ⅰ 対象企業の財務内容が、最終の貸借対照表の通りであり、簿外の保証などの簿外債務、追徴税や加算税などがないこと。

ⅱ 最終の貸借対照表の時点から契約までの間に、資産、負債など財務内容に通常の取引以外の変動がないこと。例えば、記念配当などの通常でない配当や、役員に対して臨時の賞与を交付したり、その報酬を増加したり、新たな第三者に対して、会社が債務保証をする、といったことがこれに当たります。

ⅲ 対象企業の財務諸表が会計原則に従って、適法かつ適正に作成されていること。最終の貸借対照表作成時と株式譲渡契約時との間には、時間的なずれが生じるのが通常ですが、その間も営業を休止するわけにはいきませんので、予測外の行為をしないことの保証が必要になります。財務諸表の保証は、株式譲渡人では分からない場合もあるので、会計事務所にしてもらうことも有効でしょう。

⑥ 株式譲渡人の担保責任

株式譲渡人は、⑤で保証した内容について、万一相違し、これにより株式譲受人に対し損害を与えた場合には、その損害を賠償し、または譲渡株式の譲渡価額の変更に応ずるという形で担保責任を負う旨の定めが必要です。

ここで例えば、株式譲渡人が対象企業に代わって簿外負債分について弁済するという形にすると、株式譲渡人が対象企業に対して求償権を持つ（債権者の地位を引き継ぐ手形の買取りなど）ことになり、法律関係が複雑になります。むしろ株式譲渡代金の減額、あるいは契約の解除などの条項を定めることが望

ましいでしょう。

　株式譲渡後、新会社などで同業をされては困る場合には、競業の禁止の条項を加える場合もあります。

⑦　従業員の引き継ぎ

　株式譲渡によるM&Aの場合、会社の法人格はそのままですので、従業員との雇用契約、労働協約などは当然、承継されます。ただ、従業員のM&Aに対する意向はきわめてデリケートです。M&Aを知って労働条件の変更などを恐れて他社に移ってしまう危険性があります。

　従業員を引き継がない場合には、M&Aの前提条件として、売り手の責任で解雇、整理するものとして解決できます。逆に、有用な人材はもちろんのこと、従業員を引き継ぎたい場合には、その雇用条件などの保証を明確にし、売り手の協力のもとに引き継ぎ策を講じる必要があります。

　細かいことですが、賞与支払い後に退職が多くなるのは、世上よくあることです。

⑧　取締役の辞任と退職慰労金の定め

　新取締役の選任は、株式譲渡後開催される臨時株主総会において行うことになりますが、その前提として、当然、取締役の辞任が必要です（もちろん一部役員が留任するケースもあります）。この場合、譲渡契約時に辞任届を交付するのが通常です。そして、退職慰労金の支払いについて、すでに支払っている場合にはその確認をし、譲渡契約後に支払うのであれば、あくまでも決定するのは新しい株主による株主総会ですから、株式譲受人による支払いの保証をすることになります。退職慰労金の額が大きくなると、株式譲渡代金は小さくなりますので、退職慰労金を受け取る株主と受け取らない株主との間で利益が対立します。

⑨　訴訟などが継続していないことの保証

　最近は、国内はもちろんグローバル化に伴って、海外での労働条件、知財などをめぐるトラブル、訴訟も考えられますので注意が必要です。

⑩ 偶発債務に対するヘッジ

例えば、対象企業がメーカーである場合などには、製造物責任などに基づく損害賠償請求が、M&A以前の生産過程を原因としてなされる場合があります。この問題点は、株式譲渡契約時には予測が不可能であり、また、損害発生までに時間を要することです。具体的に訴訟などが提起された場合には、事情を知った旧経営者に協力させ、支払い義務が生じたときにはその保証をさせるべきでしょう。

⑪ 各種手数料の支払い

銀行・証券会社の手数料、弁護士の費用、公認会計士の費用、司法書士の費用

⑫ 表明・保証条項

以上の中で、一定の事実・権利関係の存在、不存在を表明し、その内容が真実であることを保証する「表明・保証条項」（前記④⑤⑥⑨⑩の各条項など）が置かれますが、その効果として、契約の停止条件や解除条件としたり、担保責任の範囲を定め、買取価格の減額の効果を生じるものとして規定されています。これらの条項は、MAC条項（Material Adverse Change）とも呼ばれています。この「表明・保証条項」の効力については、買収された企業の和解金の会計処理に誤りがあったケースで損害賠償が認められた判例があります（アルコ事件　東京地裁06・1・17）。他の事例でも、買い主側のデューディリジェンスを経ている場合には買い主側の悪意、重過失が争点となっています。

5 株式取得の税務

（1）買い手の税務

① 株式取得の税務

株式売買の場合の買い手には、原則として税金の支払いは発生しません。ただし、次の場合には課税問題が発生するので注意が必要です。株式の実際取引

価額が時価よりも低ければ、その差額は買収会社においては受贈益とみなされます。一方、株式の譲渡人が法人であれば、買収会社に対する寄附金とみなされますが、譲渡人が個人であれば原則として時価の2分の1以上の譲渡については時価課税されませんが、2分の1未満であれば時価課税されます。

　次に、当該株式の実際取引価額が時価よりも高ければ、その差額は、譲渡人が法人であれば、譲渡法人の受贈益として益金算入され、一方、買収法人のほうは譲渡法人への寄附金として処理されることになります。譲渡人が個人の場合は、買収会社からの贈与となれば一時所得、役員への賞与であれば給与所得、または退職所得とみなされることになります。

② 税務上の適正な時価とは

　法人税法では、株式の時価とは何か、また時価はどのようにして求めるかについては、規定されていません。証券取引所において上場されている株式や気配相場のある株式については、時価としては、公表された価格がありますが、非公開株式については公表された時価はありません。このため、法人税法における時価は非公開株式の評価損の計上を行う場合の「期末の時価」の取り扱いを定めた法人税基本通達9―1―13の評価方法を準用して評価することになります。

法人税基本通達9―1―13

ｉ　売買実例のあるもの――その事業年度終了の日前6カ月間において売買の行われたもののうち適正と認められるものの価額

ⅱ　公開途上にある株式で、株式の上場・登録に際して株式の公募等が行われるもの。ⅰに該当するものを除きます。――公募等の価格等を参酌して通常取引されると認められる価額

ⅲ　売買実例のないものでその株式の発行法人と事業の種類、規模、収益の状況などが類似する他の法人の株式の価額があるもの。ⅱに該当するものを除きます。――その価額に比準して推定した価額

ⅳ　ⅰからⅲまでに該当しないもの――その事業年度終了の日または同日に最も近い日におけるその株式の発行法人の事業年度終了のときにおける一株当たりの純資産価額などを参酌して通常取引されると認められる価額

図表3−14　株式取得の税務

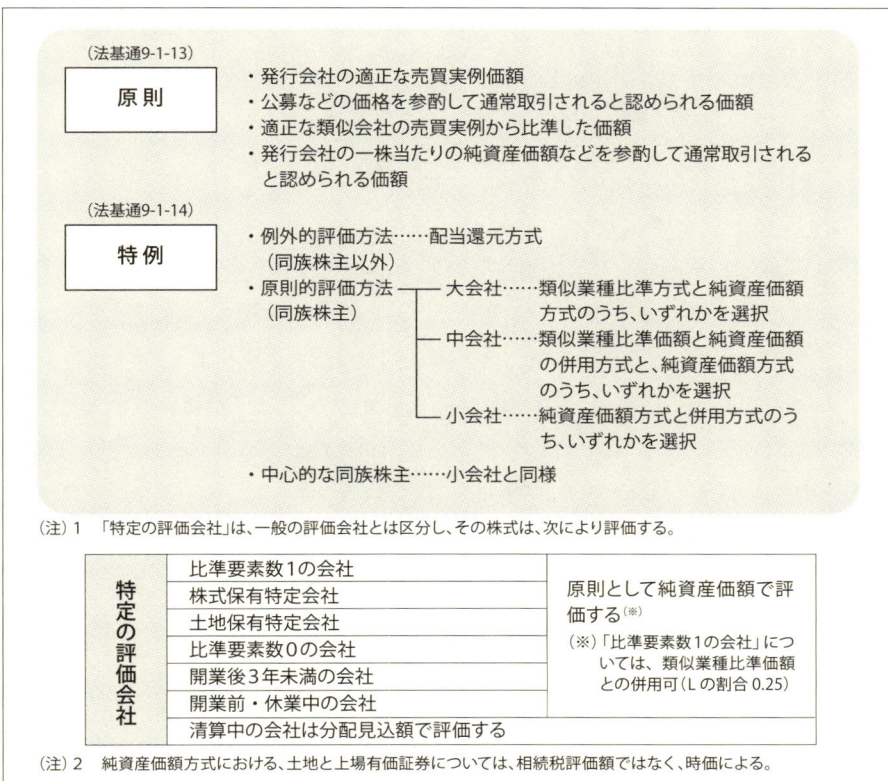

（法基通9-1-13）

原則

・発行会社の適正な売買実例価額
・公募などの価格を参酌して通常取引されると認められる価額
・適正な類似会社の売買実例から比準した価額
・発行会社の一株当たりの純資産価額などを参酌して通常取引されると認められる価額

（法基通9-1-14）

特例

・例外的評価方法……配当還元方式
　（同族株主以外）
・原則的評価方法
　（同族株主）
　　　大会社……類似業種比準方式と純資産価額方式のうち、いずれかを選択
　　　中会社……類似業種比準価額と純資産価額の併用方式と、純資産価額方式のうち、いずれかを選択
　　　小会社……純資産価額方式と併用方式のうち、いずれかを選択

・中心的な同族株主……小会社と同様

（注）1　「特定の評価会社」は、一般の評価会社とは区分し、その株式は、次により評価する。

特定の評価会社	比準要素数1の会社	原則として純資産価額で評価する（※） （※）「比準要素数1の会社」については、類似業種比準価額との併用可（Lの割合 0.25）
	株式保有特定会社	
	土地保有特定会社	
	比準要素数0の会社	
	開業後3年未満の会社	
	開業前・休業中の会社	
	清算中の会社は分配見込額で評価する	

（注）2　純資産価額方式における、土地と上場有価証券については、相続税評価額ではなく、時価による。

　しかし、この規定により評価することは難しいため、法人税基本通達9―1―14において、特例として、「課税上弊害がない限り」、相続税の評価方法によることを認めています。

　ただし、次の三つの条件がつきます。

　i　その株式を取得した会社が、その株式の発行法人の「中心的な同族株主」に該当する場合には、たとえ大会社、中会社であっても、小会社と同じ評価方式（純資産価額と、純資産価額×50％＋類似業種比準価額×50％のうち、いずれか低いほう）で評価すること

　ii　純資産価額の計算に当たっては、相続税の評価方法そのままではなく、

資産の中に土地（土地の上に存する権利を含みます）と上場有価証券がある
ときは、それらの資産は時価により評価すること

iii　純資産価額の計算上、「評価差額に対する法人税額等に相当する金額」
は控除しないこと

③　税務上の時価とM&Aの時価との関係

M&Aの場合の株式の時価を求めるには、いろいろな方法があります。詳し
くは第7章で述べますが、いずれにせよ、実際の取引価額は売り手と買い手と
の交渉によって決まります。

ところで、M&Aの時価と税務上の時価とは差があるのが通常であり、その
差について寄附金や贈与などの認定課税を受けるのかどうかという問題があり
ます。この点については、株式の評価が中立的な仲介者などによって合理的に
算定された、適正なものであるならば、問題はないでしょう。また、実際の取
引価額が、売り手と買い手の力関係や株式数、その他の諸事情により、必ずし
も評価額どおり売買されるとは限りません。この場合には、売買価額がはたし
て妥当なものであったかどうかについて、売買時点での状況や、実際取引価額
に落ち着いた経緯を明確にしておく必要があります。

そして、以上の事情を考慮してもなお、実際価額が妥当なものでなければ、
その部分については課税の対象となります。

(2) 売り手の税務

①　個人株主の場合の株式譲渡益課税

有価証券による譲渡所得は2002年12月31日をもって「源泉分離課税」制
度が廃止され、「申告分離課税」制度に一本化されました。これに伴い、税率
の引下げの軽減措置が図表3－15のようにとられています。非上場株式の場
合は譲渡益の20％の課税となります。

i　買い手のメリット

買い手の取得した株式は、企業支配株式として、有価証券として資産計上
されます。株式は償却による損金算入ができませんし、また、被買収会社の
業績が悪化しても、企業支配株式に関する評価損の計上は、税務上なかなか

図表3－15　株式の譲渡による所得課税方式

	区分		平成15年分から平成25年分まで	平成 26 年分以降
税率	上場株式など	証券会社などを通じた譲渡	10% （所得税 7%、住民税 3%）	20% （所得税 15%、住民税 5%）
		上記以外の譲渡	20% （所得税15%、住民税 5%）	
	未公開株式など			
譲渡益の計算			譲渡収入金額 －（ 取得費 ＋ 譲渡費用 ＋ 借入金利子など ）	
譲渡損失が生じた場合の損益通算			株式の譲渡損益内の損益通算はできますが、他の所得との通算はできません。なお、平成 15 年 1 月 1 日以降、上場株式の譲渡損失は翌年以後 3 年間にわたり、株式などの譲渡所得金額から繰越控除できることになっています。 ただし、非上場株式の譲渡損失については繰越控除できません（損益通算はできます）。	
申 告			確定申告が必要です。	

難しいものです。ところが、譲渡代金の一部を役員退職金として支給すれば、その部分は被買収会社で損金算入ができます。

ⅱ　売り手のメリット

　未公開株式の譲渡代金は、前述のように、申告分離課税となり、譲渡益の20%の課税となります。しかし、譲渡代金の一部を役員退職金として支給を受ければ、その部分は退職所得となります。ただし、退職所得は支給金額や勤続年数にもよりますが、非課税部分もあり、通常の所得税の2分の1の課税となりますので、税率が20%以下となることがあります（ただし、2013年度より会社役員等としての勤務期間が5年以下の場合には、2分の1ではなく退職所得控除後の金額の全額が課税対象とされることになりました）。

　税率が20%以下になるなら、株式代金よりも、役員退職金として支給を受けたほうが税金が安くなります。

　なお、役員退職金のうち、不相当に高額な部分の金額は、支給を受けた役

員にとっては退職所得となりますが、支給した被買収会社においては、損金の額に算入されないので、買い手はこのことに十分注意する必要があります。

② 法人株主の場合の株式譲渡益課税

会社が株式を譲渡した場合には、その譲渡損益は所得金額を構成し、通常の法人税が課税されます。

(3) 適切な役員退職金の支給

上記 (2) 項①にあるように、もっぱら売り手の税金を安くして手取りを多くするため、株式譲渡代金の一部を役員退職金として受け取る場合が一般的です。

しかし、法人税法上、役員退職金の額が不相当に高額である場合には、「不相当に高額である」と認められる部分の退職金の金額は、損金の額に算入しないと定められています。すなわち、過大部分は会社の費用としておとせないため、税金を支払う必要があります。この場合、売り手は過大部分も所得税法上「退職給与」として取り扱われるので問題はありません。

一方、買い手は被買収会社のその後の税務調査で否認を受け、追加の税金と罰科金を支払わなくてはなりません。この額は、過大と認定された金額の約40%を上回ることになります。したがって、買い手のリスクヘッジのためにM&Aの契約書に、偶発債務として扱い、そのような事態が起これば売り手に弁償させるという項目を入れておくのが安全といえるでしょう。

〈契約書の記載例〉

「甲は、第○条の退職金費用につき、税務署から否認を受けた場合またはその他の事由により、丙会社が税金の追徴を受けた場合は、その額につき個人で責を負う。ただし、乙または丙会社が税務署との折衝に通常の努力を払った場合に限る」。

それでは、税務上、役員退職金が過大とされるのは、何が基準となるのでしょうか。法人税法施行令第72条の規定で「不相当に高額な部分の金額とは、①退職した役員がその法人の業務に従事した期間、②その退職の事情、③類似法人の役員退職金の支給状況等に照らして、相当であると認められる金額を超え

る金額をいう」とされています。ところが、役員退職金が適正であるかどうかについて、具体的にどのような計算方法で算出するのかということになると、これは法令、通達に明示されているわけではありません。また、退職金の性格上、それぞれ退職役員の個別事情があり、その計算をめぐって、裁判でも多く争われてきたのが実情です。そこで、そのうちごく一般的な尺度とされる事例(最高裁第三小法廷75・2・25判決)をここに掲げますので、参考にしてください。

i 役員退職金の適正額

役員退職金は、使用人に対する退職金と異なり、益金処分としての性質も含んでいるため、適正額を超える退職金は損金算入を認めず、その適正額の計算は退職役員の業務期間、退職事情、同種の事業を含む類似法人の役員の退職金の支給状況に照らして相当と認められる金額であること。

ii 類似法人の選定要素

売上金額、所得金額および積立金増加額の3要素が類似していれば、その他の要素についても類似し、あるいは匹敵する事情があり得るわけであるから、3要素の類似する3社の役員功績倍率の平均割合によって算出した金額を適正額とすることができ、それを超える金額を過大役員退職金としたことは相当であるとしたこと。

iii 役員功績倍率

本件では、役員退職金の適正額の計算に当たっては、類似法人の役員功績倍率の平均割合を用いる方法がとられ、その算式は次の通りである。

退職時の報酬月額 × 在任年数 × 役員功績倍率の平均割合

この役員功績倍率とは、役員の法人に対する功績の度合いを示す割合です。役員の退職金の算定に当たり、これを加味する例は多く、役員功績倍率を算式により示すと、次のようになります。

退職金 ÷ (退職時の報酬月額×在任年数) = 役員功績倍率

役員の退職金の適正額は主観に流れやすいものなので、各社自体の計算のほか、類似法人の役員退職金の功績倍率の平均割合を用いて算定した数値によってチェックすることが望ましいのですが、ほかに合理的な方法があれ

ば、それによって計算することも適法です。

　実務的に見れば、功績倍率が2.0程度なら問題は少ないといわれています。ただし、功績倍率2.0という数値は絶対的なものではありません。3.0でもよいとする、次のような判例があります。

　「同業種・類似規模の法人の功績倍率の平均が1.9、最高が3.0である場合、最も有利な最高功績倍率3.0を基準とすることは合理的である」（東京地判80・5・26）

　また、次のような判例にも注意する必要があります。

　「法人の役員退職給与の損金算入限度額につき、当該法人と同業種、類似規模の3法人の役員退職給与支給事例から算定した勤続年数1年当たりの平均退職給与額をもって相当性の判断基準としたのは合理的である」（札幌地判83・5・27）

　この判例により、「勤続年数1年当たりの平均額」という方法が認められた

図表3−16　ケーススタディ

　X社は、浄水施設の製造メーカーです。かねてから増大するアジアの新興国の需要に対応するためアジア進出を経営戦略の一つと考えていましたが、取引銀行からの情報で、Y社が、会社売却を考えていることが分かりました。Y社は、主に排水処理施設の補修管理を主たる事業にしている会社ですが、Y社の子会社が20年前よりアジアの新興国で事業展開しており、近年新たに浄水事業も展開中とのことでした。

　Y社の業績は順調なのですが、社長や経営幹部が高齢で後継者もいないことから全株式を売却したいという意向でした。会社価値としては、過去の剰余金の蓄積（簿価純資産額210百万円）のほかに、図表3—17の「3　含み益の状況」に記載の通り、土地の含み益（20百万円）、海外子会社の剰余金の蓄積（含み益80百万円）をあわせ310百万円ありますが、売却条件として、全株主の売却時の手取額合計が2.5億円以上になるならば、売却に応じたいとのことでした。X社では、銀行に仲介依頼するとともに、Y社買収のための具体的な作業に入りました。

　Y社の概要は、図表3—17のとおりで、図表3—18のように、役員退職金支給による手取りと株式売却による手取りとを合計した結果、手取額が2.6億円になったので、X社とY社株主は契約書に調印し、ここに株式譲渡によるM&Aが成立しました。

図表3－17　ケース　Y社の概要

1　　**資本金**　　　　50,000千円、　　発行済株式数　100,000　株
　　　　株主内訳　　　社長　　　甲　　　持株数　　80,000　株
　　　　　　　　　　　　取締役　　乙　　　　　　　　　5,000
　　　　　　　　　　　　同　　　　丙　　　　　　　　　5,000
　　　　　　　　　　　　監査役　　丁（社長の妻）　　 10,000
　　　　　　　　　　　　　　　　 合計　　　　　　　100,000

　　　　従業員　100名
　　　　後継者がいない

2　　**最終決算期貸借対照表**　　　　　　（平成○年○月○日）　（単位：百万円）

資産の部		負債及び純資産の部	
現・預金	100	支払手形・買掛金	400
受取手形・売掛金	600	短期借入金	100
たな卸資産	200	未払金・未払費用	50
流動資産計	900	賞与引当金	20
		流動負債計	570
建物	100	長期借入金	400
機械	60	固定負債計	400
車両・備品	20	負債合計	970
土地	70	資本金	50
固定資産計	250	利益準備金	10
		その他利益剰余金	140
子会社株式（海外）	30	繰越利益剰余金	10
投資等計	30	純資産合計	210
資産合計	1,180	負債・純資産合計	1,180

3　　**含み益の状況**
　　　　含み益については、調査の結果以下の通り判明した。
　　　　なお、その他の資産の時価はすべて帳簿価額通りであり、簿外負債はない。
　　　　資産の含み益の状況

	簿価	時価	含み益	（単位：百万円）
土地（本社及び工場）	70	90	20	
子会社株式（海外）	30	110	80	
営業権	0	0	0	
合計	100	200	100	

　　　　会社の収益は現状は良好であるが、営業権として計上するほどの超過収益は出て
　　　　いないので営業権は計上しない。

4　　株式譲渡時にY社の役員退職金規定に基づき役員退職金を規定通り支払う。
　　　　〈役員退職金規定　第5条〉
　　　　退職金は退職または死亡当時の報酬月額を算定基礎額とし、次の算式により計算
　　　　する。

　　　　　　　役員退職金 ＝ 報酬月額 × 勤続年数 × 役位係数

　　　　ただし、役位係数は、代表取締役 2.00、その他の役員 1.50、非常勤役員 0.75

図表3−18 株式売買金額の計算

1 Y社の時価純資産額の計算

$$
\text{Y社時価純資産額} = \underset{①}{\underline{\text{平成○年○月○日現在の簿価純資産}}} + \underset{②}{\underline{\text{資産の含み益}}}
$$

$$
= \underset{①}{\underline{210\text{百万円}}} + \underset{②}{\underline{100\text{百万円}}}
$$

$$
= 310\text{百万円}
$$

2 役員退職金の計算

役員	①月額 報酬 千円	②勤続 年数 年	③役位 係数	①×②×③ 退職金 千円	退職所得 控除額 千円	所得税 住民税 千円	手取額 千円 (税率)
甲代表取締役	1,200	30	2.00	72,000	15,000	8,604 2,565	60,831 (15.5)
乙取締役	800	15	1.50	18,000	6,000	773 540	16,687 (7.3)
丙取締役	500	20	1.50	15,000	8,000	273 315	14,412 (3.9)
丁監査役	400	8	1.50	4,800	3,200	40 72	4,688 (2.3)
合計				109,800		13,182	96,618 (12.0)

3 役員退職金控除後のY社の時価純資産額の計算

310百万円 − 109.8百万円 = 200.2百万円 ≒ 200百万円

4 株式譲渡代金を200百万円とした場合の各株主の手取額

	株式数 株	株式譲 渡代金 百万円	M&A 手数料 ※1 百万円	入金額 百万円	株式 原価 百万円	株式 譲渡益 百万円	株式譲 渡税※2 百万円	手取額 百万円	退職金を加 えた手取額 百万円
甲	80,000	160	8	152	40	112	22.4	129.6	190.4
乙	5,000	10	0.5	9.5	2.5	7	1.4	8.1	24.8
丙	5,000	10	0.5	9.5	2.5	7	1.4	8.1	22.5
丁	10,000	20	1	19	5	14	2.8	16.2	20.9
計	100,000	200	10	190	50	140	28	162	258.6

(注) ※1は、仲介手数料、弁護士費用、会計士費用など。 ※2は、株式譲渡益 ×20%。

ので、特に最終報酬月額が低額な場合、この方法を使えば、功績倍率による方法に比べてかなり有利となるでしょう。

（4）新株引受の税務

① 有利な発行価額により第三者割当増資を引き受けた場合の税務上の取り扱い

有利な発行価額により新株が発行された場合には、株式に対して平等に割り当てられた場合を除いて、新株の払込みにかかる期日における価額を取得価額とすることが、法人税法上要求されています。

つまり、引受法人では、払込期日における発行法人の株式の価額をもって、増資により引き受けた有価証券の取得価額としなければなりません。また、その有価証券の取得価額と払込額との差額については、受贈益として益金算入する必要があります。

なお「有利な発行価額」とは、新株の発行価額を決定する日の現況における当該発行法人の旧株式の価額に比べて、社会通念上相当と認められる価額を下回る価額をいいます。

新株の発行価額を決定する日の現況における当該発行法人の旧株式の価額とは、単に決定日の価額のみをいうわけではなく、決定日前1カ月間の平均株価など、発行価額を決定するための基礎として相当と認められる価額をいいます。

また、新株の発行価額決定日における旧株式の価額に比べて、社会通念上相当と認められる価額を下回るかどうかについては、旧株式の価額と新株の発行価額との差額が、旧株式の価額のおおむね10％相当額以上であるかで判定します。

② 有利な発行価額により引き受けた増資新株の取得価額の算定方法

有利な発行価額により増資を引き受けた場合における増資新株の取得価額は、株式の内容に応じて、次のように算定します。

ⅰ　新株が取引所売買有価証券、店頭売買有価証券、その他価格公表有価証券（以下、上場有価証券等という）である場合——新株の払込期日における最終の売買価格（最終の売買価格がない場合は、最終の気配相場の価格）（以

下、市場価格という）

ii 旧株は上場有価証券などであるが、新株は上場有価証券などでない場合
——新株の払込期日における市場価格を基準として、合理的に計算される
価額

iii その他の場合——新株の払込期日において、合理的に計算される払込期
日の価額

③ 個人株主の課税関係

個人に対し有利な発行価額による第三者割当増資があった場合、その発行理
由が、その発行会社の役員または使用人に対する給与・賞与または退職金の支
給と認められるときは、時価と発行価額との差額は給与所得または退職所得と
して所得税の課税が行われます。また、その発行理由がそれ以外の場合は、そ
の割当先により所得税（一時所得）または贈与税の課税が行われます。

（5）株式交換における税務

① 株式交換における適格・非適格の取扱い

株式交換については、図表3−19の通り適格要件が規定されており、非適
格と判定された場合には、子会社の特定資産については、評価損益を計上して、
当該非適格株式交換等の日の属する事業年度の所得の計算上、益金または損金
に計上することとされています。取扱いについては、図表3−20にまとめま
したので、参照してください。適格・非適格の要件については、図表3−19
を参照してください。

② 株式交換の課税対象

株式交換取引において、課税対象となるのは、完全子会社（税務上はこれを
特定子会社という）側の株主です。すなわち、特定子会社の株主は株式交換に
よって、本来ならば特定子会社の株式の譲渡損益について課税されるのですが、
次の要件に該当すれば、譲渡損益を繰り延べることが可能となります。

また、株式交換については、法令上、みなし配当の規定はありません。よっ
て、株式交換については、みなし配当課税はされないと考えられます。

図表3-19　株式交換における適格要件

支配関係		要　件
100%		他の条件を満たすことなく、適格に該当します（再編後も100%の支配関係の継続が必要です）。
50%超100%未満	従業員引継要件	従業員のおおむね80%以上が引き継がれる見込みであること
	事業継続要件	再編後も対象事業を継続する見込みであること
50%以下	事業関連要件	事業に関連性があること
	規模要件または特定役員要件	両会社の事業規模（売上高、従業員数、その他これらに準ずるもの）の格差が1：5以下であることまたは完全子会社の特定役員※のいずれかが退任しないこと（完全親会社の役員へ就任する場合を除く）
	従業員引継要件	従業員のおおむね80%以上が引き継がれる見込みであること
	事業関連要件	再編後も対象事業を継続する見込みであること
	株式保有継続要件	A. 完全子会社の株主に交付された完全親会社株式の全部を継続保有する見込みである株主の保有株式数が、完全子会社の発行済株式総数の80%以上であること（株主が50人以上である場合は除外されます。） B. 再編後に完全親会社が完全子会社株式の全部を継続保有する見込みであること

※　特定役員とは、常務クラス以上の役員および法人の経営の中枢に参画している者をいいます。
（注）前提として「株式以外の資産が交付されないこと（利益配当を除く）」の要件を満たす必要があります。

図表3-20　株式交換における適格と非適格の取扱い

	適格分割	非適格分割
（親会社）子会社株式の受入価額	簿価（株主数によって計算が異なります。）	時価
（子会社）保有資産の評価	評価しません。	特定の資産について時価評価します。 ①固定資産 ②土地（借地権等を含む） ③有価証券（売買目的有価証券、償還有価証券を除く） ④金銭債権 ⑤繰延資産 ■ 5年以内に一定の圧縮記帳の適用を受けた減価償却資産、一取引単位における含み損益が1,000万円未満である資産は除かれます。

図表3−21　株式交換の非課税要件

株式交換の非課税要件
株式以外の資産が交付されないこと （剰余金の配当として交付された金銭その他の資産および反対株主に対するその買取請求権に基づく対価として交付される金銭その他の資産を除く）

　また株式交換において、完全親会社となる会社新株の交付に代えて、保有する自己株式を交付することも可能です。この場合、税法では株式交換直前の自己株式の帳簿価額を、その交換時における自己株式の価額とみなして、所得を計算すると規定しています。すなわち、特定親会社にとっては、自己株式を譲渡して子会社株式を取得する行為ですが、株式交換にかかる税務上の課税繰延要件を満たしていれば、譲渡損益は完全親会社も完全子会社の株主も認識しないことになります。

第4章

事業譲渡
(Asset Acquisitions)

■ 事業譲渡によるM&A

事業譲渡とは、一定の事業をある会社から別の会社に移転することです。判例では「一定の営業目的のために組織化され、有機的一体として機能する財産を売却すること」とされます。

ここでいう事業とは、譲渡人（会社）が営業活動のために組織した機能的な財産を意味し、動産・不動産や権利（物権・債権・知的財産権）はもとより、のれんや得意先・仕入先だけでなく事業（営業）活動上の債務も含まれるとされ、これらの各種財産が一定の事業目的により組織的に統合されたもののことです。

■ 事業譲渡のポイント

① 会社分割・合併と異なり、財産などは当然には譲受人に移転せず、個別の移転手続きが必要となります。

② 事業譲渡契約書を作成して取引するのが一般的です。

③ 会社法上、取締役会決議や株主総会の特別決議などの手続きが必要です。

■ 事業譲渡の税務

事業譲渡については、評価の適正性が問題となります。その評価が適正に行われていない場合には、低廉譲渡または高額譲受けとして寄附金の課税関係が生じます。特に、多額ののれん（営業権）が発生する場合は注意が必要です。

■ 譲渡会社の税務

① 事業譲渡財産の譲渡価額から帳簿価額を差し引いた金額、つまり、譲渡益が課税の対象となります。

② 事業譲渡資産のうち、課税資産があれば消費税が課されます。

③ 欠損金等の繰り戻しによる還付の特例があります。

■ 譲受会社の税務

譲受資産のうちに不動産がある場合、不動産登記が必要になり登録免許税がかかります。また、不動産取得税も課税されます。また譲受会社は、支払消費税額を税額控除できます。

1 事業譲渡とは

　事業譲渡とは、「一定の営業目的のため組織化され、有機的一体として機能する財産」（最判1965・9・22）を取引行為として他に譲渡（売却）することです。

　A事業、B事業、C事業という複数の事業を営む甲社から、A事業のみを乙社がそのまま（A事業に必要な建物・機械・従業員や得意先などをまるごと一体として）買い取る場合が、事業譲渡の例です。

　「組織化され、有機的一体として機能する財産」の譲渡ですから、単に財産（建物・機械など）を個別に譲渡する場合は事業譲渡に該当しません。

　譲渡（売却）の対価は通常は金銭ですが、譲受会社の株式など、金銭以外の場合もあります。

図表4-1　事業譲渡の概念図

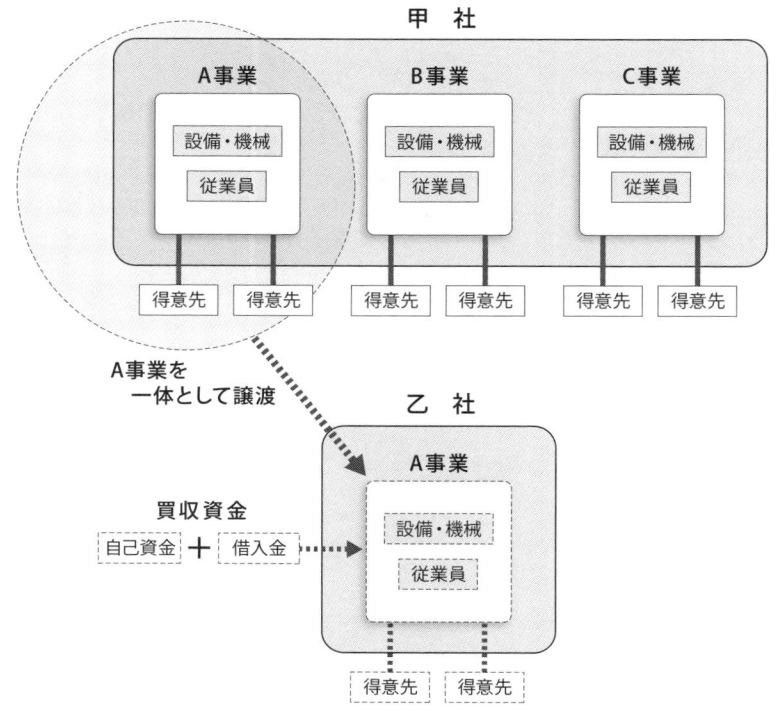

2 どのような場面で使われるのか

（1）分社化 → 経営の集中・効率化

　A事業、B事業、C事業という三つの事業を営む甲社が、子会社（乙社）を新設し、そこにA事業を事業譲渡します。その結果、甲社はB事業、C事業に、乙社はA事業に、それぞれ集中・特化することによって、経営の効率化を図ります。

（2）不採算部門の切り離し

　複数の事業を営む会社が、不採算事業のみを他社に事業譲渡し、経営の立て直しを目指します。

（3）会社の再建・ブランドの保護

　経営不振に陥った会社が、高収益を挙げている魅力的な事業（ブランド）を切り離して事業譲渡し、ブランドを守るとともに、売却の対価で会社の再建や清算を実施します。

（4）MBO

　MBO（第13章2節参照）によって会社の従業員が事業を引き継ぐ場合の手段として、事業譲渡が利用されることがあります。

3 他の方法とどう違うのか

（1）会社分割・合併との違い

　ある会社の事業を別の会社に引き継ぐ方法としては、事業譲渡のほかに会社分割・合併があります（第5章参照）。

　A事業、B事業という二つの事業を営む甲社が、乙社にA事業を引き継がせ

る際に、会社分割・合併による場合と事業譲渡による場合とでは、次のような違いがあります。

　会社分割・合併では、A事業に必要な財産や従業員、A事業に伴う負債などが、会社分割・合併が成立した段階で当然に乙社に移転します。

　しかし、事業譲渡では、会社法上の手続き（本章6節（1）参照）を経ただけでは、A事業のための財産、従業員、負債などが乙社に移転せず、個別に移転手続きが必要となります。不動産であれば、甲社から乙社への所有権移転登記手続きが必要ですし、A事業のために従業員が甲社から乙社に移転するには、従業員の同意が必要です。A事業に伴う負債を乙社が引き継ぎ、甲社が負債から免れるためには、債権者の同意が必要になります。

（2）事業譲渡のメリット・デメリット

　このように、事業譲渡では、個別の移転手続きが必要となるため、会社分割・合併と比較して手続きが煩雑になります。

　他方、会社分割・合併では、合併契約書などを一定期間備置し、株主や債権者による閲覧に供しなければなりませんが（会社法782条1項など）、事業譲渡ではそのような義務はありません。

事業譲渡のスケジュール

　事業譲渡の大まかな流れは、①事業譲渡契約の締結 → ②当該契約について株主総会の特別決議による承認、となります。また、③反対株主には株式買取請求権が認められます。具体的なスケジュールの例は、図表4－2の通りです。

事業譲渡契約のポイント

（1）事業譲渡契約

　事業譲渡契約書の例は、図表4－3の通りです。

　以下では主なポイントについて解説します。

図表4−2　事業譲渡のスケジュール例

日程	譲渡会社	譲受会社	
5月1日	取締役会決議 (事業譲渡の承認、株主総会の特別決議の要否の検討)	取締役会決議 (事業譲受けの承認)	
5月14日	事業譲渡契約書の締結		
6月8日	定時株主総会招集通知発送	定時株主総会招集通知発送	┐ 2週間以上
6月25日	定時株主総会 (特別決議による事業譲渡の承認)	定時株主総会 (特別決議による事業譲受けの承認)	┘
7月20日		〔一定の場合〕 公正取引委員会への届出	┐ 30日以上
8月11日	事業譲渡をする旨の通知または公告	事業譲受けをする旨の通知または公告	┐ 20日以上
8月12日	反対株主の株式買取請求権行使開始	反対株主の株式買取請求権行使開始	20日前
8月31日	反対株主の株式買取請求権行使期限	反対株主の株式買取請求権行使期限	┘
9月1日	譲渡期日(効力発生日)		

※　網掛け部分は譲渡会社の事業全部を譲り受ける場合のみ

(2) 譲渡の対象

　事業譲渡の対象は、「一定の営業目的のため、組織化され、有機的一体として機能する財産」です。その中には、不動産や機械設備などの有形的な財産のみならず、のれん代、得意先といった無形の財産も含まれています。

　これらすべてを網羅的に記載することは困難ですが、後に譲渡の対象・範囲をめぐって争いが生じないように、譲渡財産のうち特定できるものは、契約書の別紙などを利用して、できる限り具体的に記載しておくことが必要です。

(3) 譲渡日

　事業譲渡の手続きでは、事業譲渡の効力発生日、すなわち「譲渡日」を基準に日程を定めなければならないものがあります（前節参照）。

　例えば、反対株主に対する通知・広告は、「効力発生日の20日前まで」に行うこととされていますし（会社法469条3項）、公正取引委員会への届出（次節参照）は、効力発生日から原則30日前までに行わなければなりません（独

図表4-3　事業譲渡契約書の例

事業譲渡契約書

　株式会社○○○○（以下、甲という。）と△△△△株式会社（以下、乙という。）とは、甲の営む別紙目録記載の事業（以下、本件事業という。）を乙に譲渡すること（以下、本件事業譲渡という。）に関し、次の通り契約を締結する。

　第1条（目的）
　甲は、平成○年○月○日（以下、譲渡日という。）をもって、本件事業を乙に譲渡する。ただし、甲乙協議の上、譲渡日を変更することができる。

　第2条（譲渡財産）
　本件事業譲渡に伴って甲が乙に譲渡する財産（以下、譲渡財産という。）は、譲渡日現在における甲の本件事業に関する一切の資産および負債とし、その具体的内容については甲乙間で別途協議する。

　第3条（譲渡価格および支払方法）
1　譲渡財産に対する対価（以下、譲渡価格という。）は、譲渡日現在における時価を基準とし、デューディリジェンスの結果もふまえ、金○億○○○○万円から金△億△△△△万円までの範囲で別途甲乙協議の上決定した金額とする。
2　譲渡価格の支払方法、支払時期等については、甲乙間で別途協議する。

　第4条（引渡時期）
　譲渡財産の引渡時期は譲渡日とする。ただし、甲乙協議の上、引渡時期を変更することができる。

　第5条（善管注意義務）
　甲は、本契約締結後譲渡財産の引渡完了に至るまで、善良な管理者の注意義務をもって譲渡財産の管理および業務の運営を行うものとする。

　第6条（従業員の取り扱い）
　乙は、本件事業に従事する甲の従業員を譲渡日において引き継ぐものとし、従業員に関するその他の取り扱いについては甲乙間で別途協議する。

第7条（守秘義務）

1　甲および乙は、本契約締結の事実、本契約の内容および本件事業譲渡に関連する事項について、事前に相手方の書面による承諾を得ることなく、第三者に開示・漏洩してはならない。

2　前項の規定にかかわらず、甲および乙は、自己または関連会社の役員、本件事業譲渡に必要な範囲の従業員、弁護士、税理士、司法書士等の専門家に対して、相手方の事前の承諾なく、前項記載の事項を開示することができる。

第8条（譲渡承認株主総会）

甲は、譲渡日までに株主総会を開催し、本契約について承認を求めるものとする。

第9条（効力の発生）

本契約は、前条に定める甲の株主総会の承認および法令の定める関係官庁の承認を得られたときに効力を発生する。

第10条（協議事項）

本契約に定めのない事項については、甲乙協議の上これを定める。

本契約の成立を証するため、本契約書2通を作成し、甲乙記名押印の上、各1通を保有する。

平成　　年　　月　　日

甲　（住所）
　　　　株式会社○○○○
　　　　代表取締役社長　　○○○○　　　　○印

乙　（住所）
　　　　△△△△株式会社
　　　　代表取締役社長　　△△△△　　　　○印

（別紙省略）

占禁止法16条3項、10条8項)。

　したがって、事業譲渡のスケジュールを決める際に、それらを考慮して譲渡日を定める必要があります。

　また、事業譲渡の対象は、在庫商品など日々流動するものも含まれます。したがって、譲渡日は、事業譲渡の対象を確定する基準日としても重要です。

(4) 対価

　事業譲渡の対象は、営業権、のれん代などの無形の財産を含んだものですから、その対価をいくらと評価するか、しばしば問題となります。したがって、当事者間の協議で評価方法などを定めておくと、後に争いが生じるのを防止することができます（譲渡価格の算定については第6章参照）。

(5) 引渡時期

　事業譲渡では、前述の通り個々の財産について個別に移転手続き（不動産の登記、動産の引渡し、債権譲渡通知など）をとる必要があります。したがって、財産によっては実際の引渡時期が「譲渡日」と異なる場合があり得ます。

(6) 競業避止義務

　事業譲渡の際、譲渡人は法律上当然に20年間の競業避止義務を負うことになります（次節参照）。そこで、譲渡人が競業避止義務を負わないようにするためには、その旨を特約しなければなりません。

　また、当事者間の合意によって競業避止義務の期間を20年よりも長くすることができますが、その期間は30年を超えない範囲内でのみ有効です。

(7) 従業員の引き継ぎ

　事業譲渡において、労働契約は当然に引き継がれるものではなく、前述の通り個別の従業員の同意が必要とされています。

　そこで、従業員の整理（同意の取得や解雇）は事業譲渡人の側の責任で行ってもらう必要があります。

(8) その他

　その他、株主総会の特別決議の保証や公正取引委員会への事業の譲受けの届出および譲渡人の協力義務、危険負担、瑕疵担保責任などを定める場合があります。

 6 事業譲渡に対する法的規制

(1) 会社法による規制

① 譲渡会社の手続き

ⅰ 原則

　事業の全部または事業の重要な一部を譲渡する場合、①事業譲渡契約を締結し、②当該契約について株主総会の特別決議による承認を受けなければなりません（会社法467条1項1号2号・309条2項11号）。また、③反対株主には株式買取請求権が認められます（会社法469条・470条）。

ⅱ 簡易な事業譲渡

　事業の重要な一部の譲渡であっても、譲り渡す資産の帳簿価額が、当該株式会社の総資産額として法務省令で定める方法（会社法施行規則134条）により算定される額の5分の1（これを下回る割合を定款で定めた場合にあっては、その割合）を超えない場合には、株主総会による承認は不要です（会社法467条1項2号）。

ⅲ 略式事業譲渡

　また、事業譲渡の相手方（譲受会社）が、譲渡会社の特別支配会社である場合（譲受会社が譲渡会社の総株主の議決権の10分の9以上を有する場合など）も、譲渡会社において株主総会による承認は不要です（会社法468条1項、会社法施行規則136条）。

ⅳ 倒産手続きの場合

　債務超過の株式会社である譲渡会社が民事再生手続きで事業譲渡を行う場合や、会社更生手続きにおいて事業譲渡を行う場合は、裁判所の許可を得

て、事業譲渡を行うことができます（民事再生法43条、会社更生法46条）。
この場合、株主総会の特別決議は不要です。

② 譲受会社の手続き

i 原則

他の会社から事業を譲り受ける場合は、原則として譲受会社において株主
総会による承認は不要です。

しかし、他の会社の事業の全部を譲り受ける場合には、譲受会社において
事業譲渡契約について株主総会の特別決議による承認を受ける必要がありま
す（会社法467条1項3号）。

ii 簡易な譲受け

他の会社の事業の全部を譲り受ける場合であっても、譲受会社が対価とし
て交付する財産の帳簿価額の合計額が、同社の純資産額として法務省令で定
める方法（会社法施行規則137条）により算定される額の5分の1（これを
下回る割合を定款で定めた場合にあっては、その割合）を超えない場合には、
株主総会による承認は不要です（会社法468条2項）。

iii 略式事業譲受け

また、事業譲受けの相手方（譲渡会社）が、譲受会社の特別支配会社であ
る場合（譲渡会社が譲受会社の総株主の議決権の10分の9以上を有する場
合など）も、譲受会社において株主総会による承認は不要です（会社法468
条1項、会社法施行規則136条）。

③ 競業避止義務（会社法21条）

事業を譲渡した会社は、契約で別段の意思表示をしない限り（前節（6）項
参照）、法律上当然に同一市町村および隣接市町村内で20年間、同一の営業を
することができません。

また、当事者間の合意によって競業避止義務の期間を20年よりも長くする
ことができます。ただし、その場合は会社法で上限が決められており、30年
を超えない範囲内でのみ有効です（会社法21条2項）。

④ 商号の続用（会社法22条）

事業譲渡の場合、当事者間の契約で、資産のみを譲り受け、債務を引き受けないとすることができます。しかし、譲受会社が、譲渡会社の商号を引き続きそのまま使用する場合には、譲渡会社の事業によって生じた債務について、責任を負わなければなりません。これを免れるためには、債務を負担しない旨の登記をするか、個別に相手方に対しその通知をする必要があります。

商号を続用しない場合でも、譲渡会社の事業によって生じた債務を引き受ける旨の広告を行った場合は、同様に譲受会社が責任を負うことになります（会社法23条）。

⑤ 現物出資

事業譲渡の対価として、譲受会社の株式が割り当てられる場合は、現物出資になりますので、原則として検査役による調査を受ける必要があります（会社法28条1号・33条・199条1項3号・207条）。

（2）独占禁止法による規制

私的独占の禁止および公正取引の確保に関する法律（独占禁止法）は、16条1項で、他の会社の事業の全部または重要部分の譲受けによって一定の取引分野における競争を実質的に制限することとなる場合には、事業譲渡を禁止しています。

また、一定の場合（国内売上高合計が200億円超の会社が、国内売上高が30億円超の会社から事業の全部を譲り受けるとき、など）には、事前に公正取引委員会に譲受計画を届けなければならないことになっています（独占禁止法16条2項・3項）。

（3）金融商品取引法による規制

① 開示規制

一定規模の事業譲渡または譲受けに関しては、金融商品取引法上、臨時報告書の提出が義務づけられています（金融商品取引法24条の5第4項、企業内容等の開示に関する内閣府令19条2項8号）。

② インサイダー規制

　事業譲渡は重要事実とされており、インサイダー規制が及びます（金融商品取引法166条）。

事業譲渡の税務

（1）問われる評価の適正性

　事業の譲渡とは、一定の事業をある会社から別の会社に移転することです。ここでいう事業とは、譲渡人（会社）が営業活動のために組織した機能的な財産を意味し、動産・不動産や権利（物権・債権・知的財産権）はもとより、のれんや得意先・仕入先だけでなく事業（営業）活動上の債務も含まれるとされ、これらの各種財産が一定の事業目的により組織的に統合されたもののことです。しかし、事業のための土地や建物だけの譲渡は、単なる事業用財産の譲渡であり、事業の譲渡ではありません（なお、会社法制定における用語の整理により、株式会社では「営業」が「事業」に統一化されたことに伴い、従来の営業譲渡が、事業譲渡という呼び方に変更されました）。

　ところで、事業譲渡の一般的な契約では、個別資産の時価の合計額を参考としながらも、結局、一括でいくらという取引になっていることがあります。

　税務上の基本的な考え方は、事業譲渡といっても、結局、資産の個別の譲渡の集合と認識せざるを得ないので、譲受法人については、譲渡法人の有する資産または負債を適正な価額で譲受けしているかどうか、他方、譲渡法人についてはその逆で、譲渡した資産または負債が適正な価額によっているかが問題となります。つまり、評価の適正性が問題となるのであり、その評価が適正に行われていない場合には、低廉譲渡または高額譲受けとして寄附金の課税関係が生じるのです。

　特に、多額ののれん（営業権）が発生する場合は注意が必要です。というのは、のれん（営業権）の評価の計算について、相続税法を除き、会社法、法人税法、所得税法のいずれにも規定がなく、計上されたのれん（営業権）にどのような経済的な合理性があるのか、問題とされることが多いからです。

　なお、事業譲渡は資産の個別の譲渡としてとらえられる関係上、その譲渡される資産が、消費税法上非課税取引とされる土地や有価証券といったもの以外の場合には、当然消費税が課せられることになるので注意を要します。

(2) 事業譲渡を選ぶメリット

　主なM&Aの方法としては、株式譲渡、新株の第三者割当、事業譲渡、合併などがあります。このうち、事業譲渡を選択してメリットがあるのはどのような場合でしょうか。
　①　簿外負債の危険性が高い場合――簿外負債のリスクがないのは、事業譲渡のみです。
　②　譲渡会社が事業の一部だけを売却したい場合、また、譲受会社にとっても、譲渡会社の資産、負債、部門、人材に、引き継ぎ困難なものがある場合――多額の不良資産や不採算部門があったり、人員が過剰だったりした場合には、事業に必要な資産、部門、人員のみを譲り受けることができます。他の三つの方法はすべて、包括的に資産・負債が移転してしまうので、このようなことはできません。
　③　個人事業を譲り受ける場合
　④　債務超過の会社でも事業の譲渡が可能
　これに対し、事業譲渡の不利な面は、譲渡会社でのれん（営業権）、有価証券や土地などの譲渡資産に含み益がある場合は、含み益に対し税金がかかる点にあります。さらに、競業避止義務を履行するために会社を清算し、残余財産を株主に分配する場合には、みなし配当として株主に累進税率で所得税が課せられるため、売り手株主の手取りはほとんど残りません。このことが、従来のM&Aで、事業譲渡よりも株式譲渡のほうが盛んに行われてきた理由です。
　しかし、倒産回避のための救済型M&Aの場合や、赤字法人で営業の一部を譲渡する場合などは、税金問題がクリアできるので、事業譲渡方式による場合が多いようです。図表4－5に事業譲渡の場合と株式譲渡の場合の株主の手取額を参考に示します。

（3）事業譲渡価額をどう算定するか

事業譲渡価額の算定の原則は、個々の資産を時価評価し、これにのれん（営業権）を加えます。また、負債についても引継負債を評価し、算定することになります。実務上問題となるのは、のれん（営業権）の評価と土地の評価です。

図表4-4 ケーススタディ——事業譲渡とアライアンス

1. 事例

株式会社A社は、創業以来50年の伝統を持ち、事務用品の製造卸（一部は小売）を行ってきました。主要な販売先は大手スーパーですが、最近はアジアや中国などの追い上げ、100円ショップなどに消費者の関心が移るとともに、従業員も高齢化しており、厳しい経営環境の中にありました。

最近になり、納入先である大手スーパーが中心となって、全国的な流通の合理化が進められ、事業の再構築を迫られることになりました。

そのような中で、同業者B社より、事業の大半を占める卸売事業の経営統合をやらないかとの提案がありました。

A社の売上高はピーク時の3分の1に激減しており、また、借入金残高は多額であったため、B社との経営統合は、実施しても統合の実を上げるのは困難と判断し、B社への事業譲渡に切り替えました。

課題は、取引先の了解、従業員の納得、金融機関の了解、譲渡代金の問題など山積していましたが、根気強い対応の末、何とか事業譲渡が完了しました。

金融機関は、事業譲渡代金で借入金の内入れをするも、主たる事業がなくなるため不安視しましたが、これからの経営計画を話したところ、最終的には了解しました。

A社は卸売事業売却後、C社（自転車販売業）とのアライアンスにより、自転車の販売で成功し、その後、順調に売上・利益を伸ばしています。

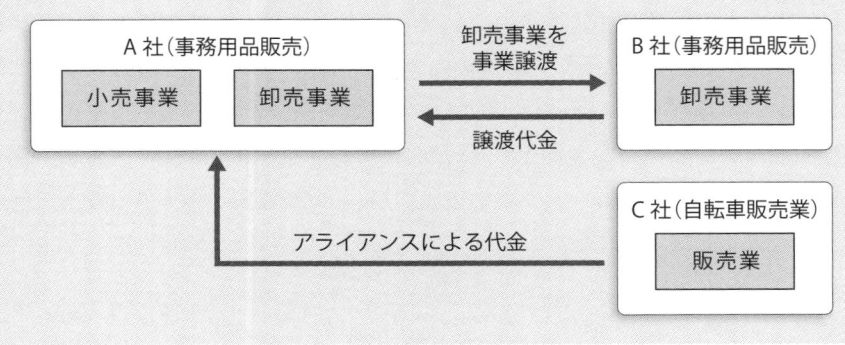

2. アライアンスのパターン

中小企業の場合、大企業とは異なり、企業内部の人・モノ・金・情報・ノウハウなどの経営資源が乏しく、自社の保有資源だけでは、変化の激しい経営環境に対応することが困難な状況が常に起こっています。

このような場合、他の企業をパートナーとして連携を組むことで、新たな価値の創造を図ることができます。

近年、アライアンスが増加している背景として、①成長が見込めない状況下で無駄な競争を避け、効果的・効率的に顧客への接近ができること、②企業相互がコストの削減や時間の節約を図れること、③企業相互が商品開発、流通開拓などでリスクを低減できること、④企業相互の弱みを補完することで、自社にない技術の獲得が図れること、⑤多額の資金を要するプロジェクトなどの開発コストを複数の会社間で分担できること、⑥企業相互がシナジー効果を発揮できること、などがあります。

複数の企業が協力関係を結ぶ方法（アライアンス）には、次のようなパターンがあります。

① 業務提携

お互いの経営の自立性を維持しながら、生産、販売、購入、物流、技術開発などの業務全般もしくは一部において他の企業と協力関係を構築する方法

② 資本提携

提携先企業の株式を取得して、協力関係を構築する方法

③ 合弁会社の設立

強 ↑ 連携の強さ ↓ 弱	資本関係あり	合弁会社の設立
		資本提携
	なし	業務提携（生産、販売、開発……）

特定の目的を達成するために、相手先企業と共同出資などにより、複数の企業が共同で事業経営に当たる方法

アライアンスはますます広がりそうですが、重要なのは本当に効果が上がるかどうかで、これによって成否が判断されます。

複数のアライアンスを成功させるには、相互の利益が図れるように以下の点に留意する必要があります。

① 企業間で共通の目的・目標を明確化していること
② 企業間で活用する経営資源について、その利益とリスクの調整を図っていること
③ 企業間でお互いに理解しあえるように、コミュニケーションを図っていること
④ 仮にうまくいかなかった場合でも、解消ルールを明確にしていること

科目別の評価のポイントは次の通りです。

①　売掛金・貸付金・未収金

金銭債権は原則として帳簿価額で引き継ぐことになるので、譲渡損益は発生しません。ただし、不良債権が含まれており、譲受法人がこれを償却した場合には寄附金の問題が生じるので注意が必要です。

②　有価証券

証券取引所の相場のあるものは、譲渡日の価格によります。証券取引所の相場のないもので気配相場のあるものはその気配相場、気配相場のないものについては譲渡日の評価額によります（類似業種比準方式、純資産価額方式、配当還元方式などを採用して算定します）。

③　製品などの棚卸資産

通常は帳簿価額によって譲渡されます。ただし、これは、譲渡会社において適正に当該棚卸資産の評価が行われている場合ですので、仮に不良品や陳腐化品などがある場合には、もちろん処分価額によるべきでしょう。また、棚卸資産に一定の正常利益を見込むことは差し支えないですが、その枠を超える場合には、寄附金課税の問題が生じます。

④　建物

時価として再調達価額を計算し、これに経過年数に応じた未償却残額割合を乗じて算定します。再調達価額は、建設業者の見積もりなどを参考にすることが多いようです。また、マンションなど市場価額のあるものは、時価として売却価額を採用することも可能です。

⑤　機械・備品

機械や備品は売却市場がないので、売却時価の算定は簡単ではありません。そこで、再調達時価や帳簿価額を時価とするのが一般的です。

図表4−5　株主の手取額の比較

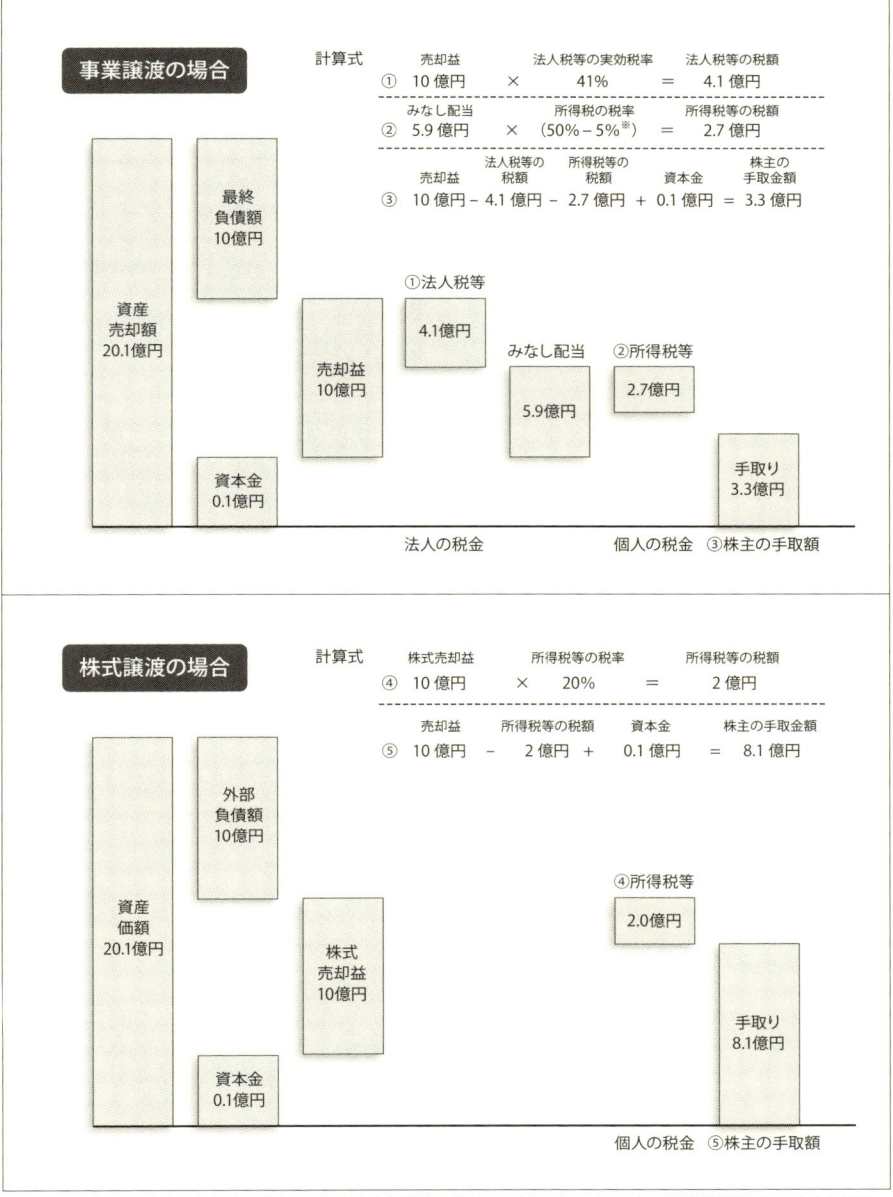

（注）　1　売却益はすべてのれん（営業権）や長期保有土地の譲渡益からなるものと仮定する。なお、土地譲渡特別課税は 2013 年 12 月 31 日まで停止されているので、特別課税は除外した。
　　　　2　※は配当控除5％と仮定。

⑥ 土地

時価としては、不動産鑑定士による鑑定評価額、近隣の売買実例価額、公示価額を基に算定した価額などが採用されます。

⑦ のれん (営業権)（第7章参照）

⑧ 負債

支払手形・買掛金・未払金・未払費用・借入金などの負債は、帳簿価額により引き継ぎます。引当金・準備金は、合併の場合には引き継ぎが認められる場合がありますが、事業譲渡の場合には引き継ぎは認められないため、譲り受けた会社で新規に引当てをとらなければなりません。

なお、譲渡会社の従業員を引き継ぐ場合、事業譲渡時点までに発生する退職金や賞与などについては、いったん譲渡時点で打切り支給するべきでしょう。

(4) 譲渡会社の税務

① 法人税等

事業譲渡財産の譲渡価額から帳簿価額を差し引いた金額、つまり、譲渡益が課税の対象となります。この場合、譲渡時点で税務否認金があれば、課税所得上、否認金相当額が減算されることに注意する必要があるでしょう。なお、事業譲渡に土地等（借地権を含む）が含まれている場合には、通常の法人税等のほかに土地重課税が課されます。なお、土地重課税は2013年12月31日まで停止しています。

② 消費税

事業譲渡資産のうち、課税資産があれば消費税が課されます。したがって、譲渡価額を消費税の分だけ上乗せする必要があります。消費税の課税・非課税の概要を図表4−6に示します。

③ 欠損金等の繰り戻しによる還付の特例

事業の全部譲渡などの事実が生じた場合において、当該事実が生じた日前1

図表4−6 事業譲渡の消費税の概要

① **課税**
- 棚卸資産（原材料・貯蔵品・仕掛品・半製品・製商品など）
- 有形固定資産のうち土地等以外（建物・建物附属設備・機械装置・器具備品・車両運搬具など）
- 無形固定資産（水道施設利用権・電気ガス供給施設利用権など）
- ゴルフ会員権（預り金方式・有価証券方式）
- 営業権

② **非課税**
- 金銭債権（受取手形・売掛金・貸付金など）
- 有価証券（株式・出資金・社債など）
- 土地等（土地・借地権・地上権・地役権など）

年以内に終了したいずれかの事業年度、または譲渡日の属する事業年度において生じた欠損金額があるときには、その事実が生じた日以後1年以内に、欠損事業年度開始の日前1年以内に開始したいずれかの事業年度の所得に対する法人税の額に、還付所得事業年度の所得の金額のうちに占める欠損事業年度の欠損金額の割合を乗じて計算した金額に相当する法人税の還付を請求することができます。

　ただし、還付所得事業年度から欠損事業年度までの各事業年度について連続して青色申告書である確定申告書を提出している場合に限ります。

(5) 譲受会社の税務

① 登録免許税・不動産取得税

　譲受資産のうちに不動産がある場合、不動産登記が必要になり登録免許税がかかります。また、不動産取得税も課税されます。

② 消費税

　譲受会社は、支払消費税額を税額控除できます。

③ 中古資産の減価償却

　事業譲受けにより取得した減価償却資産は、中古資産として使用可能期間を

見積もるか、簡便法により耐用年数を計算し、減価償却を行うことになります。

④ のれん（営業権）

のれん（営業権）償却については、会社法では取得の後20年以内に毎期均等額以上を償却しなければならないとなっています。このため一年決算の場合、取得した最初の決算期には、月数按分でなく20分の1以上の償却が求められます。

なお、税務上は、5年間の均等償却とし、初年度は月数按分ではなく5分の1の償却が認められています。

第 5 章

合併・会社分割
(Merger and Split)

会社法は、企業再編行為（合併、会社分割、株式交換、株式移転）を、組織変更とともに、第五編において規定しています。

■ M&Aの方法としての合併

合併とは、二つ以上の会社が一つの会社に統合する手法です。合併によって、被合併会社の資産・負債・従業員などが包括的に合併会社に移転し、被合併会社は消滅することになります。吸収合併と新設合併があります。

旧商法においては、合併などの対価は、合併会社（存続会社）の株式に限定されていました。しかし、新会社法においては、現金や親会社の株式を交付することが可能となりました。この対価の柔軟化により、三角合併や交付金合併が可能となりました。

■ M&Aの方法としての会社分割

会社分割は、複数の事業部門のうち一部門を切り出してこれを他の会社に承継させる手法です。新設分割と吸収分割があります。

会社分割は、成長部門の独立化、不採算部門の分離、グループ内の重複事業の集約化など、経営効率向上を目的とした企業グループの再編に利用されます。

■ 合併および会社分割の手続きと契約書作成におけるポイント

会社法はその手続きを厳密に定め、契約の締結、株主総会による承認決議、債権者の異議手続き、合併の登記といった一連の手続きに加え、ケースに応じてその他の手続きも必要となります。

合併や会社分割における、契約・計画においては定めるべき事項が法定されています。それ以外にも、競業避止義務、株主総会開催時期、従業員の処遇、契約の解除・変更など、問題となり得る事項をあらかじめ定めておくことが重要です。

■ 合併の税務

買収のために会社を合併した場合に、税法上生ずる主な問題点は次の3点です。

① 合併における移転資産等の譲渡損益課税（資産・負債の譲渡損益課税）
② 被合併法人の最終事業年度の税務
③ 株主に対する課税（株式の譲渡損益の取扱い、みなし配当の取扱い）

■ 会社分割の税務

会社分割を行い、法人がその所有する資産を他の法人に移転する場合には、税務上は原則として、移転した資産の譲渡損益を計上しなければなりません。ただし、一定の要件を満たす適格分割の場合には、移転資産は税務上の簿価で引き継ぐことになり、譲渡損益課税は発生しません。また、事業譲渡と会社分割の違いについても比較します。

最も「古典的」なM&A——合併とは

M&Aとは、Merger & Acquisitionの略で、Mは企業の合併を、Aは買収を意味します。合併はM&Aの最も古典的な手法であり、その意義を端的にいうと、二つ以上の会社が契約により合同して一つの会社となることです。

（1）合併の特徴

合併の特徴は、民法や会社法上において本来要求されている個別の手続きを行うことなく、"権利義務の全部の承継""会社の解散"といった効果が一括して認められる点にあります。このように、ある者が有する権利・義務の一切を承継することを"包括承継（一般承継）"といいます。以下に述べる他の方法との違いも、このような合併の特徴から生じるものです。

① 株式取得との違い

A社によるB社のM&Aを考える場合、株式取得においては、A社はB社の株主となります。したがって、この場合には、A社はB社の債権者に対して直接的には債務を負わず、株主としての有限責任を負うだけということになります。ところが、合併の場合、A社がB社を吸収合併するとB社の法人格を承継することになるので、A社は、B社の債権者に対し、直接的に債務を負担することになります。

これは株式取得が、株主という出資者の立場を承継するのに対し、合併が包括的に権利・義務を承継するものだからです。

② 事業譲渡との違い

合併は包括承継ですから、各個の財産について個別的な移転手続を必要としません。その半面、財産の一部を合併の効力として除外できません。事業譲渡においては、事業の同一性を失わない範囲で財産を譲渡の対象から除外できますが、その一方で各個の財産ごとに個別的に移転手続きをしなければなりません。

図表5−1　吸収合併（自社株交付）イメージ

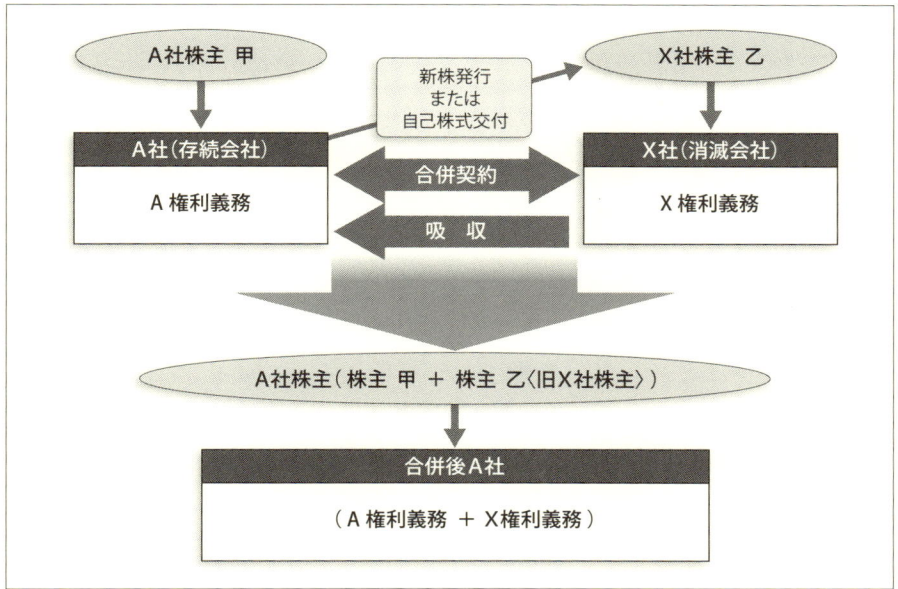

図表5−2　新設合併（消滅会社株主すべてに新設会社株式交付）イメージ

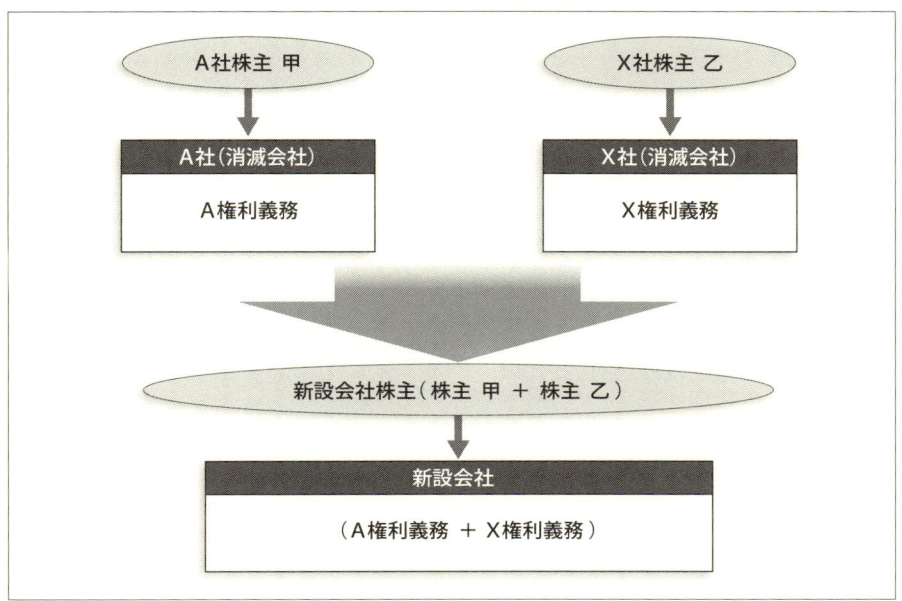

　B社の株主の立場から考えると、A社に吸収合併された場合には、株主個人としてA社の株式などを取得できる場合がありますが、A社に事業譲渡する場合にはその対価はB社に帰属し、株主としてはB社を解散しないとその対価を取得できません。

(2) 認められる合併の形態

① 「吸収合併」と「新設合併」

　合併の形態には、「吸収合併」と「新設合併」とがあります。「吸収合併」は、「会社が他の会社とする合併であって、合併により消滅する会社の権利義務の全部を合併後存続する会社に承継させるもの」（会社法2条27号）であり、「新設合併」は、「二以上の会社がする合併であって、合併により消滅する会社の権利義務の全部を合併により設立する会社に承継させるもの」（会社法2条28号）と定義されています。

　要は、1社が存続し、他社が解散して存続会社に消滅会社の権利義務の全部を承継させるのが吸収合併であり、両社とも解散して新たに一つの会社を設立し、その新会社に両社の権利義務の全部を承継させるのが新設合併と考えてください。

　実際には吸収合併が多く行われています。その理由は、新設合併においては、①新設会社の資本金の全額について登録免許税が課されること、②両会社とも解散消滅するため、元の会社が持っていた営業の許認可は合併による解散と同時に消滅し、新設会社には承継されないこと、③解散会社の株式が上場されていても、新設会社についてあらためて上場の手続きをとらねばならないこと、といった点にあります。

② 株式会社以外の会社の合併

　株式会社は、株式会社のみならず持分会社と合併することもできます。新設合併により持分会社を設立することもできます。

③ 債務超過会社を消滅会社とする合併

　消滅会社が債務超過会社（負債が資産を上回る会社）である場合に、吸収合

併は認められるのでしょうか。債務超過会社を吸収合併することができれば、当該会社の救済はもちろんのこと、存続会社が、税務上吸収した会社の赤字が利用でき好都合な場合がある一方で、存続会社の債権者、あるいは株主の保護の観点から問題があります。

簿価を基準として負債が資産を上回るだけである場合（形式的債務超過）、このような会社を消滅会社とする合併について、会社法は許容しているといえます（会社法795条2項1号は、形式債務超過の消滅会社の吸収合併を前提に、株主総会における説明義務を取締役に課しています）。

時価を基準として負債が資産を上回る場合（実質債務超過）、このような会社を消滅会社とする合併について、会社法は何も規定していません。実務上のニーズから認めてもかまわないとの見解も有力ですが、このような合併は、債務引受けと同等と評価され得るため、存続会社としては、十分にリスクを把握した上での検討が必要といえるでしょう。

(3) 合併における対価の柔軟化——「三角合併」

① 合併対価の柔軟化

会社法においては、合併など（吸収合併、吸収分割、株式交換）の対価として、株式以外の金銭などを交付することが認められています（会社法749条など参照）。例えば、A社がB社を吸収合併する場合、消滅会社であるB社の株主に対して、合併の対価として存続会社であるA社の株式ではなく、A社の社債や新株予約権、金銭を交付することができます。対価の種類について、特に会社法上の制限はありません。対価を交付しないことも許されると解されています。

旧商法においては、A社がB社を吸収合併する場合、合併の対価はA社の株式以外は認められていなかったため、会社法において"対価の柔軟化"が実現されたといわれています。

"対価の柔軟化"により、消滅会社の株主が効力発生日後に存続会社に対する株式を有さないものとすることができます。現金を対価として交付する合併方法（交付金合併・Cash-out Merger）により、少数株主を排除すること（締め出し・Squeeze-Out）も可能となりました。このような合併方法については、

消滅会社の少数株主が得られたはずのシナジー効果を失わせることになりますから、対価の公正が特に問題となり得るケースであり、注意が必要です。

② 三角合併（Triangular Merger）

合併の対価として、存続会社が保有する親会社の株式を交付する場合を、特に「三角合併」といいます。典型的には、外国会社であるA社が、日本の会社であるC社を自社の子会社としたい場合に利用されます。"対価の柔軟化"に関する会社法の規定が施行された2007年5月1日以前は、外国会社が、外国株式を対価として日本の会社を完全子会社化するには、株主と個別に取引を行う必要がありました。しかし、対価の柔軟化により、外国会社も、外国株式自体を対価として、日本の会社である子会社を完全子会社化することができるようになりました。

この場合、A社はまず日本国内に子会社B社を設立します（図表5－3：①）。

次に、B社がA社の株式を保有します（同②）。一般に、子会社が親会社の株式を取得・保有することは禁止されていますが（会社法135条1項・3項）、三角合併を行う場合は子会社が親会社の株式を取得・保有することが認められています（会社法800条）。

そして、B社がC社を吸収合併します（同③）。この場合、当然のことながら、吸収合併の手続き（合併契約の締結、株主総会による特別決議、反対株主・債権者保護手続など）を経ることが必要です。

この吸収合併の際、合併の対価として、C社の株主にB社が保有するA社株式が交付されます（同④）。

以上により、C社はA社の子会社となり、C社の株主はA社の株主となります。

合併にかかわる法規制

（1）会社法による手続き（株式会社の場合）

① 通常の合併手続き

株式会社が合併するには、合併契約を締結し、株主総会によるその承認決議、

図表5-3 三角合併イメージ

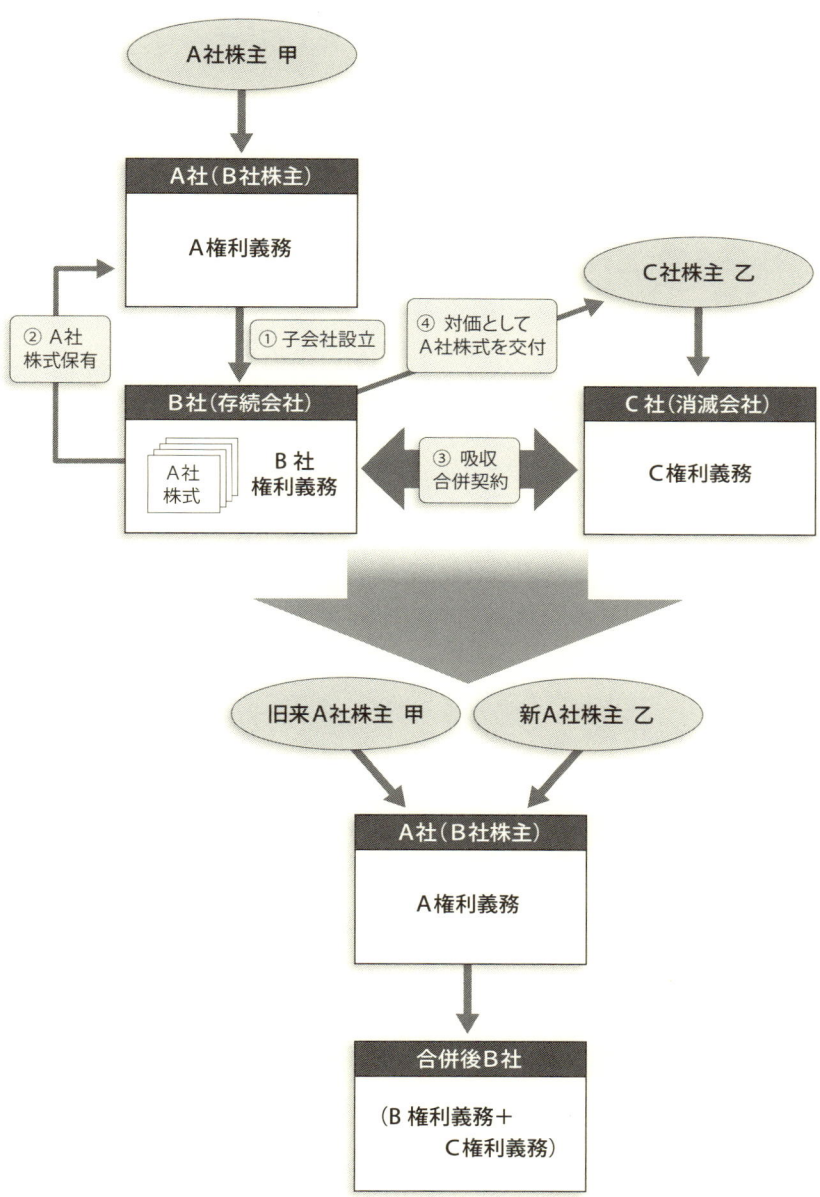

債権者の異議手続を履行し、必要に応じて株券・新株予約権の証券などの提出にかかわる公告・通知を行い、消滅会社の財産などの存続会社・新設会社への引き渡しを行い、合併の登記を行うといった一連の手続きが必要です。

② 各手続きの概容

ⅰ 合併契約の締結

合併契約については、株主などの保護のため、定めるべき事項が法定されています（会社法749条・753条）。大別すると、全当事会社の表示、合併条件、存続会社・新設会社の組織・体制、および合併手続の進行時期（吸収合併の効力発生日）となります。具体的な内容は次節で述べます。

ⅱ 合併契約などの事前開示

吸収合併の各当事会社は、吸収合併契約など備置開始日から効力発生日の後6カ月を経過する日までの間（消滅会社は、効力発生日までの間）合併契約書などを本店に備え置かなければなりません（会社法782条1項1号・794条1項・976条8号）。新設合併の各当事会社についても同様です（会社法803条1項1号）。株主や会社債権者に対する情報の開示です。

ⅲ 合併承認決議

各当事会社の株主総会の決議によって、合併契約の承認を受けなければなりません（会社法783条1項・795条1項・804条1項）。原則として特別決議によります（会社法309条2項12号）。簡易組織再編、略式組織再編にあたる場合（③④において後述）は、承認決議が不要となります。

ⅳ 株式買取請求権・新株予約権買取請求権

消滅会社の反対株主・新株予約権者（会社法785条〜788条・806条〜809条）および存続会社の反対株主（会社法797条・798条）は、株式買取請求権・新株予約権買取請求権を行使できます。ただし、総株主の同意が必要な場合（会社法783条2項など）、簡易組織再編の場合（会社法784条3項など）は株式買取請求は認められません（会社法785条1項など）。

（イ）行使要件

株式買取請求については、承認総会に先立って合併に反対する旨を会社に対して通知し、かつ総会において反対することが必要です（785条

図表5-4 吸収合併スケジュール例（非公開会社）

日程	存続会社	消滅会社
2月22日	取締役会決議 （吸収合併契約締結の承認）	取締役会決議 （吸収合併契約締結の承認）
2月29日	事前開示開始	事前開示開始
	債権者異議申述公告・催告 ※1	債権者異議申述公告・催告 ※1
		株券提出の通知・公告 新株予約権提出通知・公告 ※2
3月10日	株式買取請求の通知または公告 ※3	株式買取請求の通知または公告
		新株予約権者買取請求の通知または公告
		登録株式質権者・新株予約権の登録新株 予約権質権者に対する通知または公告
3月22日	臨時株主総会の招集通知発送	臨時株主総会の招集通知発送
3月31日	臨時株主総会	臨時株主総会
4月1日	効力発生日	効力発生日
	事後開示開始	
4月10日	吸収合併による変更登記申請	（消滅会社の解散登記申請）
9月30日	事前開示・事後開示　終了	

（右側の矢印注記）1カ月前まで／20日前まで／1週間前まで／前日まで／遅滞なく／2週間以内／6カ月経過日

※1　効力発生日の前日までに、1カ月以上の期間が必要です。
※2　株券発行会社・新株予約権証券発行会社である消滅会社についてです。
※3　効力発生日の20日前の日から、効力発生日の前日までが期間となります。

図表5-5 新設合併スケジュール例（非公開会社）

日程	消滅会社Aおよび消滅会社B	設立会社
2月22日	取締役会決議 （新設合併計画の承認）	
2月29日	事前開示開始	
	債権者異議申述公告・催告 ※1	
	株券提出の通知かつ公告 新株予約権提出通知・公告 ※2	
3月11日	株式買取請求の通知または公告 ※3	
	新株予約権者買取請求の通知または公告 ※3	
	登録株式質権者・新株予約権の登録新株 予約権質権者に対する通知または公告	
3月22日	臨時株主総会への招集通知発送	
3月31日	臨時株主総会 ※5	
4月1日	（消滅会社の解散登記申請）	新設合併の設立登記申請 （設立会社の成立）
	事前開示　終了	
		事後開示開始
9月30日		事後開示　終了

（右側の矢印注記）1カ月前まで／※4／1週間前まで／遅滞なく／6カ月経過日

※1　成立日前日までに、1カ月以上の期間が必要です。
※2　株券発行会社、新株予約権証券発行会社についてです。
※3　通知・公告の日から20日間で期間満了となります。
※4　株式買取請求の通知・公告などについては、株主総会決議の日から2週間以内が行使期限です。
　　当スケジュール例のように株主総会決議前に手続きすることも可能ですが、期間満了前に（種類）株主総会が終了していることが必要です。
※5　成立日前日までである必要があります。

2項1号イ・797条2項1号イ・806条2項1号）。新株予約権買取請求については、上記株式買取請求についての要件はありません。

（ロ）行使期間

　会社が効力発生日の20日前の日までに合併をすることを通知・公告しますので、その上で効力発生日の20日前の日から効力発生日の前日までに行使しなければなりません（会社法785条5項・797条5項・806条5項・787条5項・808条5項）。

（ハ）買取価格

　買取価格は合併による企業価値の増加を適切に反映したものとしての「公正な価格」とされています（会社法785条1項・787条1項など）。買取価格について株主と会社との間に協議が調ったときは、会社は効力発生日から60日以内にその支払いをしなければなりません（会社法786条1項・788条1項・798条1項・807条1項・809条1項）。

　協議が調わなかった場合は裁判所に価格の決定の申立てをすることになります（会社法786条2項・788条2項・798条2項・807条2項・809条2項）

ⅴ　債権者異議手続

　一定の債権者は、合併に対して異議を述べることができます（会社法789条1項1号・799条1項1号・810条1項1号）。

　会社は、①合併をする旨、②相手方当事会社の商号・住所、③各当事会社の計算書類に関する事項として法務省令で定めるもの、④債権者が一定の期間内（1カ月以上）に異議を述べることができる旨を官報に公告し、知れている債権者には各別に催告しなければなりません（会社法789条2項・799条2項・810条2項）。上記一定期間に異議を述べなかった債権者は合併を承認したとみなされます（会社法789条4項・799条4項・810条4項）。異議を述べた債権者に対しては、会社は、資本金・準備金の額の減少をしてもその債権者を害する恐れがないときをのぞき、弁済をするか、相当の担保を提供するか、その債権者に弁済を受けさせることを目的として信託会社などに相当の財産を信託することを要します（会社法789条5項・799条5項・810条5項）。

vi 消滅会社の株主・新株予約権者への金銭などの割当て

　存続会社・新設会社が交付する金銭などは、通常、吸収合併であれば効力発生日またはその前日における消滅会社の株主・新株予約権者に対して割り当てられます。

　消滅会社が株券発行会社である場合には、割当期日までに会社に株券を提出しなければならない旨を当該日の1カ月前までに公告し、かつ株主・登録株式質権者に対し各別に通知しなければなりません（会社法219条1項6号、商登法80条9号・81条9号）。消滅会社が新株予約権証券（新株予約権付社債券）を発行している場合も同じです（会社法293条1項3号、商登法80条10号・81条10号）。

vii 効力発生

　効力発生日において、消滅会社のすべての権利義務が存続会社・新設会社に包括的に承継されます（会社法750条1項・754条1項）。消滅会社は解散し（会社法471条4号）、同日、消滅会社の既存の株券・新株予約権にかかわる新株予約権証券（新株予約権付社債券）はすべて消滅します。新株予約権者は同日、存続会社・新設会社（株式会社の場合に限る）の新株予約権者となります（会社法750条5項・754条5項）。

　吸収合併においては、効力発生日から2週間以内に、存続会社の本店所在地において、消滅会社について解散の登記、存続会社について変更の登記をしなければなりません（会社法921条・976条1号、商登法79条・80条・82条・83条）。新設合併において新設会社が株式会社の場合は、①合併承認総会の決議の日、②株主・新株予約権者に対する株式・新株予約権買取請求権の通知・公告をした日から20日を経過した日、③債権者の異議手続が終了した日、④当事会社が合意により定めた日のいずれか遅い日から2週間以内に、新設会社の本店所在地において、消滅会社について解散の登記、新設会社について設立の登記をしなければなりません（会社法922条・976条1号、商登法79条・81条〜83条）。

viii 事後開示

　効力発生日後遅滞なく、存続会社・新設会社は、合併により承継した消滅会社の権利義務その他の吸収合併に関する事項として法務省令で定める事

項を記載した書面（または電磁的記録）を作成し、効力発生日から6カ月間本店に備え置かなければなりません。合併無効の訴え（会社法828条1項7号8号）を提起すべきか否かの判断材料の提供のためです。

③　簡易組織再編（迅速かつ簡易な再編行為の実現）

簡易組織再編は、組織再編行為が当事会社に対する影響が小さい場合に株主総会の承認決議を省略できる制度です。

存続会社などの株主総会の承認決議が不要とされる要件として、会社法においては消滅会社の株主などに交付する存続会社などの株式などの財産の額が存続会社などの純資産額についての5分の1以下の場合とされています。

ただし、簡易組織再編に該当する場合でも、①組織再編行為に際して存続会社などに差損が生じる場合（会社法795条2項1号・2号）、②公開会社でない存続会社などが当該存続会社などの株式の発行または移転を伴う組織再編行為を行う場合、③存続会社などが、株式買取請求にかかる通知や公告を行った日から2週間以内に、仮に合併などの承認決議が必要であるとしてその特別決議の成立を阻止できる数、または存続会社などの定款において定めた数の株式を有する株主がその合併などに反対する旨を会社に対して通知した場合は、当該存続会社などにつき株主総会の決議を要します（会社法796条3項但書・4項）。

吸収分割および新設分割の分割会社の承認決議が不要とされる要件として、分割会社が承継会社に承継させる資産の分割会社の総資産に占める割合が、会社法では5分の1以下とされています（会社法784条3項・805条）。

④　略式組織再編

支配関係のある会社間で組織再編行為を行う場合、株式会社である被支配会社において株主総会の決議を要しないとするのが略式組織再編行為制度です。

ほぼ完全な支配関係がある会社間において組織再編行為をする場合には、被支配会社において、仮に株主総会を開催したとしても、結論において変わらないことが明らかですから、このような場合には被支配会社における株主総会を不要とすることによって、迅速かつ簡易な再編行為を行うことを可能としました。

　吸収合併・吸収分割および株式交換のほか、事業の全部または重要な一部の譲渡および事業の全部の譲受けなどの場合についても認められます（会社法784条1項・796条1項・468条1項）。

　「支配関係のある会社間」とはある株式会社（被支配会社）の総株主の議決権の9割（被支配会社の定款でこれをさらに加重することは可能）以上を他の会社および当該他の会社が発行済株式の全部を有する株式会社その他これに準ずるものとして法務省令で定める法人が有しているという関係にある会社間をいいます（会社法468条1項）。

（2）独占禁止法・金融商品取引法による規制

　第12章において後述します。

3　契約書作成のポイント

　合併契約において定めるべき事項は法定されています（会社法749条・751条・753条・755条）。法定事項以外についても、合併の本質や強行法規に反しない限り、合併契約で定めることが可能です。

（1）法定記載事項

①　吸収合併の場合

　A社がB社を吸収合併する場合の必要的記載事項は、次の通りです（会社法749条1項）。

ⅰ　A社とB社の商号および住所（同項1号）

ⅱ　A社がB社の株主に対して対価を交付するときは、当該対価の内容などおよび割当てに関する事項（同項2号・3号）

　総体としての対価の内容および数（または算定方法）について定めるとともに（同項2号）、各株主に対する対価の割当てに関する事項、すなわちB社の株主に、交付する金銭などをどのように割り当てるかについて定めます（同項3号）。A社が株式を交付する場合には、資本金・準備金の額に関する事項を定めます（同項2号イ）。

iii　**B社が新株予約権を発行しているときは、A社が吸収合併に際してB社の新株予約権者に対して交付する存続会社の新株予約権または金銭の内容等および割当てに関する事項（同項4号・5号）**

　B社の新株予約権者に交付される新株予約権・新株予約権付社債・金銭の内容・数・額もしくは算定方法などを定めます（会社法749条1項4号・753条1項10号）。

iv　**効力発生日（同項6号）**

　吸収合併においては「効力発生日」の記載が必要です。新設合併の場合は新設会社の設立登記の日が効力発生日となるため新設合併契約時点ではこれを決める必要はありません。

②　新設合併の場合

　A社とB社が新設合併によりC社を設立する場合の必要的記載事項（会社法753条1項各号）については、吸収合併契約の場合とほぼ同様である当事会社の特定、対価の内容、総数、割当てに関する事項（同項1号・6号～ 11号）に加えて、次の事項が要求されています。

i　**C社の目的、商号、本店の所在地および発行可能株式総数（同項2号）**

ii　**C社の定款で定める事項（同項3号）**

iii　**C社の設立時取締役の氏名（同項4号）**

iv　**C社の設立時会計参与、設立時監査役、設立時会計監査人の氏名（同項5号）**

(2) 任意の記載事項

　法定記載事項以外の事項（任意的記載事項）についても、合併契約書に規定することができます。以下にその例を数点挙げます。

i　**株主総会の開催について**

　一定の時期までに株主総会の承認を得ることをお互いに合意する。

ii　**定款変更について**

　吸収合併に伴い存続会社において株主総会に定款変更の議案を提出する。

iii 役員の選任について

消滅会社の役員の一部を吸収合併後の存続会社における役員として選任する。

iv 役員の退職慰労金について

吸収合併によって地位を失う消滅会社の役員について定める。

v 従業員の処遇について

消滅会社の従業員の合併後の処遇について協議する。

vi 剰余金の配当について

吸収合併契約締結後、効力発生日までに剰余金の配当を行う。

vii 合併契約の変更・解除について

viii 効力発生の条件について

株主総会による承認などを吸収合併契約の解除条件、または停止条件とする。

ix 協議条項について

特に、従業員の処遇、合併契約の変更・解除の規定などについて定めておくことは重要です。

合併の場合には、従業員との間の雇用契約も、労働組合との労働協約も原則として引き継がれることになります。従業員の引き継ぎの問題は、M&Aの各手段に共通のポイントとなりますが、特に吸収合併の場合には、吸収される会社の従業員と、吸収した会社の従業員が併存することになるため、その間の調整は重大なチェックポイントです。一般的に、吸収された会社の従業員は、吸収した会社の従業員よりも弱い立場にあります。そこで、これらの従業員の処遇について、給与、勤務条件、転勤などについて、十分な注意を払う必要があります。

また、合併契約書を締結した後、合併の実施までの間に事情が変更した場合に合併契約の効力をどうするか、といったことについても定めておくことも重要でしょう。

図表5-6　契約書サンプル（吸収合併）

株式会社A（以下、「甲」という。）と株式会社B（以下、「乙」という。）とは、甲と乙との合併に関し、次の通り契約を締結する。

第1条　合併の方法

甲および乙は、甲を吸収合併存続会社、乙を吸収合併消滅会社として合併する。

第2条　商号および住所

甲および乙の商号および住所は、以下のとおりである。

1　甲について

（1）商号　株式会社A

（2）住所　大阪府……

2　乙について

（1）商号　株式会社B

（2）住所　東京都……

第3条　定款の変更

甲は、甲の株主総会において、本合併の効力発生を条件として、効力発生日付で、甲の定款を別紙のとおり変更する旨の議案を上程する。

第4条　合併に際して発行する金銭等およびその割当てに関する事項

1　甲は、合併に際して、合併が効力を生ずる時点の直前時の乙の株主名簿に記載または記録された乙の株主（ただし、甲および乙を除く。以下、「割当株主」という。）に対し、その所有する乙の株式の合計数に○を乗じた数の甲の株式を交付する。

2　甲は、合併に際して、割当株主に対して、乙の株式1株につき、甲の株式1株の割合によって割当交付する。

3　甲が前二項にしたがって割当株主に対して交付する甲の株式の数に1株に満たない端数がある場合は、会社法234条その他関係規定に基づき処理する。

第5条　資本金および準備金の額

本合併により増加する甲の資本金および資本準備金の額については、会社計算規則第35条および第36条に定めるところにしたがって、甲が定める。

第6条　合併承認総会

甲および乙は、平成○年○月○日にそれぞれ定時株主総会を招集し、この契約書の承認および合併に必要な事項に関する決議を求めるものとする。ただし、合併手続の進行に応じ必要があるときは、甲乙協議の上、これを変更することができるものとする。

第7条　効力発生日

合併が効力を生ずる日（以下、「効力発生日」という。）は、平成○年○月○日とする。ただし、合併手続の進行に応じ必要があるときは、甲乙が協議の上、これを変更することができるものとする。

第8条　会社財産の引継

1　乙は、平成○年○月○日現在の貸借対照表その他同日現在の計算を基礎とし、これに合併期日に至るまでの増減を加減した資産、負債および権利義務の一切を、合併

期日において甲に引き継ぎ、甲は、これを承継する。

2 乙は、平成○年○月○日から合併期日に至る期間に生じた資産、負債および権利義務の変動について、別途計算書を添付して、その内容を甲に明示する。

第9条 善管注意義務

甲および乙は、本契約締結後合併期日に至るまでの間、善良なる管理者の注意を持って、それぞれの業務の執行および財産の管理を行うものとし、その財産および権利義務に重大な影響を及ぼす行為については、あらかじめ甲乙協議の上、これを実行する。

第10条 従業員の引継

甲は、合併期日において、乙の従業員全員を引き続き採用するものとし、その取り扱いの細目については、甲乙別途協議する。

第11条 合併に際し就任する取締役

合併に際し、新たに甲の取締役となるべき者は、次の通りとする。ただし、就任すべき時期は合併期日とする。

1 （省略）

2 （省略）

第12条 解散費用

合併期日以後において、乙の解散のために支出すべき費用は、すべて甲の負担とする。

第13条 合併条件の変更および解除

この契約の締結の日から合併期日に至るまでの間において、天災地変その他の事由により、甲または乙の財産もしくは経営状態に重大な変動を生じたときは、甲乙協議の上、合併条件を変更し、またはこの契約を解除することができる。

第14条 合併契約の効力

この契約は、第6条に定める甲および乙の定時株主総会の承認並びに法令に定める関係官庁の承認が得られなかったときは、その効力を失う。

第15条 協議事項

この契約に定める事項のほか、合併に関し必要な事項は、この契約の主旨にしたがい、甲乙協議の上、これを決定する。

【三角合併の場合】

※ 三角合併を行う場合、合併対価に関する条項（例にいう第4条）について、下記のような条項を置きます。

第○条 合併に際して交付する株式およびその割当てに関する事項

1 甲は、合併に際して、合併の効力を生ずる時点の直前時の乙の株主名簿に記載または記録された乙の株主（但し、甲および乙を除く。以下「割当株主」という。）に対し、その所有する乙の株式の合計数に○を乗じた数の a 社（甲の親会社）の株式を交付する。

2 甲は、合併に際して、割当株主に対し、その保有する乙の株式1株につき、a 社の株式○株の割合をもって割当交付する。

4 会社分割のノウハウ

M&Aにより、ある会社の事業の全部または一部を別の会社に引き継ぐ方法としては、事業譲渡、合併のほかにも会社分割があります。会社分割、特に吸収分割は事業の全部ではなく、その一部を目的に応じてM&Aできるという点で、事業譲渡に似ています。しかしながら、会社の組織を再編するという点で、会社法上は合併とほぼ同様の手続きが必要です。

会社分割を使えば、成長部門や不採算部門を分割して子会社として切り離して、その部門だけを会社としてM&Aすることもできます。また、同じ企業グループ内の複数の会社に重複する事業がある場合に、一つの会社に集中してM&Aしやすくすることもできます。このように会社分割は、将来M&Aしやすくするために企業グループ内の再編成に使われることがあります。株式交換・株式移転制度と組み合わせることにより、多様な形態の再編成が可能になります。ただし、会社分割は特殊な会計処理、税処理（適格税制など）を伴うなどの問題もありますので、注意が必要です。

（1）会社分割制度の概要

① 会社分割の特徴

会社分割は、既存の会社（分割会社）の事業に関する権利義務の全部または一部を、分割後他社（承継会社）または分割により設立する会社（設立会社）に組織的に承継させることにより会社を分割する制度です。合併と同様に包括承継ですから、ある事業の「一部」を分割する場合、承継会社は当該事業の「一部」に関する権利義務の一切を承継することになります。

会社分割は事業譲渡ともよく似ていますが、次の点が異なります。

ⅰ　会社分割は合併と同様に権利義務を包括的に承継する制度であるため、M&Aする場合に分割会社の債権者や契約相手方の同意を個別に取得しなくても権利義務を移転させることができます。もちろん、会社分割でも債権者は無視されるわけではなく債権者異議手続で保護されますが、個別の同意が不要である点は大きな特徴といえます。事業譲渡では、対象会社の債権者の

図表5−7 吸収分割イメージ

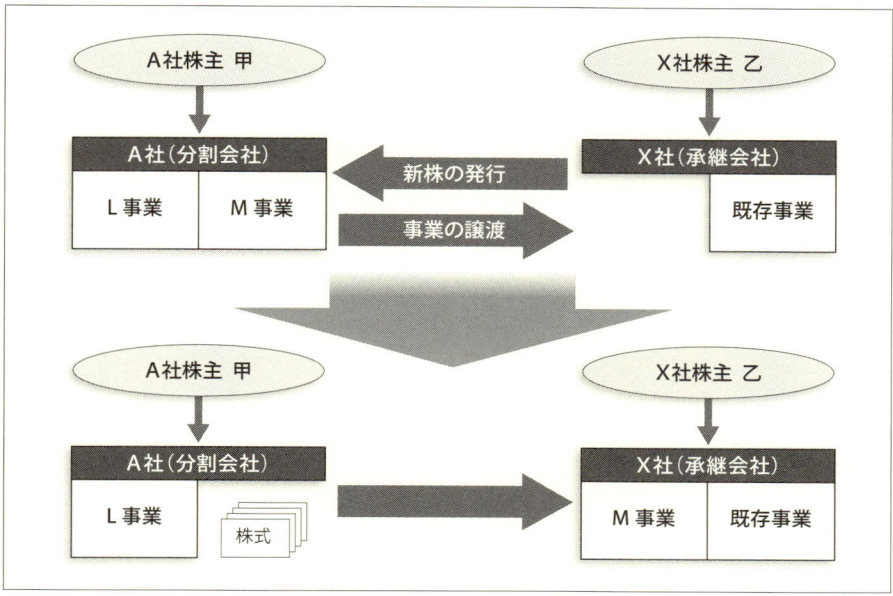

図表5−8 新設分割（分社型）イメージ

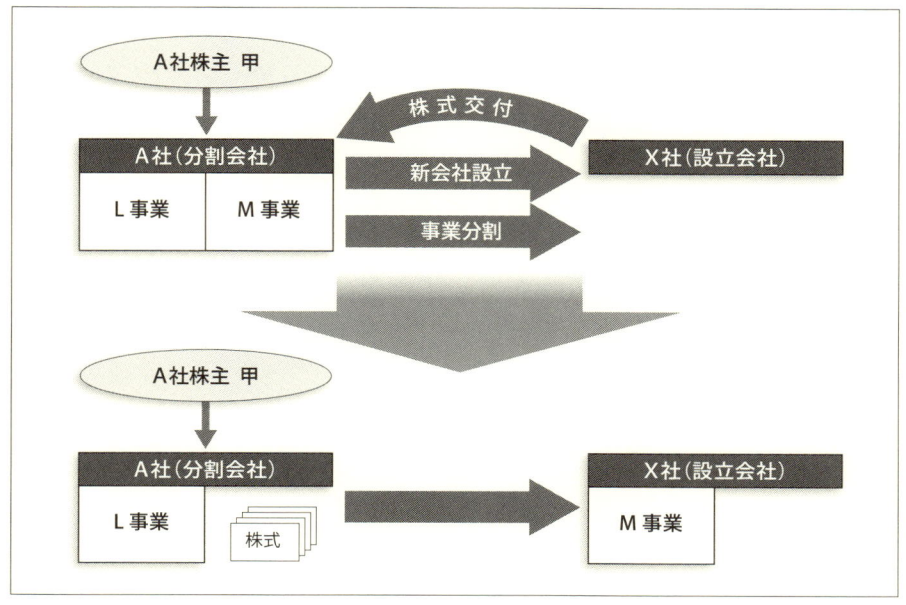

個別の同意が必要です。

　なお、吸収分割においても、許認可については、そのすべてが承継されるわけではなく、個々の許認可によって取扱いが異なりますので注意が必要です。

ii　事業譲渡の場合には、対価は一般的には金銭などの支払いになりますが、会社分割においてはその対価は、吸収分割の場合には吸収する会社の株式が一般的で、金銭的な対価が不要です。吸収分割では一歩進んで、この対価は株式でなくとも、新株予約権、社債、海外の親会社の株式（三角分割）、現金でもかまわないことになっていますので、使いやすくなっています（会社法758条4号）。

②　会社分割の形態——M&Aに活用できる形態

i　会社分割は、「吸収分割」と「新設分割」に分類されます。

　分割会社の事業に関する権利義務の全部または一部を、既存の会社（承継会社）に承継させるものを吸収分割、分割会社の営業の全部または一部を、新しく設立される会社（設立会社）に承継させるものを新設分割といいます。買収においては、通常吸収分割が用いられますが、新設分割により設立した会社の株式を取得したり、合併したりする方法もあり、どちらもM&Aの手法として使用できます。

ii　人的分割の廃止

　分割には、分割により事業を承継した会社の株式を分割後も分割した会社が保有する「物的分割」という方法と、分割により事業を承継した会社の株式を分割する会社の株主が取得する「人的分割」という方法が考えられます。会社法は上記物的分割のみを規定し（会社法758条4号・763条6号）、人的分割については物的分割のうち剰余金の配当として承継会社・設立会社の株式を株主に与える場合として規定しました（会社法758条8号ロ・763条12号ロ）。物的分割の場合と人的分割の場合では分割する事業の株主構成が変わることになりますのでM&Aの目的に応じて使い分けることができます。

iii　共同分割

　複数の会社が分割会社となって共同して新設分割を行う共同新設分割が認められています（会社法762条2項）。また、複数の会社が分割会社となっ

て吸収分割を行う共同吸収分割について明文はありませんが、当然に認められると考えられます。

　共同分割を使えば、例えばグループ企業の内の複数の会社に重複している事業を同時に吸収分割によってM&Aすることができます。

iv　債務超過の権利義務を分割対象とする会社分割

　合併の場合と同様に、簿価を基準として負債が資産を上回るだけである場合（形式的債務超過）の吸収分割については、会社法は許容しているといえます（会社法795条2項1号参照）。

　時価を基準として負債が資産を上回る場合（実質債務超過）について、会社法は何も規定していません。合併と同様、実務上のニーズから認めてもかまわないとの見解があります。

　しかし、濫用的と評価される会社分割については、会社分割による財産移転行為について詐害行為取消権（民法424条）、役員の第三者責任（会社法429条1項）などが問題となり得るため、十分な注意が必要です。

③　分割の対象──事業

　会社分割の対象は、「事業に関して有する権利義務の全部または一部」とされています（会社法757条・763条6号）。旧商法では「その営業の全部または一部」と定められており、なんらかの意味での有機的一体性が必要とされていましたが、会社法では上記のように文言を変更していることから、有機的一体性は不要といえます。会社分割により承継される対象は、分割会社が事業に関して有する権利義務のうち、吸収分割契約または新設分割計画に定められたものです。

　会社分割の場合は営業の規模の大小、重要性は問われません。また事業の全部の承継が認められていますので、分割会社が完全親会社になることができます。

(2) 会社分割にかかわる法規制

①　会社法による手続き（株式会社の場合）

　会社分割は会社法においては組織再編行為の一つとして第5編第3章・第5

章に規定されています。吸収分割の具体的な手続きは第5章第2節に，新設分割の具体的な手続きは第5章第3節に規定されています。吸収分割の手続きは、吸収合併とよく似ています。

② 各手続きの概要

会社分割においては、必要に応じて、会社法のほか、金融商品取引法、独占禁止法その他法令および取引所規則などにより要求される種々の手続きを順次行うこととなります。前述の通り、手続きは合併と似ているが、会社分割においては、分割会社の労働者、労働組合などへの対処が必要であるため注意が必要です。

i 吸収分割契約の締結・新設分割計画の作成

吸収分割の場合は吸収分割契約を（会社法757条）、新設分割の場合は新設分割計画（会社法762条）を作成します。次節で述べる通り、定めるべき事項が法定されています。

ii 吸収分割契約・新設分割計画などの事前開示

吸収分割の各当事会社は、吸収分割契約書備置開始日から効力発生日の後6カ月を経過する日までの間、吸収分割契約書を本店に備え置かなければなりません。新設分割の分割会社についても同様です（会社法803条1項2号）。

iii 吸収分割契約・新設分割計画の承認決議

吸収分割契約・新設分割計画については各当事会社の株主総会の決議で承認を受けなければなりません（会社法783条1項・795条1項・804条1項）。原則として特別決議によります（会社法309条2項12号）。

簡易組織再編・略式組織再編に当たる場合、承認決議は不要です（会社法796条3項・784条1項・796条1項）

iv 株式買取請求権・新株予約権買取請求権

当事会社の反対株主は株式買取請求権を行使できます（会社法785条・786条・797条・798条・806条・807条）。ただし、総株主の同意が必要な場合（会社法783条2項など）、簡易組織再編の場合（会社法784条3項など）は株式買取請求は認められません（会社法785条1項）。

一定の新株予約権者は新株予約権買取請求権を行使できます（会社法787

図表5－9　吸収分割スケジュール（非公開会社）

日程	分割会社	承継会社	
2月22日	取締役会決議 （吸収分割契約締結の承認）	取締役会決議 （吸収分割契約締結の承認）	
2月29日	事前開示開始	事前開示開始	
	債権者異議申述公告・催告 ※1	債権者異議申述公告・催告 ※1	
	新株予約権提出通知・公告 ※2		
3月10日	株式買取請求の通知または公告 ※3	株式買取請求の通知または公告	
	新株予約権者買取請求の通知または公告		
	登録株式質権者・新株予約権の登録新株 予約権質権者に対する通知または公告		
3月11日	労働組合等と協議 ※4 （労働者の理解と協力を得る努力）		
3月12日	労働者と個別協議		
	指定承継労働者に対する通知		
	労働組合に対する通知 （労働協約締結）		
3月22日	臨時株主総会への招集通知発送	臨時株主総会への招集通知発送	
3月31日	臨時株主総会	臨時株主総会	
4月1日	効力発生日	効力発生日	
	事後開示開始	事後開示開始	
4月10日	吸収分割による変更登記申請	吸収分割による変更登記申請	
9月30日	事前開示・事後開示　終了	事前開示・事後開示　終了	

右側矢印注記：1カ月前まで／20日前まで／2週間+1日前まで／1週間前まで／前日まで／遅滞なく／2週間以内／6カ月経過日

※1　効力発生日の前日までに、1カ月以上の期間が必要です。
※2　新株予約権証券発行会社のみとなります。
※3　効力発生日の20日前の日から、効力発生日の前日までが期間となります。
※4　労働者との個別協議より早い時期に開始する必要があります。

図表5－10　新設分割スケジュール例（非公開会社）

日程	分割会社	設立会社	
2月22日	取締役会決議 （新設分割計画の承認）		
2月29日	事前開示開始		
	債権者異議申述公告・催告 ※1		
	新株予約権提出通知・公告 ※2		
3月11日	株式買取請求の通知または公告 ※3		
	新株予約権者買取請求の通知または公告 ※3		
	登録株式質権者・新株予約権の登録新株 予約権質権者に対する通知または公告		
3月12日	労働組合等と協議 ※5 （労働者の理解と協力を得る努力）		
3月15日	労働者と個別協議		
	指定承継労働者に対する通知		
	労働組合に対する通知 （労働協約締結）		
3月22日	臨時株主総会への招集通知発送		
3月31日	臨時株主総会 ※6		
4月1日	新設分割の登記　→　設立会社設立		
	事後開示開始	事後開示開始	
9月30日	事前開示・事後開示　終了	事後開示　終了	

右側矢印注記：※4／1カ月前まで／2週間+1日前まで／1週間前まで／遅滞なく／6カ月経過日

※1　分割登記前までに、1カ月以上の期間が必要です。　※2　新株予約権証券発行会社のみとなります。
※3　通知・公告の日から20日間で期間満了となります。
※4　株式買取請求の通知・公告等については、株主総会決議の日から2週間以内が行使期限です。
　　当スケジュール例のように株主総会決議前に手続きすることも可能ですが、期間満了前に（種類）株主総会が終了していることが必要です。
※5　労働者との個別協議より早い時期に開始する必要があります。　※6　登記前、株式買取請求期間満了前である必要があります。

条・788条・808条・809条）。

（イ）行使要件

　　株式買取請求については、承認総会に先立って会社分割に反対する旨を会社に対して通知し、かつ総会において反対することが必要です（会社法785条2項1号イ・797条2項1号イ・806条2項1号）。新株予約権買取請求については、上記株式買取請求についての要件はありません。

（ロ）行使期間

　　会社が効力発生日の20日前の日までに会社分割をすることを通知・公告しますので、その上で効力発生日の20日前の日から効力発生日の前日までに行使しなければなりません（会社法785条5項・797条5項・806条5項・787条5項・808条5項）。

（ハ）買取価格

　　買取価格は会社分割による企業価値の増加を適切に反映したものとしての「公正な価格」とされています（会社法785条1項・787条1項など）。

　　買取価格について株主と会社との間に協議が調ったときは、会社は効力発生日から60日以内にその支払いをしなければなりません（会社法786条1項・788条1項・798条1項・807条1項・809条1項）。協議が調わなかった場合は裁判所に価格の決定の申立てをすることになります（会社法786条2項・788条2項・798条2項・807条2項・809条2項）。

v　債権者異議手続き

　一定の債権者は、会社分割に対して異議を述べることができます（会社法789条1項2号・799条1項2号・810条1項2号）。

　会社は、①会社分割をする旨、②相手方会社の商号・住所、③各当事会社の計算書類に関する事項として法務省令で定めるもの、④債権者が一定の期間内（1カ月以上）に異議を述べることができる旨を官報に公告し、知れている債権者には各別に催告しなければなりません（会社法789条2項・799条2項・810条2項）。

　上記一定期間に異議を述べなかった債権者は会社分割を承認したとみなされます（会社法789条4項・799条4項・810条4項）。異議を述べた債権者に対しては、会社は、資本金・準備金の額の減少をしてもその債権者を害

する恐れがないときを除き、弁済をするか、相当の担保を提供するか、その債権者に弁済を受けさせることを目的として信託会社などに相当の財産を信託することを要します（会社法789条5項・799条5項・810条5項）。

　会社分割の場合、分割会社は、不法行為により生じた債務の債権者に対しては、各別の催告を省略することができません（会社法789条3項・810条3項）。不法行為債権者にとって会社分割は債権回収にとって危険が大きいことからこれを特に保護するものです。各別の催告を受けるべきものが当該催告を受けなかった場合には、当該債権者は、吸収分割契約・新設分割計画の定めにより債務を負担しない旨が定められた会社に対しても、その会社が会社分割の効力が生ずる日に有した財産の価額（承継会社である場合は承継した財産の価額）を限度として、その債務の履行を請求することができます（会社法759条2項3項・761条2項3項・764条2項3項・766条2項3項）。

vi　労働者の異議手続

　労働者も債権者ではありますが、使用者の変更は労働者にとって重大な問題であることに鑑みた措置がとられています。詳細は、③において後述します。

vii　新株予約権の提出

　新株予約証券が発行されている吸収分割契約新株予約権（会社法758条5号イ）・新設分割計画新株予約権（会社法763条10号イ）については、効力発生日までに会社に新株予約権証券を提出しなければならない旨を当該日の1カ月前までに公告し、かつ新株予約権者・登録新株予約権質権者に対し各別に通知しなければなりません（会社法293条1項4号・5号、商登法85条9号・86条9号）。

viii　効力発生

（イ）効力発生日

　　吸収分割においては吸収分割契約に定めた日に効力が発生します。吸収分割においては効力発生日から2週間以内に、分割会社および承継会社は、承継会社の本店所在地において、会社分割による変更の登記をしなければなりません（会社法923条・976条1号、商登法84条・85条・87条・88条）。

　　新設分割において分割会社が株式会社で設立会社が株式会社の場合
は、①分割承認総会の決議の日、②株主・新株予約権者に対する株式・
新株予約権買取請求権の通知・公告をした日から20日を経過した日、
③債権者の異議手続が終了した日、④共同新設分割の場合に当事会社が
合意により定めた日のいずれか遅い日から2週間以内に、設立会社の本
店所在地において、分割会社について変更の登記、設立会社について設
立の登記をしなければなりません（会社法924条・976条1号、商登法
84条・86条～88条）。新設分割においては設立会社の設立登記により
設立されたときに新設分割の効力が発生します。

（ロ）効果

　　効力発生日において、承継会社・設立会社は、吸収分割契約・新設分
割計画の定めに従い、分割会社の権利義務を包括的に承継します（会社
法759条1項・764条1項）。

　　分割会社との間で継続的な契約を締結している相手方の契約上の地位
も、相手方の同意なくして承継されます。

　　吸収分割契約新株予約権・新設分割計画新株予約権は消滅し、その新
株予約権者は同日、承継会社・設立会社の新株予約権者となります（会
社法759条5項・764条7項）。

ix　事後開示

　効力発生日後遅滞なく、分割会社および承継会社・設立会社は、相手方当
事会社と共同して、承継会社・設立会社が承継した分割会社の権利義務その
他の分割に関する事項として法務省令で定める事項を記載した書面（または
電磁的記録）を作成し、効力発生日から6カ月間本店に備え置かなければな
りません（会社法791条1項1号・2項・3項・801条2項・3項2号・4項・
5項・811条1項1号・2項・3項・815条2項・3項2号・4項・5項）。

③　労働者承継法の手続き

　会社分割においては、分割会社における関係者の権利義務は原則として包括
的に承継されます。したがって、本質的には労働者との雇用関係も、個別の労
働者の承諾なしに承継会社・新設会社に承継されることになります。しかしこ

れが労働者の権利を不安定にするのではないかとの問題提起から、会社分割の導入と同時に、労働者の保護のため、特別法「会社分割に伴う労働契約の承継等に関する法律」（承継法）が制定されました。

i 承継法の内容

（イ）労働者・労働組合に対する事前通知義務（2条）

会社は、承認総会の2週間前までに承継事業主要従事労働者・指定承継労働者に対して、当該分割に関し、当該会社が当該労働者との間で締結している労働契約を当該分割にかかわる承継会社などが承継する旨の分割契約などにおける定めの有無、第4条第3項に規定する異議申出期限日その他厚生労働省令で定める事項（承継法施行規則1条各号）を書面により通知しなければなりません。労働協約を締結している労働組合にも同様の事項を通知しなければなりません。

（ロ）労働者の承継・異議権（3〜5条）

労働者の区別・異議申出の有無・内容により、労働契約の承継についての効果が異なります。要件の判断が難しいため、注意が必要です。

④独占禁止法・金融商品取引法による規制

第12章において後述します。

（3） 契約書・計画書作成のポイント

① 法定記載事項

吸収分割の場合には吸収分割契約において、新設分割の場合は新設分割計画において、それぞれ定めるべき事項が法定されています（会社法758条・763条）。新設分割計画においては、吸収分割契約と異なり、設立会社の組織や機関に関する事項を定める必要があります。

i 吸収分割契約の場合

分割会社および承継会社の商号および住所（1号）

承継会社が吸収分割により分割会社から承継する権利義務に関する事項（2号）

吸収分割により分割会社または承継会社の株式を承継会社に承継させる

ときは、当該株式に関する事項（3号）

承継会社が吸収分割に際して分割会社に対してその事業に関する権利義務の全部または一部に代わる対価を交付するときは、当該対価の内容などに関する事項（4号）

承継会社が吸収分割に際して分割会社の新株予約権の新株予約権者に対して当該新株予約権に代わる当該承継会社の新株予約権を交付するときは、当該新株予約権の内容などおよび割当てに関する事項（5号・6号）

効力発生日（7号）

吸収分割株式会社が効力発生日に、全部取得条項付種類株式の取得（取得対価が承継会社の株式などのみであるもの）または剰余金の配当（配当財産が承継会社の株式のみであるもの）をするときは、その旨（8号）

ii **新設分割契約の場合**（会社法763条）

設立会社の目的、商号、本店所在地および発行可能株式総数（1号）

設立会社の定款で定める事項（2号）

設立会社の設立時取締役、設立時会計参与、設立時監査役および設立時会計監査人の氏名または名称（3号・4号）

設立会社が分割会社から承継する権利義務（5号）

設立会社が新設分割に際して分割会社に対価として交付する当該設立会社の株式の数などおよび当該設立会社の資本金および準備金の額に関する事項（6号）

共同新設分割をするときにおける、分割会社に対する株式の割当てに関する事項（7号）

設立会社が新設分割に際して分割会社に対してその事業に関する権利義務の全部または一部に代わる対価として当該設立会社の社債等を交付するときは、当該社債の内容などに関する事項（8号）

共同新設分割をするときにおける、新設分割会社に対する社債などの割当てに関する事項（9号）

設立会社が新設分割に際して分割会社の新株予約権の新株予約権者に対して当該新株予約権に代わる当該設立会社の新株予約権を交付するときは、当該新株予約権の内容などおよび割当てに関する事項（10号・11号）

分割会社が設立会社の成立の日に、全部取得条項付種類株式の取得（取得対価が設立会社の株式等のみであるもの）または剰余金の配当（配当財産が新設分割設立株式会社の株式等のみであるもの）をするときは、その旨（12号）

② **任意的記載事項**

法定記載事項以外の事項（任意的記載事項）についても、吸収分割契約書、新設分割計画書に規定することができます。検討される任意的記載事項としては以下のものが考えられます。

　i **競業避止義務**

会社分割の対象は、事業に関して有する権利義務の全部または一部であり、「事業」ではないことから、事業譲渡人の競業避止義務（会社法21条）が当然に分割会社に適用されるわけではありません。しかし、場合によっては類推適用される可能性もあることから、明文で規定を置くことが考えられます。

　ii **分割条件の変更・解除**

不可効力や当事会社の事業に変化が生じた場合に、合意により契約もしくは計画の内容変更もしくは解除を認める規定が置かれることがあります。

　iii **株主総会開催について**

法律上の要件とされている株主総会の承認について、一定の時期までに得ることを合意するものです。簡易分割・略式分割の要件を満たす場合には、その旨を記載し明確化します。

　iv **効力発生条件**

吸収分割が効力を生ずるための条件として、前述の株主総会による承認などを、吸収分割契約の解除条件として規定することがあります。

　v **協議条項**

契約において定めのない事項については、分割会社および承継会社間で協議するというものです。

図表5－11 吸収分割契約書の例

株式会社A（以下、「甲」という。）と株式会社B（以下、「乙というは、甲の事業の一部を乙が承継する吸収分割に関し、次のとおり吸収分割契約（以下、「本契約」という。）を締結する。

第1条 目的
甲は、本契約に定める通り、甲の事業に関して有する権利義務の一部を乙に承継させることとし、乙は、これを甲から承継するものとする。

第2条 商号および住所
甲および乙の商号および住所は、以下の通りである。
1 甲について
　（1）商号　株式会社A
　（2）住所　大阪府······
2 乙について
　（1）商号　株式会社B
　（2）住所　東京都······

第3条 定款の変更
乙は、その定款を別紙「定款」（省略）記載の通りに変更する。

第4条 承継対象に関する事項
乙が甲より承継する権利義務（以下、「本承継対象権利義務」という。）は、別紙「承継対象権利義務明細表」（省略）記載の通りとする。

第5条 分割により交付する金銭等
乙は、分割に際して普通株式○○○株を発行し、甲に対して交付する。

第6条 増加すべき乙の資本金および準備金等
乙が分割により増加する資本金、資本準備金の額については、会社計算規則第37条または第38条に定めるところに従い、乙が定める。

第7条 分割承認総会
甲および乙は平成○年○月○日開催のそれぞれの株主総会において、本契約の承認および本件分割に必要な事項に関する決議を求める。ただし、手続きの進行に応じ必要あるときは、甲乙協議の上期日を変更することができる。

第8条 効力発生日
分割が効力を生ずる日（以下、「効力発生日」という。）は平成○年○月○日とする。ただし、手続きの進行に応じ必要あるときは、甲乙協議の上期日を変更することができる。

第9条 競業避止義務
甲は、乙が承継する本事業に関して、一切競業避止義務を負わないものとする。

第10条 解除条項
本契約締結の日から分割期日までの間において、天変地異その他の事由により、甲または乙の資産状態、経営状態に重大な変更が生じたときは、甲乙協議の上、分割

条件を変更し、または本契約を解除できる。

【人的分割を行う場合】
第○条　剰余金の配当
　　甲は、効力発生日に、甲の株主（甲を除く）に対して、第5条に基づき分割により
　　乙から交付を受けた乙の普通株式について、そのすべてを配当財産とする剰余金の
　　配当を行うものとする。

図表5－12　新設分割計画書の例

　　この分割計画書は、株式会社A（以下、「当社」という。）が、○○○を目的として、
　　その事業の一部を設立する株式会社B（以下、「新会社」という。）に承継させるた
　　め新設分割をなすにあたり、その分割計画の内容を定めるものである。

第1条　新会社の定款の規定
　　新会社の目的、商号、本店所在地および発行可能株式総数その他新会社の定款で定
　　める事項は、別紙「定款」（省略）記載の通りである。
第2条　新会社の設立時取締役および設立時監査役の氏名、設立時会計監査人の名称
　　1　設立時取締役
　　　　　　氏名（生年月日）
　　　　　　略歴、他の会社の代表状況
　　　　　　所有する株式会社Aの株式数
　　2　監査役（記載項目は取締役に同じ）
　　3　会計監査人
　　　　　　監査法人○○
第3条　新会社の資本金および準備金
　　新会社の設立の際における資本金および準備金の額については、会社計算規則第49
　　条および第50条に定めるところにしたがって、新会社が定める。
第4条　新会社が分割に際して交付する株式の数
　　新会社は、設立に際して普通株式○○○株を発行し、すべて当社に対してこれを交
　　付する。
第5条　分割によって新会社が当社から承継する権利義務に関する事項
　　新会社は、分割に際し、別紙「承継対象権利義務明細表」（省略）記載の通りの資産
　　負債および契約を当社より承継する。

5 合併と分割の税務

（1）合併の税務

　買収のために会社を合併した場合に、税法上生ずる主な問題点は次の3点です。

① 合併における移転資産等の譲渡損益課税（資産・負債の譲渡損益課税）
② 被合併法人の最終事業年度の税務
③ 株主に対する課税（株式の譲渡損益の取扱い、みなし配当の取扱い）

① 合併における移転資産等の譲渡損益課税

　企業組織再編税制によって、合併・事業譲渡・会社分割・株式交換・株式移転・現物出資による企業組織の再編成が行われた場合の課税関係を統一的、かつ体系的に取り扱う法人税制が整備されました。

　この企業組織再編税制の中心は、組織再編によって移転する資産の譲渡損益の取扱いです。

ⅰ 非適格合併の場合（原則的取扱い）

　次のⅱに該当しない合併（非適格合併）により、被合併法人から合併法人に資産・負債が移転した場合には、被合併法人は合併法人に時価により資産・負債を譲渡したものとして取り扱われます。したがって、被合併法人は最終事業年度の所得の金額の計算上、合併法人に移転した資産・負債の譲渡にかかる譲渡利益金額または譲渡損失金額を、益金の額または損金の額に算入します。

　一方、合併法人は被合併法人より移転を受けた資産・負債を時価により受け入れます。

　なお、被合併法人は合併法人からの新株等を合併時の時価により取得し、ただちにその新株等を被合併法人の株主等に交付したものとされます。

ⅱ 適格合併の場合（例外的取扱い）

　被合併法人の株主等に合併法人の株式等のみが交付される合併で、かつ、

図表5-13　合併および会社分割における適格要件

支配関係	要件	合　併	会社分割
100%		他の条件を満たすことなく、適格に該当します。 （再編後も100%の支配関係の継続が必要です）	
50%超 100%未満	従業員 引継要件	従業員のおおむね80%以上が引き継がれる見込みであること	
	事業継続 要件	再編後も対象事業を継続する見込みであること	
	資産負債 引継要件		対象事業の主要資産・負債が 引き継がれていること
50%以下	事業関連 要件	事業に関連性があること	
	規模要件 または 特定役員 要件	両会社の事業規模（売上高、従業員数、その他これらに準ずるもの）の 格差が1：5以下であること または 両会社の特定役員※のそれぞれいずれかが、 再編後も特定役員となる見込みであること	
	従業員 引継要件	従業員のおおむね80%以上が引き継がれる見込みであること	
	事業関連 要件	再編後も対象事業を継続する見込みであること	
	株式保有 継続要件	被合併法人の株主に交付された株式の全部を継続保有する見込みである株主の保有株式数が、被合併法人の発行済株式総数の80%以上であること （株主が50人以上である場合は除外されます）	【分割型分割】 分割法人の株主に交付された株式の全部を継続保有する見込みである株主の保有株式数が、分割法人の発行済株式総数の80%以上であること （株主が50人以上である場合は除外されます） 【分社型分割】 交付を受けた分割承継法人の株式の全部を継続保有する見込みであること
	資産負債 引継要件		対象事業の主要資産・負債が引き継がれていること

※　特定役員とは、常務クラス以上の役員および法人の経営の中枢に参画している者をいいます。

(注)　前提として次の要件を満たす必要があります。
　　　① 株式以外の資産が交付されないこと（利益配当を除く）
　　　② 分割型分割の場合は、分割会社の従来の株主の持分割合に応じ、株式の交付がなされること

　図表5―13に掲げる適格要件を満たした場合には「適格合併」とされ、被合併法人は移転した資産・負債をその最終事業年度末の税務上の帳簿価額により合併法人に引き継ぎをしたものとして、その所得金額を計算し、その結果、譲渡損益の課税が繰り延べられます。

　なお、被合併法人は合併法人の株式等を合併時の帳簿価額による純資産価額（合併法人に引き継ぐ利益積立金額を除きます）により取得し、ただちにその株式等を被合併法人の株主等に交付したものとされます。

②　被合併法人の最終事業年度の税務

i　みなし事業年度

　法人税法上、被合併法人の事業年度の中途で合併が行われた場合は、その事業年度開始の日から合併の日（合併契約に定めた合併期日で、被合併法人が合併法人にその有する資産・負債を移転した日）の前日までを一事業年度とみなします。なお、被合併法人の最終事業年度の決算を承認する定時株主総会はないので、合併法人により計算され、合併報告総会で確定されます。

ii　申告・納税義務者

　法人が合併すると、合併法人は被合併法人の申告・納付その他の納税に関する一切の義務を承継します。したがって、合併法人は被合併法人の最終事業年度の確定申告書を、その合併の日から2カ月以内に国税（法人税・消費税など）および地方税（法人住民税、事業税など）を申告・納税しなければなりません。

iii　最終事業年度の所得金額計算上の留意点

（イ）役員・従業員に対する退職給与

　　合併に際して退職する従業員の退職給与については、退職によりその支給額が債務として確定するので、被合併法人の最終事業年度の損金の額に算入されます。

　　合併に際し退職した被合併法人の役員に支給する退職給与の額が、合併承認総会において確定されない場合においても、被合併法人が退職給与として支給すべき金額を合理的に計算し、合併の日の前日に属する事業年度において未払金として損金経理することができます。また、前記

の取扱いは、被合併法人の役員であると同時に合併法人の役員を兼任している者、または被合併法人の役員から合併法人の役員になった者に対して、合併により支給する退職給与（打切り支給）についても適用されます。

（ロ）引当金・準備金・圧縮記帳にかかる特別勘定などの取扱い

適格合併の場合、被合併法人の引当金、準備金、圧縮記帳にかかる特別勘定などについては、合併法人に引き継ぐことを原則とします。

非適格合併の場合は、通常の解散の場合と同様に、被合併法人において取り崩し、益金の額に算入することを原則としています。

（ハ）利益積立金の引き継ぎ

会社法上は、被合併法人の利益準備金などを合併法人に引き継ぐことが認められます。これに対し、税務上は適格合併に該当する場合には、利益積立金の帳簿価額による引き継ぎを強制し、非適格合併の場合にはその引き継ぎを認めていません。

（二）被合併法人の繰越欠損金の引き継ぎ

非適格合併の場合には被合併法人が有する繰越欠損金の引き継ぎは認められませんが、適格合併の場合には、原則としてその引き継ぎが認められます。ただし、租税回避行為を防止するため、企業グループ内の適格合併については、特定の場合には繰越欠損金の一部につき引き継ぎが制限されます。

（ホ）合併法人の繰越欠損金の引き継ぎ

適格合併の場合の合併法人が有する繰越欠損金についても、被合併法人の繰越欠損金の引き継ぎと同様にその利用に制限があります。被合併法人の繰越欠損金の引き継ぎと同様、租税回避行為を防止するためです。ただし、非適格合併であれば、合併法人の有する欠損金には、利用制限はありません。

vi 特定資産の譲渡等の損失

被合併法人と合併法人が保有している資産について、含み損があり、適格合併後に売却することにより含み損を実現させると、両会社の欠損金を利用することと同様であると考えられます。

図表5−14　被合併法人の繰越欠損金の引き継ぎ判定フローチャート

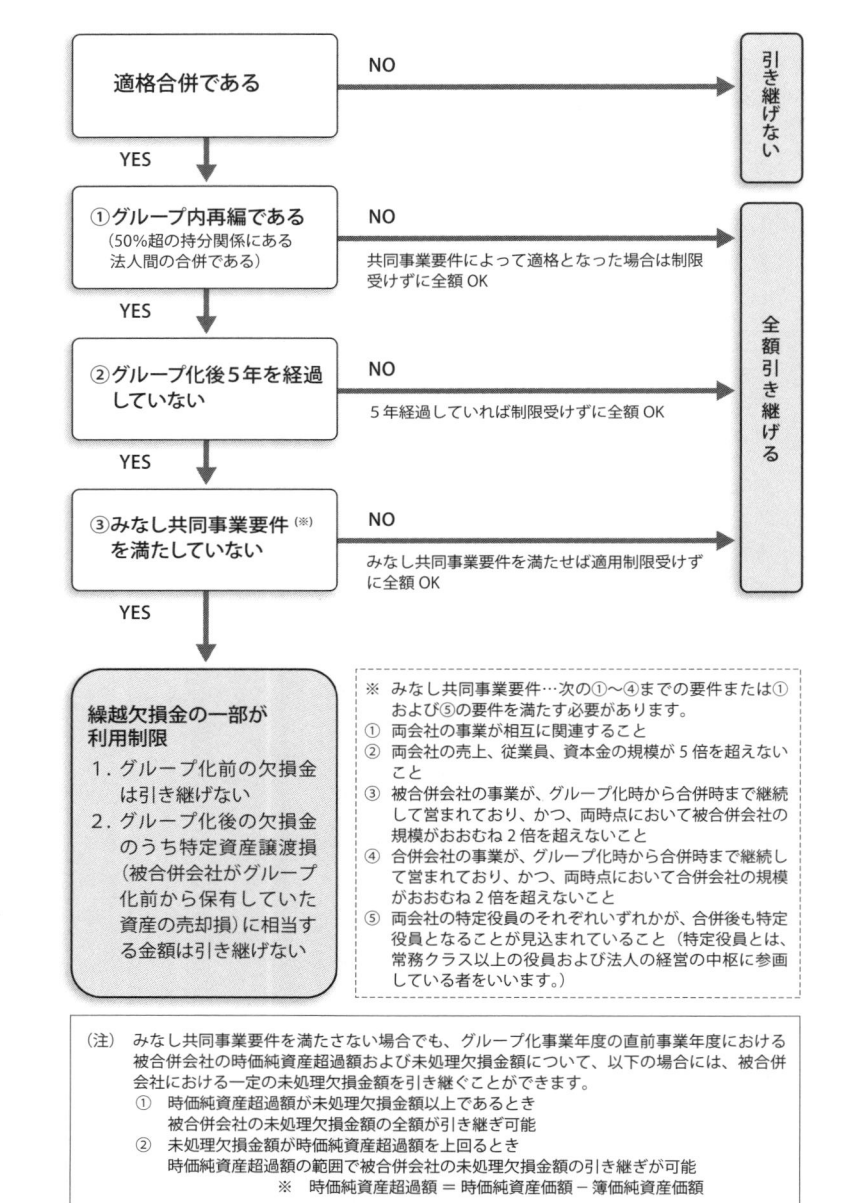

図表5-15　特定資産の譲渡等損失額の損金算入の判定フローチャート

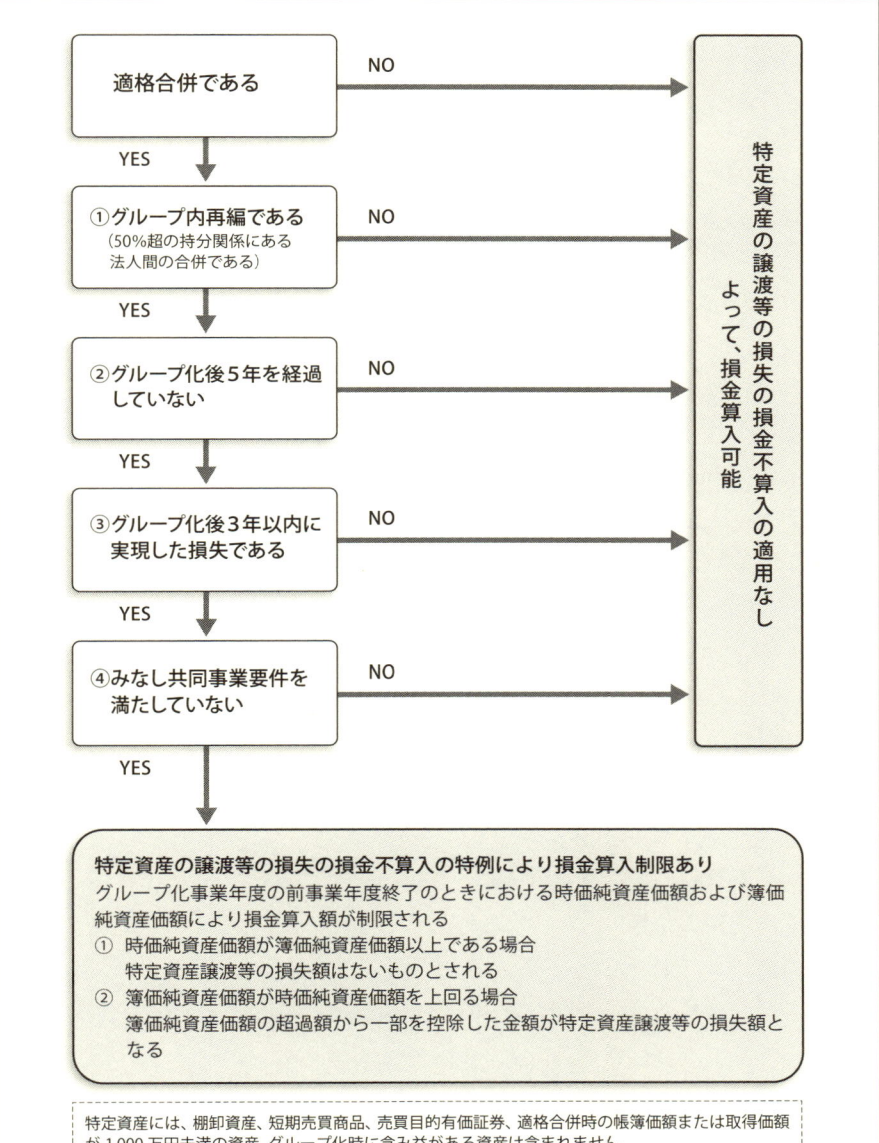

特定資産には、棚卸資産、短期売買商品、売買目的有価証券、適格合併時の帳簿価額または取得価額が1,000万円未満の資産、グループ化時に含み益がある資産は含まれません。

※　みなし共同事業要件については、「被合併法人の繰越欠損金の引き継ぎ判定フローチャート」と同様となります。

　このような資産の含み損を利用することによる租税回避行為を防止するために、適格合併により被合併法人から引き継いだ資産および合併法人が保有していた資産の譲渡等損失額の損金算入について、図表5−15の判定フローチャートに基づいて判定されます。

③　株主に対する課税

ⅰ　株式の譲渡損益の取扱い

　合併により、被合併法人の株主が合併法人の株式のみの交付を受けた場合には、旧株（被合併法人株式）の帳簿価額が、合併会社の株式に引き継がれるだけであり、譲渡損益は発生しません。ただし、株式以外の金銭、資産が交付された場合には、税務上、配当があったものとみなされ、譲渡損益が発生します。

ⅱ　みなし配当について

　被合併会社が利益積立金として計上していた金額が、合併会社の資本金や、資本積立金に組み入れられる場合に、税務上いったん配当として株主に分配され、再び同額が出資されたと考えます。そこで、分配されたとみなされる金額につき、配当金としての課税が行われます。

　適格合併の場合には、被合併会社の利益積立金は合併会社に引き継がれるので、みなし配当は生じません。これに対し、非適格合併の場合には、利益積立金を引き継ぐことができないので、みなし配当が発生する可能性があります。

④　三角合併の税務

ⅰ　概要

　「三角合併」とは、合併の際に、被合併法人の株主に対して合併法人の株式ではなく、合併法人の親法人の株式を交付する合併のことをいいます。

　旧商法においては、合併を行う場合、合併法人が被合併法人の株主に対して、合併法人の株式を交付する方法によっていました。しかし、会社法の下で、2007年5月1日から、「合併対価の柔軟化」の規定により、合併法人の株式ではなく、合併法人の親会社の株式を交付する三角合併が可能となりま

した。

ⅱ 適格要件

「三角合併」についても、適格合併が認められ、適格要件については、通常の合併と同様になります。

ⅲ 親会社株式を交付する場合の評価損益課税

適格合併、非適格合併のいずれにおいても以下の通り処理します。

（イ）合併法人が合併契約日前から親会社株式を保有している場合——合併契約時における時価で評価換えします。

（ロ）合併契約日後に適格合併等で親会社株式が合併法人に移転した場合——移転を受けた日の時価で評価換えします。

（ハ）合併契約後に合併法人が親会社株式を取得した場合——取得時の時価で計上されます。

(2) 会社分割の税務

① 基本的な考え方

会社分割を行い、法人がその所有する資産を他の法人に移転する場合には、税務上は原則として、移転した資産の譲渡損益を計上しなければなりません。ただし、適格分割の要件を満たした場合には、移転資産は税務上の簿価で引き継ぐことになり、譲渡損益課税は発生しません。適格分割の要件については、図表5−13を参照してください。

② 適格分割と非適格分割の取扱い

会社分割については、上記のように適格分割に該当するかしないかで、税務上、取扱いは異なりますので注意が必要です。図表5−16にまとめましたので参照してください。

(3) 合併と経営統合の違い

合併については、複数会社が一つの会社になることから、経営統合と比較されます。どちらの手法を選択するかによって、メリット・デメリットは異なります。この二つの手法の違いについて、図表5−17にまとめました。手法選

図表5−16　適格分割と非適格分割の取扱い

	適 格 分 割	非 適 格 分 割
承継会社の資産引き継ぎ価額	分割会社の簿価での引き継ぎが強制されます。また、分割会社では、資産の移転損益は発生しません。	分割対象事業の資産の引き継ぎ価額は、分割会社の公正な評価額つまり時価での引き継ぎが強制されます。また、分割会社では資産の移転損益が発生します。
引当金の引き継ぎ	分割対象事業と関連性のある引当金は引き継ぐこととされています。 事業と関連性のない引当金は引き継ぐことができず、承継する会社の承継事業年度の決算で新たに計上し直すことになります。 なお、分割する会社は分割事業年度の決算で承認されなかった引当金を取り崩すことになります。	引当金を承継会社に引き継ぐことができず、承継会社の承継事業年度の決算で新たに計上し直すことになります。 なお、分割会社は分割事業年度の決算で取り崩すことになります。
繰越青色欠損金の取扱い	経済的実態が合併と類似する会社分割（合併類似適格分割型分割）については、承継する会社への引き継ぎが可能です。青色欠損金の引き継ぎが認められるのは、事業全部を承継会社に移転し、分割した会社が遅滞なく解散することが確実な分割型会社分割に限られます。したがって、分割する会社が会社分割後にも残存する会社分割では欠損金を承継会社に引き継ぐことはできず、分割する会社に残すことになります。	青色繰越欠損金は承継会社に引き継ぐことができません。
特定資産の譲渡等損失額の損金不算入	適格分割の場合、適格合併と同様に、分割会社が有していた資産に含み損があり、分割承継会社において、適格分割後に売却損を計上したときには、分割会社の欠損金を利用するのと同様になってしまいます。 逆に、分割会社が有する資産に含み益があるときも同様です。このため適格合併と同様に、一定の要件に該当する場合、適格分割後の資産の譲渡損について、損金算入は認めないという規定があります。 事業移転しない適格分割の場合には以下の特例があります。	
事業を移転しない適格分割の場合の繰越欠損金の損金算入制限の特例	(1) 移転資産の時価が簿価以下の場合全額引き継ぎできます (2) 移転した資産時価＞簿価 ① その超過額≦分割承継法人の支配関係前欠損金額 ◆ 支配関係前未処理欠損金 　時価超過額相当額は引き継ぎできません ◆ 支配関係後未処理欠損金 　全額引き継ぎできます ② その超過額＞分割承継法人の支配関係前 ◆ 支配関係前未処理欠損金 　全額引き継ぎできます ◆ 支配関係後未処理欠損金 　時価超過額から支配関係前欠損金を控除した金額に相当する特定資産譲渡等損失額については引き継ぎできません	

図表5-17　合併と経営統合の違い

	合 併	経営統合
図 解		
共 通	複数会社が一つの会社(グループ)になること	
内 容	二つ以上の会社が契約により合同して一つの会社となること。合併の形態には、1社が存続し(存続会社)、他社が解散して存続会社に権利義務のすべてを引き継ぐ吸収合併と、両者とも解散して新たに一つの会社を設立し、その会社に両者の権利義務のすべてを引き継ぐ新設合併があるが、手続き、費用面の煩雑さで、実務上ほとんどが吸収合併である。	複数の会社が共同で持株管理会社(持株会社)を設立して、その持株会社の傘下に入ること。また、すでにある持株管理会社の傘下に他の会社が入ること。 持株会社の傘下企業となることにより、グループ一体化が行われる。
メリット	①企業統治が完全にできるため、コスト削減しやすく、リストラ効果が期待できる。 ②会社が一体化されるため、シナジー効果を早期に実現することができる。	①費用と時間が合併よりも経営統合の方が少なくてすむ。 ②各社の自律性が維持できるため、経営統合に伴う、軋轢、混乱を回避しやすい。
デメリット	①企業文化の違いによるコンフリクト ②社内の指揮命令系統、経理システム等の統一に時間がかかる。 ③将来の不安による人材の流出の恐れがある。	①持株会社の管理の行き過ぎや、経営、管理が二重化するため、全体コストの削減が難しくなる。 ②間接業務においても重複の可能性がある。 ③事業会社の権限が強すぎて、持株会社による事業会社のコントロールが弱すぎる場合、組織が崩壊する危険がある。

択の際、事前に吟味しておく必要があります。

（4）会社分割と事業譲渡の違い

　分割についても、事業を他社に譲り渡すことから、事業譲渡と比較されます。こちらについても、どちらの手法を選択するかによって、効果がまったく異なります。この二つの手法の違いについて図表5－18にまとめました。手法選択の際、事前に吟味しておく必要があります。

（5）M&Aにおける買い手企業の会計処理方法

　図表5－19に、M&Aにおける買い手企業の会計（企業結合会計）として、合併・分割・株式交換・株式移転の四つの場合に分けてまとめました。

図表5−18　会社分割と事業譲渡の違い

	事業譲渡	会社分割
図　解	A社 a事業 b事業 →b事業→ C社 ←金銭←	A社 a事業 b事業 →b事業→ C社 ←C社株式←
共　通	自社の事業を他社に譲り渡す	
会社法	厳密には会社法上の組織再編手法にはあたらず単に「事業を売買する」という売買契約のこと	会社法に規定された組織再編手法であり、単に事業の売買を行うのではなく、会社の一部を他の会社に承継させること
譲渡対象事業の対価	「事業の売買」なので、原則として譲渡対象事業の対価は、金銭で支払うことになります。	「会社の一部を他の会社に承継させる」ということになるので、原則として譲渡対象事業の対価は、株式を使うことになります。
消費税の課税対象	資産の譲渡と考えられることなどから、課税資産、非課税資産(土地など)に分類し、課税対象となります。	資産の譲渡等に該当しないため、課税対象になりません。
債権者保護手続き	不要 (ただし、債権者ごとに個別に同意を取り付ける必要があります)	必要
労働者の承継	譲り受けた事業に従事していた労働者を雇い入れる場合は、労働者個人と個別に交渉する必要があります。	原則、従業員と個別に交渉する必要はありません。
A社の譲渡損益	譲渡損益は、他の所得と合算され、法人税等の課税対象となります。	原則、時価による譲渡と考え、譲渡損益を認識するが、支配が継続していると考えられる「適格」の要件に該当すれば、簿価による承継と考え、譲渡損益は認識しません。

図表5-19　M&Aにおける買い手企業の会計（企業結合会計）

	合　併
対象者	存続会社
資産負債	消滅会社の資産負債を時価で受け入れます。
株主資本	存続会社株式が交付される場合には、払込資本が変動します。
損益	存続会社株式以外の財産が、交付される場合には、その財産の時価と帳簿価額の差額を損益に計上します。
のれん	消滅会社の資産負債の時価の純額と対価の時価との差額はのれんとして計上されます。

	分　割
対象者	承継会社
資産負債	分割会社の資産負債を時価で受け入れます。
株主資本	承継会社株式が交付される場合には、払込資本が変動します。
損益	存続会社株式以外の財産が、交付される場合には、その財産の時価と帳簿価額の差額を損益に計上します。
のれん	消滅会社の資産負債の時価の純額と対価の時価との差額はのれんとして計上されます。

	株式交換
対象者	完全親会社
完全親会社株式	取得の対価に、取得のために直接要した支出額（取得の対価性が認められるものに限る）を加算して算定します。
株主資本	新株を発行した場合には、払込資本（資本金または資本剰余金）の増加として会計処理をします。

	株式移転
対象者	完全親会社
完全子会社株式 （取得企業株式）	株式移転日の前日における完全子会社（取得企業）の適正な帳簿価額による株主資本の額に基づいて算定します。 ◇ 株主資本の額については、重要な差異がないと認められる場合において、完全子会社（取得企業）の直前の決算日に算定された適正な帳簿価額による株主資本の額により算定することができます。
完全子会社株式 （被取得企業株式）	取得の対価に、取得に直接要した支出額（取得の対価性が認められるものに限ります）を加算して算定します。 ◇ 取得の対価となる財の時価については、完全子会社（被取得企業）の株主が完全親会社（結合後企業）に対する実際の議決権比率と同じ比率を保有するのに必要な数の完全子会社（取得企業）が交付したものとみなして算定します。
株主資本	新株を発行した場合には、払込資本（資本金または資本剰余金）として、増加すべき払込資本の内訳項目（資本金、資本準備金またはその他資本剰余金）は、会社法の規定に基づき決定します。

第**6**章

デューディリジェンス
(Due Diligence)

デューディリジェンスとは、買収対象会社の内容を精査することであり、その目的はM&Aを行う際におけるチャンスとリスクの発見です。

M&Aは限られた時間と資料により行うことになりますので、買収担当者はデューディリジェンス実施前にマネジメント・インタビューのポイントを十分検討するなど、重要なポイントを外さないようにすることが大切です。

デューディリジェンスには、以下の三つがあります。

■ 事業デューディリジェンス

買い手企業の経営課題の解決やM&A後の経営を想定しながら対象企業の事業の収益性、将来性に関する詳細調査を行います。

■ 財務デューディリジェンス

対象企業の財務内容を正確に調査することによって、M&Aの実行の判断、M&Aを行うとした場合の買収価格の検討につなげます。

■ 法務デューディリジェンス

対象企業の法的リスクの有無を調査します。

デューディリジェンスとは

(1) 意義

　デューディリジェンスとは、企業買収の意思決定および契約書作成に当たり、買い手が買収対象会社の内容を精査することです。なお、デューディリジェンスは買収価格の算定（第7章）およびM&A実行後の対応（第8章）やその後の経営戦略にも関係する重要な手続きです。

　精査する項目と実施担当者を示すと

　　i　**事業デューディリジェンス**……買い手の担当者またはコンサルティング会社などが対象会社における事業の収益性・将来性を検討します。

　　ii　**財務デューディリジェンス（買収調査）**……主として公認会計士や監査法人によって対象会社の財務状況を検討します。

　　iii　**法務デューディリジェンス（法務監査）**……弁護士によって対象会社が抱える法的問題点を検討します。

(2) 目的

　デューディリジェンスの目的は、今回のM&Aのチャンスとリスクの発見にあります。チャンスはM&Aの実行後の時間軸の中で、シナジー効果など、実現可能なものを実行し、M&A後の追加的な施策によって更なる収益向上を実現していきます。かくれた瑕疵は買収前にまず発見し、次の対応を行います。

　　i　瑕疵が重要なものであれば、買収を断念します。

　　ii　買収前に売り手に瑕疵を修正させてから買収します。

　　iii　瑕疵を修正できなくても、買収スキームの変更や買収価格で調整するか、または条件をつけるか、補償条項を盛り込んで、買収します。

(3) 実施時期

① 実施時期

デューディリジェンスは一般的には基本合意書の締結後で、最終契約の締結

前に実施することが多いようです。理由は、買い手にとっては案件の概要を若干なりとも把握し、当該企業の疑問点や買い手企業の方向性との関連で、課題がある程度まとまり、作業にかかれるのが基本合意時点であるのと、売り手にとっても、買い手に自社の情報を開示するには、買い手の取引意思が明確にならないとできないからです。

② デューディリジェンス実施前に買収担当者が押さえておくべきこと

時間費用の制約、資料の制約下で、判断することになるので、重要点を事前にリストアップする（頭を働かす）。

i 今回のM&Aの目的を再確認する

ii 買い手企業の長期戦略と今回のM&Aの関連について考える

iii 対象企業の概況からデューディリのどこが重点か考える

iv デューディリ進行中、チャンスとリスクをリストアップする

v マネージメントインタビューのポイントを考える

   ＜マネジメントリスクとして検討すべき項目＞

   （a）財務リスク（収益性・財政状態およびキャッシュ・フローに影響を及ぼすリスク、税務上のリスクなど）

   （b）紛争の有無（会社と役員、従業員、株主および取引先との間の紛争に関するもの、知的財産に関する紛争）

   （c）リコールや重大なクレームを受けたことなど

   （d）行政処分や法令違反に関するリスク

   （e）重要な投資の失敗

   （f）従業員の過不足、重要な人材の不足

   （g）重要な不良債権、貸倒れの有無

vi スキーム見直しの必要性について考える

vii 何をどこまで買えばよいのか、必要なものは何なのか

viii 本当に今回のM&Aは必要なのか

ix M&A実行後に買い手側に必要とされる対応は何か（第8章アフターM&Aにつながる）

（4）事前の資料請求

　デューディリジェンスに当たっては、買い手は売り手に対し、企業内容開示リストを作成し送付することになります。

事業デューディリジェンス

　事業デューディリジェンスとは、対象企業の事業の収益性や、将来性に関する詳細調査を意味します。なお、買い手企業の力によって、その収益力を高めたり、次の展開が考えられるかどうか、また逆に買収後に、収益の減少や大きな損失が発生するリスクを事前にキャッチするために行います。現在はどの企業にとっても経営環境が大きく変化する中、大変困難な作業ではありますが、買い手企業のなんらかの将来の課題解決や展望のもと、直面しているM&Aの案件に前向きに取り組むことになります。

　事業デューディリジェンスの対象は、図表6—1に示すように、会社の概況の次に外部環境分析や当該事業のライフサイクル、競合企業との比較などの分析と各論での経営者や経営計画、取引先や従業員、設備や技術、経営管理組織といった当該企業の経営全般に及ぶ調査に分かれます。

3 財務デューディリジェンス

（1）通常の会計監査と異なる買収調査

　M&Aを実行するかどうかの判断と買収価格の算定に大きく影響するのが財務デューディリジェンスです。会社の決算書は一般に公正妥当と認められた会計基準に基づいて作成されているはずですが、公認会計士や監査法人による会計監査を受けている決算書はともかく、受けていない決算書であれば、さまざまな問題を含んでいることがあります。会社の収益力は、通常過去数期分の損益計算書で判断され、簿価純資産（資産から負債を引いたもの）は、直近期の貸借対照表または試算表を基に計算されますが、決算書が粉飾されていること

が往々にしてあるということにも注意しなければなりません。

　儲かってはいないのに、黒字の決算をしたり、資産の水増しや負債の隠蔽をしたりすることで、金融機関や仕入先との取引をつないでいることがあります。M&Aの実行に当たっては、対象企業を事前に調査することで、対象企業の実態を正確に把握し、M&Aを実行するかどうか、するとしたら買収価格はいくらにするか、検討することになります。

　買収調査は、通常の監査と異なり、携わる専門家にとっても、限られた時間内でしかも初めて監査をするわけですから、かなりリスキーであることと監査自体が会計のみならず、事業や経営の内容にまで踏み込むことが必要になるので、興味深い仕事になります。

　会計監査を行う前にあらかじめ買収チームで、事業の概要や会社の概要、過年度の財務報告の概要などをつかんだ上で、あらかじめさまざまなリスクを想定し、M&Aに手慣れたやる気のある監査人が実施するのが望ましいと考えられます。

　買収調査の時期は、通常、基本合意書締結後に行われますが、基本合意書には買収調査実施事項の記載と買収価格の決定に弾力性を確保しておくことが重要です。

(2) 買収調査の留意点

　買収調査の主な留意点は、次の通りです。

　i　買収調査は直近の貸借対照表を中心に、資産は実在性と回収可能性、負債は網羅性と残高の妥当性を見ます。

　ii　資産については、売掛金・棚卸資産・貸付金・立替金・仮払金・仮払税金・前払費用などを中心として、回収不能金額や長期滞納金額をまず把握し、損失を計上しておくべきであった年度を調べます。また、有価証券や不動産など時価のあるものは必ず時価を調べます。

　iii　簿外負債は、通常の前受金や前受収益・未払税金・未払社会保険料・買掛金や未払金・未払費用や退職給付債務の計上漏れなどのほか、まれには簿外の銀行借入金や支払手形・損害賠償金・未払残業手当など異常な項目が発生します。

図表6−1　事業デューディリジェンス

調査項目	調査内容〈調査書類〉	留意点
① **会社の概要と沿革**	・商号、本店所在地、事業所（営業店舗）、会社設立年月日、授権資本と発行済株式総数、株主構成と推移、資本金の推移、主な事業内容、決算概要、主な設備、保有する特許など、主力銀行、主要取引先、業界地位、子会社、関係会社、重要な契約 〈登記簿謄本、株主名簿、定款、組織図、 会社パンフレット、会社経歴書など、 許認可証、営業報告書〉	・主な経営課題（企業文化、人材、技術、製品、顧客、組織、業務プロセスなど） ・リスク産業か否か ・経営上の重要な契約 ・法令や規制・規制緩和の影響 ・株主総会での重要な決議事項 ・株式の種類と発行状況 ・株式の売買事例の有無 ・株式譲渡制限の有無 ・自己株式
② **事業の収益性・将来性**	（ⅰ）　事業構造分析 ・事業概要 ・経営環境 ・重要な製品（商品） ・主な競合他社の状況 ・主要製品（商品）の販売高、利益率、利益金額 ・市場でのシェア ・販売ルート ・主要な販売先 ・販売価格 ・納期 ・品質保証 （ⅱ）　収益性分析 ・売上高、売上原価、売上総利益（商品別、顧客別、一人当たりなど） ・人件費分析（人数、年齢構成、給与水準など） ・個変分析（損益分岐点分析、売上高との比率分析、外注化、コスト削減余地など） ・資金分析（運転資金ポジショニングの改善余地） ・設備投資（設備投資計画入手、投資効果計算、リース資産分析など） （ⅲ）　SWOT分析 ・事業の概要、当該事業を取り巻く経営環境、マーケットにおけるポジショニング ・競合他社の状況、経営戦略等を分析し、会社の「強み、弱み、機会、脅威」の分析を行う （ⅳ）　競合他社分析 ・競合他社との比較を行うことで、対象企業の業界での位置づけ、強み、弱み、課題を把握する ・分析項目としては、売上高、各種利益率、売上高成長率、変動費率、固定費率、損益分析点売上高、EBITDA、流動比率、売掛金回転比率、在庫回転率、自己資本利益率などがある	・商品・サービスの独自性と収益力の因果関係 ・市場の規模や成長性（ライフサイクル） ・参入障壁の高さ ・立地条件 ・営業地域の経済状況 ・企業競争力の源泉（独自の技術やノウハウ、ブランド、コスト競争力、生産性、品質、商品開発力、販売力、ロジスティクスなど） ・主力製品（商品）・サービスと利益貢献度 ・顧客対応の状況 ・同業者や業界での評判 ・顧客の評価 ・業界の組織再編の動向
③ **経営者** （今回のM&Aによりハッピーリタイアする場合でも買い手が円滑に事業承継するために調査が必要である）	・年齢、健康、経営理念、経営能力（先見性、計画性、リーダーシップ、計数管理能力、実行力）、人格、誠実性、バランス感覚、得意分野、不得意分野、過去の成功例、失敗例、経営姿勢（攻めか守りか）、経歴・代表取締役経験年数	・売却の動機 ・後継者の有無 ・代表者以外のキーマンの存在

④ 経営計画の内容	・経営計画の有無（短期・中長期） ・立案手続 ・予算・実績分析と計画の達成状況 ・右肩上がり、横ばいの計画と経営環境との比較 ・設備の新設計画の有無と効果の考え方 ・競合他社の動きへの対応 ・物流合理化 ・人材リストラを検討しているか ・財務リストラを検討しているか ・IT投資の有無 ・SWOT分析を計画作りに活かしているか	・戦略と管理のバランス
⑤ 販売先の状況	・販売先別売上実績一覧表 ・販売契約書 ・販売条件、回収条件、リベート等奨励金制度 ・製品（商品）保証制度 〈価格表、取引基本契約書、保証書〉	・取引先との親密度、価格交渉力、技術販売支援度合 ・取引継続の可能性、トラブルの有無 ・販売先の分散状況
⑥ 仕入先（外注先）の状況	・仕入先別、仕入実績一覧表、仕入単価、数量 ・支払条件、リベート、値引等、報奨金制度 ・仕入ルート 〈購買基本契約書〉	・主要仕入先とその選定方法
⑦ 金融機関の状況	・主力の支援体制 ・借入金の付保状況（保全状況） ・資金繰り表、キャッシュ・フロー計算書	・早急の資金調達の必要性の有無 ・取引停止した金融機関の有無
⑧ 従業員の状況	・勤続年数、平均年齢（定着率）、労働条件、給与水準（同業他社比較）、モラール ・給与体系、処遇、昇給制度、労働環境 ・退職金制度 ・労働組合の有無、労使関係 ・社会保険制度、福利厚生の概要 ・最近の従業員の採用、退職状況（雇用の計画性） ・中途採用の有無 ・人材育成、社員教育の姿勢 〈就業規則、労働協約、給与規定、退職金規定〉	・有能な人材を確保しているか
⑨ 生産設備	・生産計画、生産実績、品質管理の状況 ・在庫管理状況（適正在庫・受払管理・棚卸差異分析・デッドストックの有無と原因） ・生産設備の概要、稼働状況 ・工場の空きスペースの状況、生産ラインの効率性、外注方針 〈生産月報、固定資産台帳〉	・遊休設備、老朽設備の有無 ・設備の保守修繕状況 ・時価評価 ・研究開発体制
⑩ 経営管理体制	・予算統制 ・社内規程の整備、運用状況 ・原価管理 ・見積原価計算 ・資産管理（売掛債権・棚卸資産・固定資産などの管理） ・資金の調達・運用の状況 ・業務管理システム、管理内容、アウトプット、買収企業との統合の可能性 〈規程集、管理台帳、キャッシュ・フロー表、システム体系図、フローチャート、帳票類〉	・事業別損益の管理状況 ・コンプライアンスマインド ・内部統制制度の整備、運用状況 ・会計方針、会計方針の変更

iv　偶発債務も大変重要です。保証債務や手形裏書債務、進行中の訴訟債務、特定のクレーム損失などのほかに最近は風評被害も重要です。

v　検出事項は発見しだい、口頭でもよいからできるだけ早く監査依頼人に報告します。

vi　役員に対する貸付金や借入金の有無を必ず調査します。特に社長からの借入金は買い手が肩代わりし、社長への貸付金は買収と同時に入金させるなど、整理が必要なので気をつけましょう。また、未収や未払いの利息、仮払いや立替えがないかどうかも調べます。

vii　社長との土地・建物の賃貸借は買収時に終了しておくことが通常であるため、物件を会社・社長間で売買しておくことが必要になることが多いようです。また、個人的な色彩の強い会社では、会社保有の車両やゴルフ会員権、役員保険などを社長が譲り受けたい旨の要望が出されることもあります。この場合、譲渡にかかわる税額や、借地権の有無などに注意が必要となります。また、会社所有物件でも社長名義のものはないかどうか気をつけます。

viii　過去の会計帳簿などが法定保存期間分すべて揃っているかどうかを調べます。特に税務署による未調査期間がある場合に大切になります。

ix　会社の損害保険一覧表を入手し、製商品や、賠償、火災損害などに対して十分なものかどうかを判定します。

x　過去3期分の損益計算書の主要項目について、増減分析を行い、内容を把握します。特に営業外損益や特別損益については、異常なものがないか、内容を吟味します。

xi　従業員の退職金制度の内容（退職一時金か年金制度か）、労働協約や退職金規程を閲覧し、簿外負債の有無を見ます。

（3）買収価格算定に影響を及ぼすその他の要因

①　被買収会社の魅力的な経営資源（プラス要因）

買収価格算定に影響を及ぼす魅力的な経営資源（プラス要因）として、被買収会社が保有する技術、ノウハウ、人材、ブランド価値その他があります。これらを金額的にどう評価するかは大変難しい課題です。大部分は、過去に収益実績として、実現しているものであり、今後も失わない限り実現していく可能

性はありますが、問題は今回の買収により消滅してしまうものの扱いです。

例えば、スティーブ・ジョブズほどでないにしても創造力あふれる経営幹部がいたとして、その人がその会社のあらゆる商品を開発していた場合、もしM&Aを機にその人が退職してしまったら、その損失ははかりしれません。

また、魅力的な経営資源といっても諸行無常であり、消滅したり、逆に価値を増大していくものもあります。もちろん、維持コストはかかるにしても悩ましい問題です。正確な計算は無理としてもできれば買収担当者が大づかみにでも把握しておくべき重要ポイントです。

② M&A後の追加投資（マイナス要因）

M&A後に追加の設備投資や追加の大きな費用支払いが必要な場合は、その金額を買収価格に反映させておくべきです。

例えば、製造業を買収するには、被買収会社の現状の生産設備の評価を行うとともに定期的な修繕だけでなく、経営環境の変化に伴い、絶えずある程度の追加投資が必要なことはかなり発生します。

これは、小売業や飲食業にあっても同様です。一つのお店といえども、かなりのリニューアルなくしては売上を維持できません。

もちろん、リニューアルすればいいというものでもなく、場所を変えたり顧客のニーズにマッチしたものを先取りすることはもちろん、最近のグローバル市場の大変化による影響も忘れることはできません。特に必要な人材の採用・教育・レベルアップなど人材投資が長期的には、大変重要になってきます。

4 法務デューディリジェンス

法務デューディリジェンスの狙いは、対象企業に法的リスクがあるかどうか、また、買収企業のM&A戦略の実行上、阻害要因がないかどうか、補完しなければならない法的問題点がないかどうかなどを調査することにあります。株式取得を想定した場合の調査の内容は、図表6－3の通りです。

なお、調査項目は、当該案件の内容・スキーム・事業の特性・経営者の性格などによって、変わることに注意が必要です。

図表6−2　含み損益と簿外負債の見つけ方

	項目	内容	発見の仕方	注意点
含み益	・土地		時価を調べる	第三者の借地権がついていないか、実測面積はどうか、隣地との境界は明示されているか、取得時期はいつか
	・上場有価証券	株式・社債など	相場を調べる	
	・子会社株式	積立金や含み益がある	決算書を見る、配当があるか	海外子会社の黒字の原因を調べる
	・建物		鑑定をとる	他人の土地の上に建っている場合は借地権がある場合が多い、賃貸している場合は借家権を引くこと
	・機械	その企業で独自に開発されたもの	技術者に質問する	
	・工業所有権	特許権・実用新案権・意匠権・商標権など	登録や出願状況、独占度、開発コストを調べる	どの程度収益に貢献しているか、将来収益の現在価値を見積もる
	・投資など	保険積立金	解約返戻金残高の確認	
	・簿外資産	少額減価償却資産や簿外の利益積立金など	費用の内容をチェックする。または、税務申告書の別表5を見る	
含み損	・受取手形	不渡手形・ジャンプ手形	相手先の状態から正味回収可能額を調べる	仮受金や仮払金に融通手形が含まれていることがある
	・売掛金・貸付金・未収入金	滞留分、貸倒分、返品・値引等回収不能分	支払条件通り回収されているかを調べる	回収不能見込額は個別に貸倒引当金が計上されているか
	・棚卸資産（商品・製品・原材料・仕掛品）	デッド・ストック、陳腐化品、返品分、注文ストップ品	立ち会いを実施し、現物をあたってホコリをかぶっていないかを調べる	相場商品の有無、仕掛品が多額にあれば要注意
	・土地		時価を調べる	土壌汚染などの有無
	・上場有価証券	株式・社債など	相場を調べる	
	・子会社株式	累積赤字がある	赤字の原因を調べる	親会社が赤字分を貸付けしたり借入の保証をしている場合は、その分含み損が増える
	・建物	減価償却不足・除却漏れ、大修繕が必要	現物と帳簿のチェック	受注の大幅な減少により工場閉鎖や人員リストラが見込まれる場合は、除却損や現状回復・移転費用・リストラ費用等を別途見積もる必要がある
	・機械	使用不能により除却するしかない	休止していないか調べる	
	・繰延資産	ソフトウェア・創業費・開発費・試験研究費など	繰延べの内容と理由を調べる	支払済みのものであり費用収益対応のために繰り延べしているのであるから、本来財産価値はない
	・繰延税金資産		事業計画と課税所得を検証	回収可能性の有無

簿外負債など	・前払費用・仮払金・立替金など	費用処理すべきものがある場合	勘定科目の内容を見る	長期滞留分や法人税等の仮払金は要注意
	・未払税金など	・未払税金が正しく計上されていない ・使途不明金等否認項目があるが、税務調査が未済である	税務申告書を見る 修正申告書の提出状況を見る	源泉税や消費税・印紙税などは納付漏れがないか 未払社会保険料は計上漏れや残高の正確性をチェックする
	・偶発債務	保証債務・手形裏書義務・買戻条件付売買・先物売買・売渡済商品の保証	重要な契約書、取締役会議事録、稟議書を見る、手形の決済状況を調べる、証拠金・投資顧問料・アフターサービス料の検討、経営者への質問	簿外の保証債務は要注意、相手先は取引先や関係会社が多い、保証債務履行を迫られていないか
	・担保提供資産	登記簿謄本 取締役会議事録 契約書など	閲覧・質問	簿外負債の有無
	・デリバティブ	為替予約、スワップ・オプション	質問により、残高の有無と時価を調べる	
	・償却資産	立ち退きを迫られている	周辺の環境調査	除却費用や移転費用・設備投資が必要なもの
	・違約金	キャンセルする手付金など	建仮・仮払金などを勘定分析する	
	・支払手形	簿外手形	帳簿と振出控、当座照合表を突き合わせる	白地手形を振り出していないか、欠番はないか
	・買掛金・未払金・未払費用・未払賞与	計上漏れ	請求書と突き合わせる、翌月の支払いを調べる	条件通り支払われているか
	・借入金	簿外借入	残高証明と突き合わせる、支払利息保証料との対応を見る	金融機関以外の高利の借入はないか、担保はどうなっているか、返済条件
	・引当金	貸倒引当金、製品補償引当金、返品調整引当金	税務申告書を見て、税法限度額以上を計上しているか	
		退職給付債務	自己都合、会社都合 割引現在価値計算の妥当性	役員退職慰労金の引当不足の有無
	・リース負債	不稼働物件で解約すると違約金の支払いが必要	リース料の支払いと契約書、現物をチェック	残高と支払条件
	・係争事件	敗訴すれば損害賠償義務がある	弁護士への支払いを調べる	賠償責任や公害問題の有無
	・後発事象	主要な得意先・仕入先の倒産、重要な事業の撤退、リストラなど	最近のT/Bをチェック、稟議書、契約書、取締役会議事録の閲覧 経営者への質問	今後のキャッシュ・フロー、給料台帳・販売（生産・仕入れ・人員・設備）計画などを見る

図表6-3 法務デューディリジェンス (株式取得のケースを想定)

項目	必要書類 (例示)	留意事項 (例示)
1 会社の概要	①会社登記簿謄本 ②定款 (関係会社を含む) ③組織の概要図 ④株主総会および取締役会等議事録 ⑤会社案内書 　事業内容、取引の概要 　事業所所在地、資本金の推移 ⑥関係会社の状況図	①会社設立から2年以内の会社について適法に設立されているか 　(設立無効の訴えとの関係) ②株主総会・取締役会等の手続きが適法になされているか ③会社および関係会社 ・担保設定状況 ・会社の株主名簿と他の株主の持株状況 ・会社登記簿謄本 ・役員派遣状況 ・関係会社については、会社と同一の調査が必要となる ・会社との取引契約の内容と買収後の引き継ぎ可能性
2 株式の状況	①株主名簿 ②株式取扱規則 ③ストックオプション付与契約書	①授権資本の枠内か ②株券発行の有無 ③譲渡承認の必要の有無 ④優先株式等の種類株式の有無 ⑤累積投票制度の有無 ⑥株券喪失登録の有無 ⑦特殊株主の有無 ⑧過去の株式の移動内容・移動の適法性 ⑨株券交付の有無 ⑩株式につき設定された質権・譲渡担保等の有無と内容 ⑪種類株式が発行されていれば、その発行の経緯と内容
3 財務諸表	①貸借対照表 ②損益計算書 ③株主資本等変動計算書 ④個別注記表 ⑤事業報告	財務デューディリジェンスを実施
4 不動産・動産	①所有不動産一覧表 　(担保設定状況含む) ②登記簿謄本 ③売買契約書 ④賃貸契約書 ⑤担保設定契約書 　債務不履行 (の恐れ) が発生したもの	①所有権が会社にあるか ②担保権の有無を登記簿謄本から確認する ③重要な不動産は、必ず売買契約書をレビューする
5 リース	①リース資産一覧表 　(担保設定状況含む) ②登記簿謄本 ③リース契約書	①賃貸不動産については、賃貸借契約書の期間と更新の条項および差入敷金・保証金の返還条件をチェック ②賃貸借と担保権の優劣 ③再リース条項

6	知的財産権	①所有している知的財産権の一覧表 （担保設定状況含む） （商号・商標・サービスマーク・特許権・著作権・実用新案権など） ②締結している知的財産権契約書 ③登録原簿、出願書類など	①知的所有権は、利用期間が十分に存続しうるか ②買収が第三者の知的財産権を侵害していないか ③権利の有効性、譲渡可能性
7	重要な契約	①会社が営む事業に関する重要な契約書（販売・購入・外注） ②技術援助契約書 ③秘密保持契約書 ④関係会社との契約書 ⑤過去のM&A契約書 ⑥資金の貸付け、借入に関する契約書 ⑦担保設定又は保証契約書 　債務不履行（の恐れ）が発生したもの	①買収後の事後運営が適切に行えるか ・対象事業が競業禁止条項の対象にならないか ・買収により契約解除にならないか ・会社が第三者に独占的権利を与えていないか ②偶発債務の有無 ・保証債務、租税債務を負担していないか ③過去のM&Aについて、重大な表明・保証を行っていないか
8	役員・従業員	①従業員名簿 ②就業規則・雇用契約書など ③役員名簿 ④取締役会規則 ⑤労働協約書 ⑥持株会、互助会等の会則 ⑦リストラ・懲戒・紛争の一覧表	①買収が労働組合の承認事項になっていないか ②多額の未払賃金の有無 （特にリストラ時の賃金カットや整理解雇に伴う未払債務） ③役員・従業員、労働組合との間の紛争の有無 ④残業の実態と未払いの有無
9	訴訟など	①係争中・解決済みまたは発生の恐れのある訴訟および紛争の概要と記録（株式代表訴訟を含む）	①訴訟の内容と反論状況 ②クレームの調査により潜在的紛争を明らかにする ③製造物責任、公害問題の有無 ④損害賠償責任保険、役員賠償責任保険の加入状況を調査
10	届出・許認可	①届出・許認可の一覧表と所轄機関から受領した書類	①事業継続に必要な許認可の内容 ②買収後も許認可は利用可能か ③法令遵守状況
11	環境	①廃棄物・有害物質の処分に関する資料および報告書 ②第三者または所轄機関とのやりとりの記録 ③会社がこれまでに実施した環境関連の調査結果	①環境関連（産業廃棄物の運搬・処理等）の許認可の取得状況 ②会社が環境関連について調査している場合には、その調査結果 ③環境問題に関してこれまで行政指導(勧告)の有無
12	保険	①保険契約一覧表	
13	独占禁止法	①公正取引委員会への届出が必要かどうか	①一定の要件に合致するものは、事前届出の義務づけ ②一定の取引分野における競争を実質的に制限することとなる場合には、企業結合規制（市場集中規制）により禁止される場合がある （ただし、独占禁止法上の問題を解消する措置がとられる場合には容認）

第 7 章

企業価値の算定
(Valuation)

■ M&Aは企業価値をダイナミックに創造する

M&Aに内包されている四つの大きな作用がその原因となります。

① M&Aには事業のイノベーション機能があり、ドラッカー型とシュンペーター型に分かれます。

② 買い手の経営能力や資金力が被買収企業の収益力を高めることになり、シナジー効果が発生します。

③ M&Aが成功すると新たな成長機会が生まれます。

④ M&Aの実行により体験や事業領域が広がることで、人材（経営担当者）育成のチャンスが生まれます。

■ M&Aの算定方式

M&Aにはどの取引にも通用する標準的な算定方式がありません。このため個々の案件にふさわしい算定方式を次の三つの企業価値算定方式から取捨選択して交渉のたたき台とします。

① 時価純資産方式（ネット・アセット・アプローチ）

　貸借対照表上の資産・負債を時価評価して得られた金額に営業権を加算します。

② ディスカウント・キャッシュ・フロー法（DCF法）

　企業が将来獲得するフリー・キャッシュ・フローを現在価値に割り引いて計算します。

③ 比準方式（マーケット・アプローチ）

　被買収企業の業種、規模において類似する会社と比較し、その株価を基に対象会社の企業価値を算定します。

■ 営業権

営業権とは超過収益力（同種企業より高い収益力）に対する対価とされ、①超過収益の額、②超過収益の移転性、③超過収益の持続期間の三つの要因から形成されます。

営業権の評価方法は理論的評価法と簡便法の二つがあります。

なお、会計上は営業権をのれんと呼び、のれんは正ののれんと負ののれんに分かれ、正ののれんは20年内に償却し、負ののれんは発生年度に一括利益計上します。

1 M&Aは企業価値をダイナミックに創造する

　M&Aとは買収（acquisition）と合併（merger）の略ですが、単に経済行為として、買い手企業が売り手企業を買収するだけではありません。実は、買収前の企業価値を買収という行為によって一体となった買収会社と被買収会社に企業価値の変化をもたらすと考えられます。

図表7－1　M&Aによる企業価値の変化

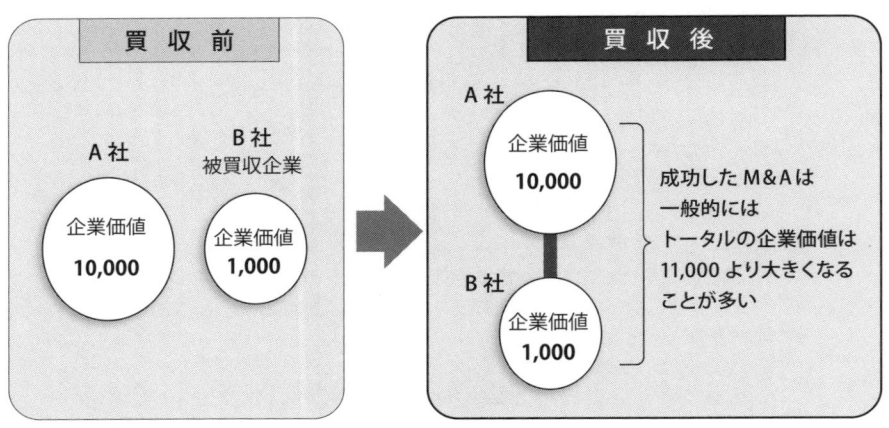

　その原因は、M&Aが本来内包している次の四つの大きな作用にあると考えられます。

（1）M&Aにおける事業のイノベーション機能

　事業は、何も手を打たずに継続していると時間の経過につれ古くなり、収益力が落ちます。しかし、次のように古くなった部分を廃棄したり、新しいモノと結合したりした場合は収益力が高まります。

（2）買い手の経営能力、資金力が被買収企業の収益力を高める

　買い手は売り手企業を買収した後、買い手企業の経営担当者がさまざまな経営改善・工夫を行っていきます。その結果、成功すれば図表7－3の四つの局

図表7-2　事業のイノベーション機能（ドラッカー型とシュンペーター型）

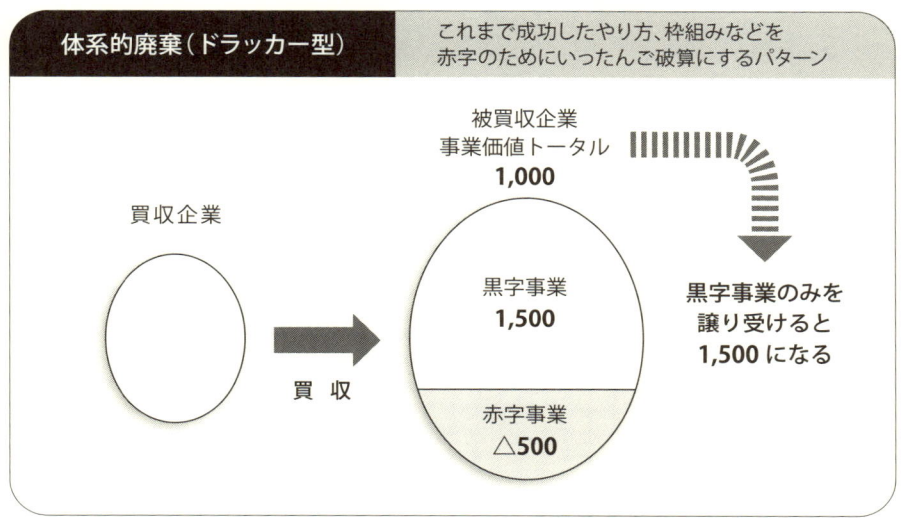

図表7-3　シナジー効果が生まれる四つの局面

	局　面	効　果
1	売上増加 利益率の向上	ブランド価値の向上・価格交渉力の向上、販売チャネルの増加・クロスセリング
2	コスト削減	重複コストの削減（営業所・工場、間接部門、輸送部門）
3	財務面	信用力向上による資金調達余力の向上、資金調達コストの低減
4	技術・ノウハウ面	技術・ノウハウの高度化、資金力強化による研究開発力の向上

4

図表7−4　長期戦略目標へのアプローチ

長期戦略の取組方法	項　目		2010年	2011年	2012年	2013年
2022年に世界のリーディングカンパニーとなる	年　数		2年前	1年前	現在	1年後
	連結	売上高			100	
□期間は2012年から10年間とする		利　益			10	
□長期戦略の理念	経営環境予測 ・市場の動向 ・業界、競争相手の動向 ・技術、ノウハウの進歩		過去		（中期経営計画）	
	単年度の目標					
□戦略目標	事業ドメインの範囲					
□重点課題	グローバル人材育成計画					
①○○○事業を核とし△△を広げる ②地域重点戦略	海外進出先 （地域重点戦略）					
③M＆Aの活用 　資金を活用することで、 　時間が節約できる	M＆A計画 （M＆Aの狙い）				買収Ⅰ	
④グローバル人材育成 　・人間対人間の総力戦に備える 　・長所をのばす 　・短所を小さくする 　・語学力をつける 　・器を広げる 　・智慧と勇気 　・日本人以外の民族と協働する	技術のイノベーション・ブランド強化 資本政策・財務戦略 日本本社の機能強化					
□仕組み作り 　・成果 　・評価 　・改善	世界各地域の経済動向 　　北アメリカ 　　ヨーロッパ 　　中国 　　アジア 　　南アメリカ 　　中近東 　　アフリカ 　　オセアニア		アジア中高所得層 10億人	北朝鮮トップ交代 EU経済不振	各国トップ交代	
	世界の人口 日本の人口			70億人		

株式会社　　××××　グループ　　　　単位：億円

2014年	2015年	2016年	2017年	2018年	2019年	2020年	2021年	2022年
2年後	3年後	4年後	5年後	6年後	7年後	8年後	9年後	10年後
								1,000
								100
			（長期経営計画）					
	買収 Ⅱ			買収 Ⅲ			買収 Ⅳ	
						アジア中高所得層 19億人		
						80億人		

面においていわゆるシナジー効果が出ることになります。

(3) M&A実行後に生ずる新たな成長の機会

　M&Aが成功し、新たな利益を計上することができた場合は、その増加した資金力と高まった経営能力により、さらに別のビジネスを創造したり、まったく新しい収益機会を生んだりすることになります。そして成長が成長を生むという成長のサイクルに入ることができれば、長期の経営戦略も視野に入ってきます。いわゆる企業価値の増殖です。この場合、M&Aによる時間の節約効果がその力を発揮することになります。

(4) M&Aにより人材（経営担当者）育成のチャンスが生じる

　M&Aにおいて買収が成功した場合、従業員にとってはシナジー効果による成功体験をしっかり確認できるほか、買い手企業と被買収企業の人材交流により、新たな視野が広がったり、成功のメカニズムを学習したり、ジョブ・ローテーションが可能になるなど、人材が育ちやすい環境になります。人間は、言葉による教育よりも目で見る、成功体験するといったことの方が成功感覚をつかみやすく、またグループとしても一体感ができ、集団としての成功の歯車が廻り出す可能性があります。

2 企業価値算定の三つの方式

　M&Aは特定の売り手と特定の買い手との相対の売買取引であり、どの取引にも通用する標準的な算定方式は存在しません。売り手は経営者自身のハッピーリタイアメントにふさわしい手取りからくる売却希望価格があり、買い手企業には、投資額の回収という冷徹なソロバン勘定があります。最終的には、両者の考えが一致するところで価格が決定されます。この場合、売り手・買い手の交渉のたたき台とするために、通常次の三つの価格計算方式が用いられています。ただ、この三つの計算方式の取捨選択あるいは加重平均または併用法（幅を示す）をとるかは大変難しいところです。

　考え方としては、単に売り手企業の財務内容や収益性のみならず、経済環境

図表7－5　買収価額の概念図

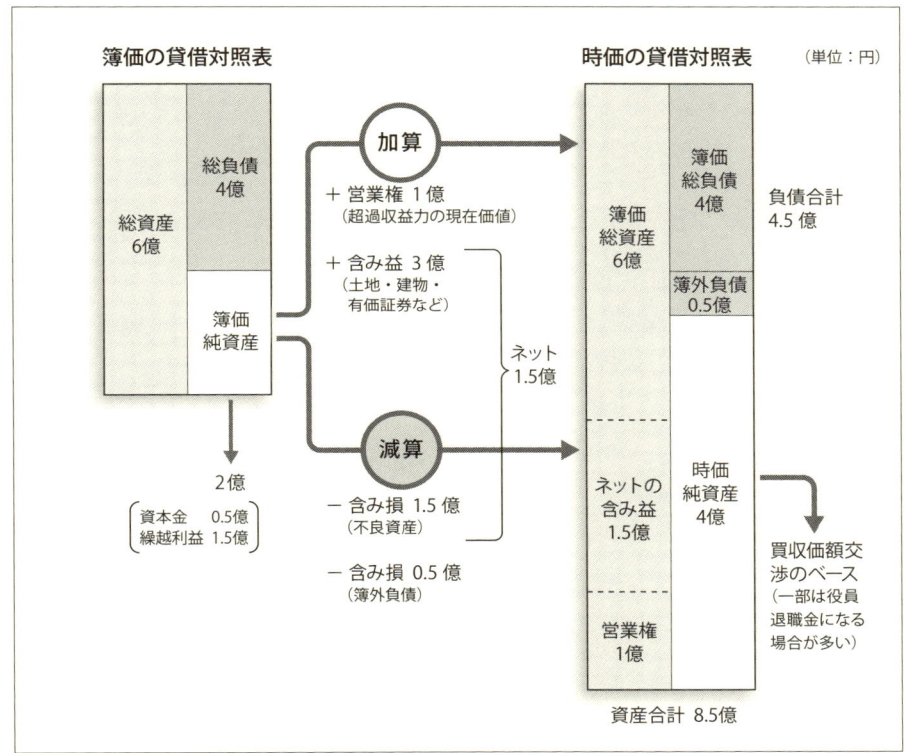

や業種の特性、対象企業のライフステージ（成長企業か衰退企業か）、無形資産や知的財産が収益の源泉か、新規ビジネスかなどにより評価方法の選択を合理的に判断することになります。

　なお、これとは別に買い手企業の経営者の判断として、被買収企業の収益が安定している場合には、現状の年間利益の何年分で回収できるかという考え方で買収価格を検討する方法もあります。

（1）時価純資産方式（ネット・アセット・アプローチ）

　対象企業の貸借対照表の資産・負債を時価評価して得られた金額に、営業権を加算するやり方です。

　買収価額の概念図（図表7—5）で示すように、対象企業の貸借対照表に示

された簿価純資産に、土地や有価証券などの含み益を加算し、回収不能売掛金、不良在庫、減価償却不足、土地や有価証券の含み損、仮払金や立替金、貸付金などのうち、回収不能部分といった含み損を減算し、最後に営業権を加算して、時価純資産価額を計算します。買い手にとって注意すべきは、未払税金や未払費用などの簿外債務があれば必ず減算することです。

（2）ディスカウント・キャッシュ・フロー法【DCF法】（インカム・アプローチ）

DCF法は、買収しようとする企業の価値を、その企業が将来獲得するフリー・キャッシュ・フローを現在価値に割り引くことによって算定する方法です（予測期間の長さは終価の計算と斉合性がとれるだけの定常的な状態にいたる期間とする）。

フリー・キャッシュ・フローの計算は、税引前金利控除前利益に実効税率を掛けた税金を差し引き、減価償却費を加え、事業の拡大などによって発生する必要運転資金を控除し、さらに企業活動を存続拡大させていくために必要な投資金額を差し引くことによって求められます。

なお、運転資金は営業活動に伴う売上債権（受取手形・売掛金など）、棚卸資産（商品・製品・原材料・仕掛品など）と、仕入債務（支払手形・買掛金など）の差額です。運転資金は通常プラスとなり、その額は売上が増大するにつれて増加します。

フリー・キャッシュ・フローの見通しには、かなりの主観的な要素が入るためM&Aの交渉のたたき台といえども中味の合理性をどう確保するかが課題となります。フリー・キャッシュ・フローの前提となる事業計画については、次の五つの観点から中味の妥当性の検証を行うべきと考えます。

ⅰ　過去の経営成績（実績）について、トレンドとしてよい場合・悪い場合の要因分析をしっかり行います。この場合、経営環境のほかに競合他社の状況、経営者の能力の程度と傾向性、商品力や主要得意先や仕入先との関係、コスト構造の分析、人材や技術力を中心に概括的に把握し将来計画の根拠と比較します。

ⅱ　計画自体の傾向性を見るために過去の実績と計画の差異の内容を把握します。根拠ある計画を作っているのか、そうでないのかを検討します。

図表7－6　ディスカウント・キャッシュ・フロー法による企業評価例

（百万円）

項　　目	1年目	2年目	3年目	4年目	5年目	残存価値
① 税引後利益	50	55	60	65	70	
② 減価償却費	3	3	4	4	5	
③ 運転資金増加額	2	－	3	3	5	
④ 設備投資額	－	－	5	5	10	
⑤ キャッシュ・フロー（①＋②－③－④）	51	58	56	61	60	
⑥ 割引率	0.93	0.86	0.80	0.75	0.70	0.70
⑤×⑥ 現在価値	47	50	45	46	42	600

（注）事業外資産は 50 、借入金は 100 とする

　　　5年経過後のキャッシュ・フローが毎年 60 得られると仮定して計算すると

　　　残存価値は

$$60 \div \underset{\text{資本還元率}}{0.07} \times \underset{\text{割引率}}{0.70} = 600$$

　　　企業価値＝　47 ＋ 50 ＋ 45 ＋ 46 ＋ 42 ＋ 600 ＝ 830百万円

　　　株主価値＝　830 ＋ 50 - 100 ＝ 780百万円

> **フリー・キャッシュ・フロー** ＝税引前金利控除前利益 ×（1 － 実効税率）＋ 減価償却費など非資金費用 － 必要運転資金増加分 － 投資額
>
> **株主価値**＝ フリー・キャッシュ・フローの現在価値合計額 ＋ 事業外資産 － 有利子負債

DCF方式において割引率（r）の算出には、次の加重平均資本コスト（Weighted Average Cost of Capital；WACC）が用いられます。

$$WACC = \frac{D \times RD + E \times RE}{D + E}$$

　　　D：有利子負債　　　　　　E：自己資本
　　　RD：税引後負債コスト　　RE：自己資本コスト

なお、自己資本コスト（RE）は CAPM理論（Capital Asset Pricing Model）に基づき、次の算式により算出されます。

$$RE = RF +（RM － RF）\times \beta$$

RE：対象株式の期待投資利回り　　　RF：非危険利子率（長期国債利回り）
RM：市場平均の期待投資利回り　　　RM － RF：市場リスク・プレミアム
β：　市場平均に対する変動感応係数

iii 将来計画が過去の実績値より上回るとした場合のしっかりした根拠と実現可能性の有無を検討します。

iv 長期見通し（10年程度）の有無と対応する経営戦略の有無、特に長期の人材育成計画の有無を検討します。西暦2020年頃には、人口増減も含め世界経済は地域や国ごとに大きな変化をとげるといわれています。そうした大きな変化に対応した経営戦略（海外戦略を含む）を立てているのかを検討します。

v DCF法の場合、残存価値という概念が含まれていますが、業績のブレが激しかったりトレンドが読めなかったりした場合は、残存価値が堅実に評価されているのかどうかを検討します。

(3) 比準方式（マーケット・アプローチ）

比準方式とは、主として被買収会社と業種、規模などが類似する会社と比較して、その会社の株価を基に、対象会社の企業価値を算定する方法で次の三つの方法がよく用いられます。

① 市場株価法

上場会社の市場価格を基準に評価する方法です。上場企業同士の合併比率や株式交換比率の算定に使用される株価は合併公表直前の日の終値あるいは一定期間の終値の平均値などを基に計算します。なお、株価が乱高下した場合は出来高で加重平均し、逆に取引が少ない場合は直前売買成立日の価格を用いることもあります。

② 類似上場会社法

上場会社の市場株価と比較して非上場会社の株式を評価する方法です。

i 類似する上場会社を選定します。（1社だけでなく複数選定したほうがよい）

ii 選定した上場会社と評価対象会社の一株当たり利益や純資産などの数値を計算します。

iii 両社の財務数値を比較し、その指標の倍率を計算します。

iv 選定した上場会社の市場株価に倍率をかけ、評価対象会社の株価を計算します。

なお、類似上場会社の選定に当たっては業界・取扱商品・事業規模・成長性・収益性その他を検討することになります。

③ 取引事例法

評価対象会社の株式で過去に売買がある場合に、その取引価額を基に株式の評価をする方法です。

この方法の注意点は次の通りです。

i 過去に売買が多い場合は直近の取引価額を用いる

ii 利用する取引価額が合理的に評価されているか

iii 評価時点以後の経営成績や財政状態の変動を考慮する

3 営業権の評価

営業権とは、企業が同種の企業より高い収益力を有する場合、この超過収益力に対する対価であるとされています。営業権の価値は、主として①超過収益の額、②超過収益の移転性、③超過収益の持続期間という三つの要因によって形成されます。営業権評価が実務的に難しいのは、この三つの要因の予測がそれぞれ困難だからです。このように、評価が困難な営業権ですが、M&A上、一般的には図表7—7のような評価方法があります。ただし、どの方法にせよ、前提条件となる数値については、実務上、十分検討する必要があるでしょう。

なお、超過収益力のない企業においても、営業権が評価される例があります。例えば、運送業や酒造業のように行政官庁の許認可が必要な場合や、コンピュータのシステムエンジニアのように特殊技能者がいる場合です。この場合の営業権評価は、許認可などの権利を取得するための費用、特殊技能者の採用教育にかかる費用などを基準に算定することになります。

現代は、経済環境が激動期でありアメリカが往年の力をなくし、EUが金融恐慌、中国はバブル崩壊の一方、韓国・インドやタイ・ベトナムなどのアジア諸国・ブラジルなどの新興国が次々と高成長をとげています。我が国は、政府の失政により国内は長引くデフレ経済に円高・高い法人税・大震災に伴う貿易自由化の遅れ・電力不足・労働規制・温暖化ガス規制などいわゆる六重苦をかかえ、これを嫌って海外M&Aが急増しているのは序章で述べた通りです。こ

図表7－7 M&A上の営業権の評価方法

	評価方法	内　容	備　考
簡便法	(1)　純益年買法	過去数年間の平均年間純利益 × 年数	年数の把握いかんによって金額が変わる
	(2)　営業量基準法	経営における営業量（仕入れ・販売の量、路線料など）を基準とする	営業純益と営業量が比例する場合に有効
	(3)　常得意先基準法	常得意先の数を基準とする	常得意先と超過収益が比例する場合に有効
理論的評価法	(1)　純資産価値評価法	（収益還元価値）－（時価純資産）	予想純利益を資本還元した金額から時価純資産を控除
	(2)　株式市場基準法	1株当たり市場価格 × 総株数 － 時価純資産	非上場会社には不向き
	(3)　超過収益還元法 ①現在価値概念を使用しない方法 ②現在価値概念を使用する方法	超過収益を資本還元する方法	予想年間キャッシュ・フローのうち超過収益力相当分を抜き出し、それを現在価値に引き直した方がより合理的であり、理論的でもある

れから、日本や世界の経済環境はどうなるのか、誰もが確かな方向性を持てず迷っている経営者も数多いと思われます。

　そのようなことから平常時と異なり、激動期の今、この営業権については、過去に一定の超過収益力があったとしても、当面の経営環境や足元の業績をよく吟味し、できれば将来の予測も加えた上で慎重に営業権の有無を検討するべきでしょう。

 のれん

　取得原価（買取価格）が買収対象企業から受け入れた資産および負債の時価を超える場合、その超える額を会計上「のれん」といい、資産に計上されます。不足する場合にはその不足額は、負ののれんといい、負債に計上されます。

　のれんは、会計上20年内のその効果の及ぶ期間にわたって、定額法などの合理的な方法により規則的に償却を行うこととされています。負ののれんは、

発生した事業年度に「負ののれん発生利益」として一括利益計上します。また、償却期間についても、のれんの効果の及ぶ期間を合理的に見積もって決定するものとされていますが、税務上ののれんの償却期間が5年間の均等償却であることから、実務上は、5年程度とすることが多くなっています。

　また、のれんについては、他の固定資産と同様に、減損会計の対象となります。償却期間を長期期間に設定している場合などに、そののれんについて減損の兆候が見られ、減損損失を認識すべきと判定された場合には、回収可能価額まで減額しなければなりません。この場合において、損失額は、特別損失に計上されます。

図表7-8　のれんと負ののれん

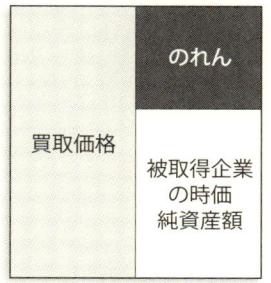

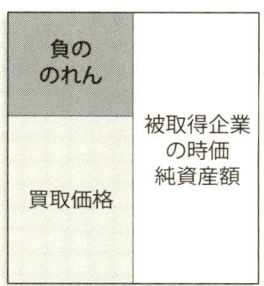

第 8 章

M&A後を勝ち抜く経営
(Post M&A Integration: PMI)

■ M&A後の経営の成否
M&Aの失敗は、売り案件の良し悪しのみが原因ではなく、M&A後の経営の巧拙が大きな原因となる場合があります。M&A後の経営の成否は、M&A取引の完結前のPre（事前）調査や準備が鍵となります。

■ もう一つのPMI（Pre M&A Investigation）
M&Aも、形態ごとにアフターに向けた事前準備の開始時期が異なります。事前調査は、売り手を書面で調査することから始まり、買収調査、企業価値の算定へと進めていきます。どの段階でも、M&Aを無事成約させるための作業とM&A後の経営を睨んだ 調査、情報分析が重要となっています。

■ M&A後の経営改善・強化プラン
M&A後の経営を成功させるには、経営の改善と強化を合わせ実施していくことが重要です。買収企業（親会社）、被買収企業（子会社）それぞれの改善や強化、変革が求められます。そして、時間を買うというM&Aのメリットと並んで、もう一つの大きなメリットである、シナジー効果を発揮することがM&A後の経営を勝ち抜くには重要です。

■ 被買収企業（子会社）の経営改善・強化のプロセス
被買収企業のM&A後の経営強化は、大きく3段階に分けられます。最初の100日（First 100days）で、すぐできる策を実行する、また、1年以内に次の手を打っていく、そして中長期的な課題を行程表に従って実行していくことなります。親会社、子会社ともども、3〜5年後により優良な企業になってこそ、M&Aは成功したといえます。

■ 海外M&A固有の課題
海外M&Aの光（チャンス）と影（課題）について触れます。長期間にわたりますが、影（課題）の部分を克服することで、発展のチャンス（光）を活かせます。
グローバル化時代の経営人材の発掘と育成、本社機能の充実強化と分散化に伴う内部統制制度の構築が大変重要になります。

■ 海外M&Aに関する税務
海外子会社で得た利益（キャッシュ）を軽微な税負担で国内に還元できる「外国子会社から受ける受取配当金の益金不算入制度」が導入されましたが、一方、所得の海外移転に対処するための税制「移転価格税制」に対応することが必要です。

M&A後の経営の成否——PostにはPreが重要

(1) M&Aの失敗

　M&Aは、自前での事業展開と比べ、時間を買うというメリットもありますが、それと裏腹に、資産や負債が一体となった他社を引き受けることによるリスクもあります。ときたま、M&Aの半分近くは失敗に終わるとか、売り手企業を高値買いして失敗したとか、というようなネガティブな話を伝え聞いたり、記事を目にすることがあります。この類いの話は、買い手側の体験談のようなまとめ方になっていて、概していえば、売り案件そのものが悪かったとか、瑕疵があったというトーンとなっています。当初の思惑が外れた買収側の心理としては致し方ないのかもしれません。

　世の中には、どんなにエクセレント・カンパニーと呼ばれていても、どんな状況にも耐えることができて、完全無欠、完璧な企業などは存在しません。これは、ここ2〜3年の我が国の花形産業である、自動車や電機メーカーの業績を見れば明らかでしょう。M&Aの売り手企業も、やはり完璧な企業ではあり得ないし、大なり小なり弱点や欠点があって当然といえます。

　序章2節の事業承継目的のM&Aで、買い手に求められる三つの条件として、「ⅰ　事業意欲が旺盛で目利き能力がある」「ⅱ　高い資金調達力」「ⅲ　人材の補強能力がある」を挙げています。この3点は、M&Aだけではなく、企業を発展させていく上でも、不可欠な能力となっています。M&Aの失敗の原因としては、売り案件の良し悪しの比重が高いのでしょうが、買い手側企業にも、必要な資質が備わっていないことに問題があると考えられます。例えば、「売り手の販売先にだけ目を奪われ、買収に手持ち資金をほとんど使い、被買収企業には一人しか派遣できなかった」では、よほどの僥倖にでも恵まれない限り、M&A後の経営の成功はおぼつかないでしょう。

(2) Pre（事前）の重要性

　オセアニア、東南アジアで積極的なM&Aを展開するアサヒグループホール

ディングスの泉谷社長は「PMI（買収後の統合作業）が大事といわれるが、Ｐはポスト（後）ではなく、プレ（前）だ。買収調査は適正価格を決めるためだけではなく、買収後の戦略を描く作業」と語っています（『日本経済新聞』2011.12.28日付）。これは、多くの買収を経験して得た実感から出た言葉であり、やはり、M&Aの成功には、自社の経営体力の充実と買収前の綿密な調査分析が不可欠ということに異論はないでしょう。

　前述の通り、完璧な企業はあり得ないので、買収後の経営を念頭に置いて、買収前の調査では、売り手の長所を見るのはもちろんですが、短所、弱点をきちっと把握する、そして対応策や改善策を具体的に練っていく、ということが肝要です。M&Aにおいては、買い手側は、経営者の胆力ともいうべき洞察力と決断力、そして自社の総合的な経営力が試されることになります。

 ## 2　もう一つのPMI（Pre M&A Investigation）

　PMIは、前述の通りPost Mergers Integrationの略語で、もともとは合併後の当事者企業の経営の融和を図ることを意味しています。最近では、形態を問わずPost M&A Integrationとして、合併のみならずM&A後の経営を円滑にして、発展を図っていくことを意味する場合が多いようです。前述のように、PostにはPreが非常に重要であり、もう一つのPMIとして、あえていえば、Pre M&A Investigation（買収前調査・準備）と考えて、Investigationを意識して各種調査、分析を進めていくことが、M&A後の経営を勝ち抜くことにつながるでしょう。

（1）M&Aの形態でアフターM&Aも事前準備も異なる

①　M&A実取引の３段階

　では、買収前調査・準備はいつから始まるのでしょうか？　図表8−1は、M&Aの主要形態である、未上場株式の取得、事業譲渡、合併の実取引での進捗ごとでの手続き、調査、検討の概要を表しています。M&Aの実取引の進捗は、図の上段の申入れ、基本合意、本契約の3段階に大別されます。申入れは、売り手か買い手が、相手方にM&Aの意思を表明することで、ここから具体的な

M&Aは始まることになります。基本合意と本契約については、序章3節の（2）で説明した通り、売買当事者双方が基本条件に合意した段階と本契約を締結しM&A取引を完結する段階になります。

② 株式取得と事業譲渡・合併のプロセスの違い

　申し入れを受諾した後から基本合意までは、どの形態も、第10章2節（3）に詳述している書面での調査を実施します。もちろん、個別案件ごと、M&Aの形態ごとで必要な書面や調査内容は違ったものとなります。

　株式取得と他の二つの形態の進め方が、根本的に違うのは、基本合意後の進め方にあります。図のように、事業譲渡と合併は、基本合意締結後に対外的に公表とか発表をしますが、株式取得の場合は第3章や第11章に説明した通り、本契約までは関与者を限定して対外厳秘で進めることになります。

　これは、株式取得と他の2形態では、売買の当事者が異なることと取引される対象が違うためです。株式取得では、売り手は個人を含む株主であること、事業譲渡と合併は取引についての株主の承認はいるものの、取引当事者が法人同士となるという、取引の当事者が異なる点からきています。

　次に、第4章と第5章の通り、事業譲渡と合併は、基本的には本契約前に取締役会の決議と株主総会での承認が必要であり、簡易手続の場合も、取締役会決議が必要となっています。

　3点目は、株式取得は各種調査の結果、株価を決めて株式を売買することでM&Aを完結させます。しかしながら、事業譲渡も合併も株式を売買するのではなく、第4章や第5章の通り、個々の資産の売買や合併比率を決定して旧株式を株式とか現金で交換するとか、取引の形が株式取得とはまったく異なります。このために、本契約前に公表して、当事者双方が協力して、本契約の内容を決めていく作業に当たることになります。

　したがって、事業譲渡、合併の場合は、基本合意から本契約の間は、事前準備期間と実質的な統合の初期段階が、混ざり合い重なり合わさった期間となっています。第4章の通り、事業譲渡の場合には、本契約完了後は資産や負債、従業員は買収側に帰属しますので、改めて"統合"の必要はありません。また、合併の場合は、統合委員会を設置し、合併後に一体となる体制を見据えた事業、

図表8−1　形態別M&A実行前のプロセス

M&Aの形態	書面での調査	調査と必要手続きの期間	残る企業
		申入れ　　　　　　基本合意　　　　　　　　　　本契約締結	
第3章 株式取得（未上場株式）			
買い手	書面での調査、検討 →	第6章 買収監査、第7章 企業価値算定（対外秘）	親会社
売り手	資料、情報提供 ↑	秘密を保持して折衝 → 買収の諸条件確定	子会社
第4章 事業譲渡		対外発表	
買い手	書面での調査、検討	事業譲渡承認手続　譲渡資産確定　諸条件を折衝、確定 → 最終条件確定	買い手
売り手	資料、情報提供 ↑		事業 ↑ 売り手
第5章 合併			
存続会社	書面での調査、検討	合併承認手続　統合委員会設置 → 最終条件確定	存続会社
被合併会社	資料、情報提供 ↑		

人事、組織の再編、統合の青写真を描きますので、実質的な"統合"は完了しています。大手企業の合併話では、このお互いが話をすり合わせて、条件を決めていく段階で、青写真を描けずに物別れとなることも珍しくありません。要は、"統合"への意思統一ができなかったことになります。本契約後は、事前に描いた青写真に従い、人的な融和を図り、各種の手続きを迅速に、遺漏なく取り進めていくことになります。

③　株式取得のアフターM&Aの開始

　上記のように、本契約までは対外秘として、本契約後に買収側が主体となって、アフターM&Aの経営を開始するのは、株式取得のみです。また、救済的なM&Aでもない限り、未上場会社を株式で買収する場合には、本契約までは基本合意したことや調査が進行していることは、絶対といってよいほど公表は

しません。このために、買収側は、綿密な調査と分析を重ね、アフター M&A の青写真と計画を周到に準備することが肝要となります。

アフター M&A や M&A 後の統合についての説明が多々ありますが、概して M&A の形態による相違点についてはあまり言及せずに、説明が一括りとなっていて分かりにくい点があります。

実務的には、以上のように M&A の形態により、アフター M&A とか M&A 後の経営は、内容と始めるタイミングが違いますので、以下では、未上場企業を株式で買収する場合について概説します。

（2）書面での調査

アフター M&A ＝ M&A 後の経営には、Pre（事前準備）が重要であるのは前述の通りです。事前準備の始期は、序章2節の買収の狙いや、自ら案件を発掘するのか、持ち込まれた案件に対応するのかで、多少は違いますが、申し入れ後の書面での調査から始まります。

書面での調査については、第10章2節で詳述していますが、要点は以下の通りです。

① 書面調査の目的と調査内容

当事者双方の M&A に関する意思確認のためには、基本合意書を締結する必要があるのは前述の通りです。主な目的は、まず基本合意書の内容に必要な基本的な条件を決めることと、会社や事業の価値の概算を算定することにあります。

まず買収を完結させるために、「M&A の基本的な条件を決めること」「潜在的なリスクの有無や買収する場合の支障の有無を確認すること」「アフターM&A で経営的な観点から、経営の改善策や効率化を図る情報を得ること」の3点が書面での調査の目的となっています。そのために、調査内容は、第10章2節のように、財務の健全性を見ること、事業の体制や人事、対外的な契約などを精査・検証・分析することに主眼が置かれます。

もちろん、書面での調査なので、調査には自ずと限界がありますが、基本合意書を締結した後に実施する第6章の買収調査の準備段階として重要な調査と

なります。

② 調査の基本的な内容

i 会社の基本情報の確認

ii 財務諸表関連の精査・検証

iii 事業の体制と状況

iv 人事労務関係

v 契約関係

vi 子会社や関連会社

vii 営業の許可

viii 偶発債務や簿外の保証債務

ix その他の経営に関する重要事項

③ 留意点

i 財務関連では、異常値を把握することと、財務分析をする場合には、平均値や比率にとらわれない絶対値の差異も把握することが肝要です。

ii 書面のみですが、中身を見ていて、腑に落ちないことや納得ができないことは、必ず答えを得るか、買収調査の課題としてリストアップしておくことが肝要です。この段階で、買収調査のポイントとなる点を明確化していないと、買収調査の焦点がぼやけてしまうことになります。

(3) 買収調査

買収調査の内容や実施要領は第6章の通りです。買収側としては、専門家任せにせず、実査で現物を当たる際の、実感を重視することが必要です。専門家は、売り手の各種の手続きや書類が、適正、適法に処理されているかを厳正に実施します。ただ、技術や販売、開発、企画をはじめとする経営に関する評価については、相当程度に実施はしますが、専門性の高い分野では限界があるので役割の範囲外となっています。したがって、買収側は経営的な視点から、買収調査を実施することが重要となります。

（4）企業価値の算定

　企業価値の算定方法は第7章の通りとなっています。M&Aの取引を双方が合意するのに、最重要な“値決め”のプロセスとなっています。通常は、価値算定に基づいて、専門家が株価評価書や企業価値評価書を発行し、それを基に売買当事者が折衝して買収価格を決定することになります。

　買収側としては、価値算定の基となるデーターから、売り手の収益の源泉を把握すること、また、収益力の強化法を検討することが、M&A後の経営にとっては最重要な課題となります。

M&A後の経営改善・強化プラン

（1）経営改善と強化

　図表8−2は、株式取得でのM&A後の経営改善・強化の主要な項目を表しています。M&A後を勝ち抜いていく経営では、もちろん、子会社となった被買収企業が、改善や強化の主な対象となりますが、親会社となった買収企業の変革や改善も一体となって求められます。M&Aを実行すると、買収企業にとっても、事業領域が一気に広がり、それに伴って営業や管理の範囲も広がるので、それに即した対応が必要となるからです。両者が変革、改善、強化してこそ、M&A後の経営は、成功することになります

　両者がおのおの強化していくのと同時に、シナジー効果を発揮していくこともM&A後の経営には重要です。具体的には、図のシナジー効果に挙げているような項目で、両者が持っている経営資源を相互に利用・活用することで、M&A前にはなかった大きな効果を発揮し、事業のさらなる発展を図ることができるからです。これは、“時間を買う”ことと並んで、M&Aの大きなメリットとなっています。

図表8−2　M&A後の経営改善・強化プラン

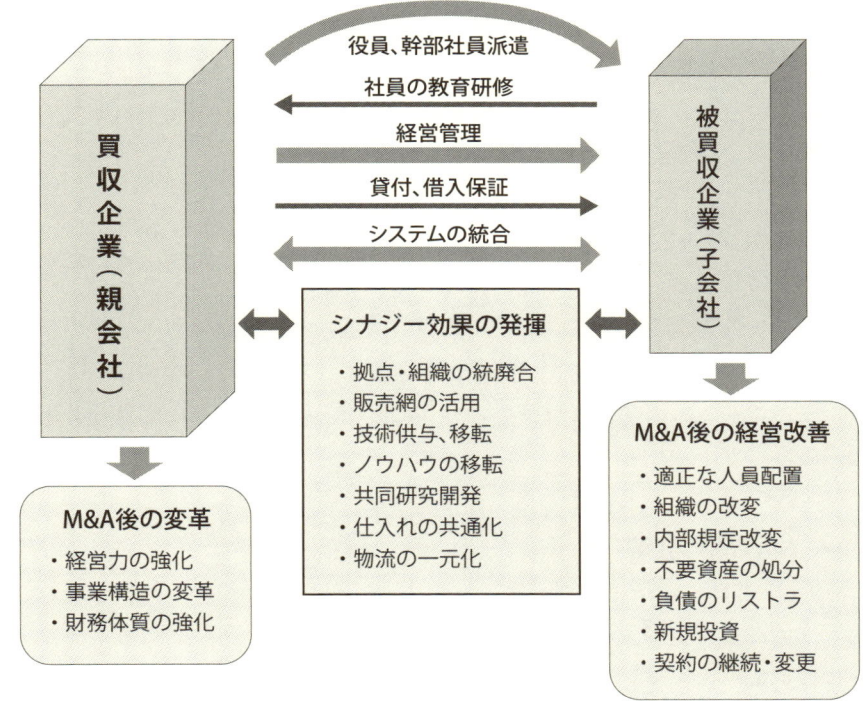

（2）買収企業（親会社）

①　人的な措置

　買収後ただちに子会社に社長や、人数はケースバイケースですが役員と幹部職員を派遣し、新しい経営体制を整えるのが通常となっています。もちろん、被買収企業の一部の役員は残留させ、生産や販売の現場の責任者や社員は、自己都合で退職する以外は、通常はそのまま雇用を継続します。また、同業の場合でも、企業風土の違いから、子会社の社員が親会社に対してなじめない場合もあるので、早期に親会社での研修や教育を実施して、働きやすくしてあげることが必要です。

② 借入金への対応

未上場企業の場合、銀行借入については、オーナー経営者が連帯保証人になっています。買収後に借入を継続する場合には、保証を解除し親会社か新社長が保証人となる必要があります。また、借入金の金利が高い場合には、親会社からの肩代わり資金で、すべての銀行借入を返済することも考えられます。人的な措置同様に、親会社の力量が試されることになります。

③ 情報システムの統合

今や、情報システムなしでは、会社の経営は不可能といってよいほど、経営には不可欠の要素となっています。買収前調査、準備段階で、子会社の情報システムについては相当程度まで把握ができます。買収後は、業務に支障が出ないよう、親子間の運営が円滑になるように、相応の時間をかけて統合していくことになります。

④ M&A後の変革

M&Aを実行する際に、買い手に求められる三つの条件は、目利き能力、資金力、豊富な人材ですが、M&A後の経営により事業の発展を図るには、いっそうの変革や強化が必要となります。事業領域や管理領域が広がるので、企画や管理能力を引き上げることは不可欠となります。事業が発展すれば、当然資金の調達力も引き上げる必要があり、財務体質を強化することが不可欠となります。また、（4）項で述べるように子会社との間でシナジー効果を発揮するために、場合によっては事業構造そのものを変革していくことも必要です。M&Aは終着点ではなく、まさに出発点であり、買い手企業にも大きな変革を迫ることになります。

（3）被買収企業（子会社）

買収調査や企業価値算定の結果を踏まえ、子会社（被買収企業）は、親会社の指導の下で経営改善を実施することになります。改善する主な項目は、図表8-2に記載の通りとなっています。改善には、即時着手するものと、自社限りでは解決できないことで時間をかける必要がある項目が混在しています。これ

らの改善は、将来へ向けての経営強化へとつながっていくので、できるだけ早く着実に実行していくことが重要になります。

① 人事、組織の改変

親会社の経営方針に基づいて、組織の改変や配置換えが実施されます。取引先や生産、販売計画との関連もあり、M&A後に即時に実施される場合と、時間をおいて実施する場合があります。諸規定の改変は、親会社の規定にできるだけ合わせることと、人事・組織の改変に合わせて変更が実施されます。

② 貸借対照表（B/S）の改善

スタートに当たっては、不要な資産を処分して、資産のスリム化を図ること、また、銀行借入を初めとして有利子負債のリストラを図ることで、B/Sの改善を実施します。特に、有利子負債については、親会社で資金を調達するほうが金利が低い場合には、親会社からの貸付に切り替え金融費用の軽減を図ります。

③ 新規投資

M&A実行後、不要資産を処分するのとは逆に、親会社の指示で設備をはじめとして新規の投資を実施することがあります。これは、親会社が描いた買収後の事業計画に基づくもので、陳腐化した機械の更新や、新製品・商品に対応した設備を導入し、売上高の増強を図るものです。当然ながら、緊急性の高いものと、他の改善策の進捗に合わせて実行するものとがあります。

④ 契約の継続、変更、解約

対外的な契約は、事前調査の段階で、要不要に仕分けされます。必要な契約は、子会社の事業継続に不可欠なものであり、契約先の求めに応じて、M&A後継続手続や変更手続をとります。不要な契約とは、親会社と重複しているとか、慣習的に継続しているもの、親子間での支店や営業所などの拠点の統合で不要となる契約がこれに当たります。このような、賃貸契約や出費を伴う契約の解約により、コスト面での削減を図ることが狙いとなります。

(4) シナジー効果

　前述の通り、親子会社が持っている経営資源を相互に利用・活用することで、M&A前にはなかった大きな効果を発揮し、事業のさらなる発展を図るシナジー効果はM&Aの大きなメリットとなっています。M&Aは、1＋1＝2ではなく、3にでも4にでもするといわれますが、何倍になるかはM&A後の経営に大きく依存しています。

① 支店や組織の統廃合

　前述の通り、親子間での支店や営業所などの拠点の統合を図ったり、本社部門で重複している組織の機能を親会社に集中したりして、子会社の組織のスリム化を図ります。これにより、本社で一元管理ができる体制をとることと、コスト面での削減を図ることが狙いとなります。

　最近の事例としては、武田薬品工業が欧米で、人員重複の解消のために2011年度から15年度までに実施する2800人の人員削減が挙げられます。同社は、11年にスイスの製薬大手ナイコメッド社を買収しましたが、この結果、欧州では研究開発と販売要員が重複し、米国では営業担当者に余剰が発生することになりました。具体的な拠点の統廃合は今後詰めることになりますが、重複する拠点、子会社の統廃合、解散の実施を予定しています。

　また、みずほフィナンシャルグループは、傘下のみずほ銀行とみずほコーポレート銀行を13年度下期に合併させる計画ですが、合併前に重複する18の部門を1年前倒しで統合していくと決めています。

② 売上の拡大

　販売網の相互活用、共有化も売上高の拡大に大きなシナジー効果を発揮します。また、メーカーの場合には、お互いが持っていなかった製品を共有できるようになるので、品揃えの拡充が図れることになります。販路の拡大と、品揃えの幅を広げることで、営業力が大きく強化されることになります。

　前述の、武田薬品工業のナイコメッド買収では、武田薬品はナ社のブラジルやタイ向けの販路を活用し、有力な新薬を販売、有望市場の開拓を図っていく

としています。

また、クボタは、11年に買収したノルウェーの畑作業機器大手のクバンランド社の販路に自社製品を乗せることや、ク社の製品が加わって製品のラインアップが広がることを武器に、世界的に販路の拡大を目指すとしています。また、両社で新製品の共同開発体制も整えるとしています。

③　ノウハウ、技術

次に、M&A後のシナジー効果として大きい点としては、技術やノウハウの共有化と移転があります。株式取得の場合、資産、売上、従業員などの外形的な規模としては、買収側が被買収側より大きいのが通例となっています。しかしながら、技術やノウハウは、必ずしも規模に比例して、多いとか優れているとかにはなりません。特に、日本の場合は小粒でも、きらりと光る技術や、製造ノウハウ、販売ノウハウを持った企業は多数存在しています。買収側は、M&Aによりそういった技術、ノウハウの活用が可能になりますし、逆に自社の技術・ノウハウを子会社に供与したり、移転することで子会社を強くできます。また、さらに進んで、上記のクボタの例のように、親子間で相互の技術を持ち寄って、新しい技術を共同開発していくことも可能となります。

典型例としては、日本電産の米国の電機大手メーカー、エマソン・エレクトリックのモーター部門の買収が挙げられます。同社は、10年秋に約700億円を投じてモーター部門の買収を実行しました。これは、家電や産業機器用のモーターで世界シェアの拡大とプラント制御などの大型モーター分野への進出が主な狙いとなっていました。この狙いとは別に、12年1月に、同社はレアアースが不要な次世代モーターを量産する方針を明らかにしました。この次世代モーターの開発には、エ社のモーター部門が保有していた技術を活用し、製品化にメドをつけたとしています。

④　仕入れ、物流の共通化

大きなシナジー効果としては、親子間での仕入れや物流の共通化が挙げられます。共同仕入れにより、原材料や、製品、商品や各種資材のコストの低減が図れます。また、物流を共同化することにより、搬送の効率化、コストの低減

も図れることになり、規模によっては販売管理費の大きな削減効果が期待できます。

 4 被買収企業(子会社)の経営改善・強化のプロセス

　図表8－3は、M&A後の被買収企業（子会社）における経営改善・強化の具体策（図表8－2）の行程表となっています。もちろん、これらの改善策や強化策は、買収会社の指導管理の下で実行していくことになります。図表8－3の左の縦欄は、改善や強化の分野となっていて、左から2番目の縦欄は、買収調査や企業価値の算定で改善や強化が必要と判断された具体的な項目で、その右側の欄は具体的な対応策や方策となっています。そして、横軸は時系列となっています。これらは、株式取得による買収後のごく標準的な融合策、改善策、強化策であり、当然ですが、個別案件ごとに項目やスケジュールは異なるものになります。

(1) 最初の100日（First 100days）の重要性

　M&A後の改善策や強化策を、どういうタイミングで、何を実施するのかは、法規制上の届け出以外には一律の決まりはありません。アフター M&Aの中で最初の100日（First 100days）と呼ばれる期間があります。この、最初の100日は、もともとは企業再生の実務から派生した概念で、非常に重要な期間と認識されています。企業を再生する場合には、まず、対象となる企業の経営資源の散逸を防ぎ、毀損がないようにする、そして内部や外部の利害関係者の同意を得る、また、再生プログラムに従い不要な資産は処分する、などの策を矢継ぎ早に実施していく期間になっています。100日はともかくとして、やはり滑り出しでつまずくと、再生は失敗に終わってしまう確率が高くなる、との経験則に基づくものとなっています。

① 即時実行
　M&A後の経営も、企業の再生ほどの切迫感はないにしても、迅速に確実にうまく滑り出すことは、成功へのプロセスとしては非常に大事なことです。

図表8－3　子会社の経営改善・強化プロセス

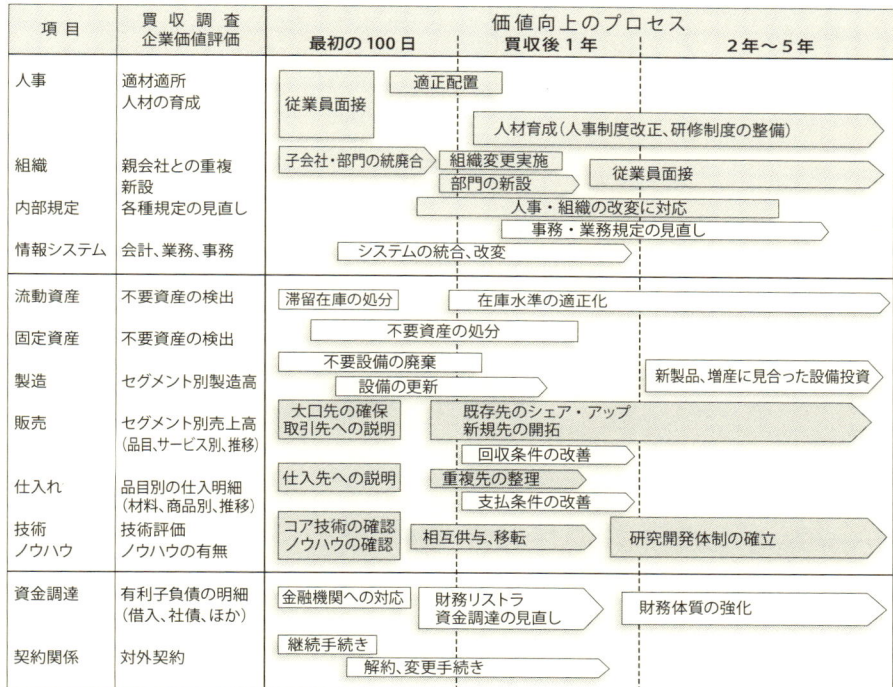

i　不安感の払拭

　M&A後の対応の中で、利害関係者の不安を取り除き、安心感を与えることが一番重要なことになります。経営の主体が変わり、従業員、取引先、仕入先、金融機関が不安感を抱いたり、場合によっては疑心暗鬼になったりします。まず、売買当事者がそろって従業員への説明を即時実行すること、そして、従業員の人数にかかわらず、個々人の面接を実施することが肝要です。従業員が動揺したままでは、他の改善策や強化策の実施が難しくなりますし、悪くすれば事業の運営にも支障をきたしかねません。

　また、取引先、仕入先、金融機関、特に大口先やメインバンクには、対外発表した当日か翌日には、売買当事者のトップがそろって挨拶、事態説明に訪問することが肝要です。その他の先についても、役員や幹部社員が相応の対応をしていく必要があります。

ii　組織の改変

　子会社や部門の統廃合については、明確に示す必要がありますが、中身や実施時期については、従業員、取引先、仕入先の反応を見て、臨機応変に対応する必要があります。

　規定の見直しについても同様で、人事や組織改編に合わせた対応が必要となります。システム統合も、業務上重要と判断されるところから、順次着手していくことになります。

iii　B/Sの改善

　滞留在庫や不良在庫については、被買収側の責任で、本契約前に実行することも多々ありますが、スタートに当たっては早く処分することが肝要です。その他の、不要資産や不要設備についても同様で、据え付けたままにしておくとか、保管しておくことに根拠や合理性がないのであれば、早期の処分が肝要となります。新しい経営には、慣れや惰性は禁物だからです。

　資金調達の見直しについても、この期間に着手する必要があります。目に見えない金融コストを放置すると収益を圧迫します。時間があまり経過してから着手しても、金融機関の同意が得にくくなることが考えられるからです。調達金利が高い場合は、親会社の資金調達力を活かして、親会社からの借入に変えていく必要があります。

iv　製造、販売の強化

　本契約前では、被買収側が、秘密保持の点やM&Aが不成立の場合を考えて、コアの技術・ノウハウをすべて開示しないことが多々あります。買収後に、親会社はただちに、コアの技術やノウハウを確認し、子会社と前述のシナジー面の効果や共同開発の計画を立てていくことが肝要です。

②　目標とスケジュール感の共有

　この期間は、個別の方策の実施も重要ですが、子会社の幹部社員や従業員にM&A後の経営の目標を明確に示し、目標を共有してもらう必要があります。これは、全員へのマスでの伝達や、個別の面接において明確に伝える必要があります。目標感の共有なしには、経営の改善や強化に向けての、スケジュール感を共有することは難しくなります。当たり前のことですが、いくら目標を掲

げても、現場の従業員が動かないことには、目標の達成はあり得ないからです。

（2）行程表の徹底

　図表8－3の右欄には、買収後1年以内と2年から5年の強化策について記載しています。これは、まさに子会社の価値向上のプロセスと位置づける期間となります。M&A後の統合にしても融和にしても、せいぜい半年ぐらい、長くて1年ぐらいの "作業" との認識が強いようで、そういう通常の概念から見れば、かなり長い期間かもしれません。

　しかしながら、M&A後の経営を勝ち抜くという観点に立てば、前節の海外M&Aの事例の通り、もっと長いスパンでの子会社を活用した経営強化が、本来のM&A後の経営であり、そこまでたどり着いてこそM&Aは成功したといえるのではないでしょうか。前記の、M&A後の改善が一通り終わって、子会社ではなく親会社に合併するのであれば別ですが、子会社として運営していくのであれば、M&Aの実を挙げるには、中長期的な視野に立った経営の強化が重要となります。最初の100日から1年は、地ならしの期間であって、その後のM&A後の経営を勝ち抜くための準備期間ととらえるべきでしょう。

①　人材の育成

　企業が伸びていくためには、人材の育成が不可欠です。M&A後に経営の主体が変わり、子会社も自ずと業務上の要請は高いものになります。扱い品目、生産、営業に始まり、管理面でもより高いものが求められるようになります。それをこなしていくには、現場での教育（OJT）や研修などが必須となってきます。また、新規で採用した社員や幹部についても、同様に育成が会社の価値向上には重要な要素となります。

②　人事制度、組織、諸規定

　育成した人材を有効に活用するには、人事制度の変更と組織の改変も重要となります。いくら、優秀な人材でも、能力が発揮できなかったり、活動する器がなかったりすれば、会社の利益にはつながりません。特に、子会社の若手社員などが、M&Aを単に買収されたと感じるのではなく、自身のキャリアアッ

プのチャンスととらえるような制度、組織作りが求められます。

③ 財務体質と収益性の強化

強い企業にはいくつかの要素がありますが、財務体質が強いことは最重要な要素でしょう。無駄なものは持たない、資産は換金性が高い、キャッシュ・フローを生み出す能力が高いことが必要となります。また、収益性の強化には、高いコスト・パフォーマンスと収益の源泉の多様化が鍵となります。

合理的なコスト管理や業務の効率化、利益率の高い製品、商品の幅を広げていくことで実現が可能となります。そのためには、親子会社で、研究開発体制を確立し強化していく、必要に応じた設備を導入することや、場合によって他社との提携関係も構築していくことが必要となります。

④ 企業体質の転換──競争力の強化

財務体質の強化は、企業の体質の転換なしでは達成できません。上記の人的な強化、組織力の強化を、事業構造の転換や技術力の向上に結びつけて、全体として体質転換を図っていくことになります。要は、マーケットにおける企業の価値を向上させることにほかなりません。これには、経営陣の不断の努力と、海外を含めて市場を見渡し、次の一手を打っていく能力が要求されます。M&Aは、本契約が済んだからとか、M&A後の統合作業が完了したから終わるのではなく、そこが次へのスタート地点だということを肝に銘じるべきでしょう。

5 海外M&Aの固有の課題

M&A後の経営をどう成功させるかについては、海外M&Aの場合は、国内M&Aとかなり様相が異なります。その違い方も国や案件によってケースバイケースです。しかし、ここでは主として今後経済成長を続ける新興国に焦点を絞ったM&Aに関して、買収から10年後くらいまでの（1）チャンスと課題（2）人材育成（3）経営管理システムの三つの面から検討を加えました。

図表8－4　海外M&Aの光と影

光（チャンス）	影（課　題）
円高のチャンス（割安で買える）	買収時の混乱に言語・文化の壁・現地での人材不足・空間の距離・時差・カントリーリスクなどが輪をかける
長期的に拡大するマーケットで戦う (注) アジア中間所得層10億人（2010年）は、20億人（2020年）になるといわれている	日本での技術・ノウハウ・価格・商品力（サービス）がそのまま通用しない（現地仕様にチェンジする必要がある）
継続的に日本の親会社にリターンをもたらす（ブーメラン効果）	現地企業を長期間かけて育てる（数年～10年）必要がある（現地のインフラ整備・多数の企業の進出と経済活動の活発化、所得水準の向上に長期間要するため）

（1）海外M&Aの光と影

　海外M&Aはチャンスが多く、今脚光を浴びていますが、同時にさまざまな課題を抱えています（図表8－4）。しかし、それぞれ次の課題を克服すれば発展のチャンスが十分活かせます。

（2）グローバル化時代の経営担当者の発掘と育成

　経営人材の育成は、海外M&Aを実施する企業にとっては悲願ともいうべきものですが、特に次の3点が大切になると考えます。

①　共通のマネジメントシステムの構築

　ⅰ　本社が明確な経営哲学やビジョンを持ち、経営目標や成長戦略、ビジネスモデルも各国、地域で共有する。

　ⅱ　マネジメントシステムを統一する、業務の進め方や評価方法、責任範囲を明確化し共通化する。

　ⅲ　各国共通のマネジメントシステムの構築にITを活用する。

　ⅳ　世界中の優秀な人材の採用を可能にする。

② **M&A後の経営は、新たな経営人材を育成する絶好のチャンスとなる**

（例）i　日本人経営人材の派遣と育成、現地人材の発掘

　　　ii　現地人材と日本本社との交流やジョブローテーションによる能力の向上

③ **経営担当者の継続的自己変革**

　しかし新興国など拡大するマーケットにある海外子会社は、発展に伴って必要とされる経営人材の質が次第にレベルアップするので、経営担当者自身の継続的な自己変革が必要となる。

　≪自己変革のポイント≫

　i　恐怖心を取り去り希望に変える（成功体験を少しずつ増やす）。

　ii　器を広げる（頑張ったら規模が10年で10倍になったとか、M&Aによりその業界では世界のトップグループに入ったなどの事態を受け入れられる器を作る）。

　iii　精神的な若返りが必要（チャレンジ精神が必要）。

（3）本社機能の強化（経営管理と内部統制）

　海外子会社といっても、経済的にはグループ全体の一部門であり、その事業が広がるにつれ日本本社の管理業務も増加してきます。

　今後、海外子会社の全社での重要性が高まってくるので、グループ内の取引はいうまでもなく、経営管理・資金管理・為替管理・内部統制・会計監査などは現地法人において必ず重要となります。同時に日本本社においても、海外子会社の諸活動を支援指導したり、統一して管理したりする業務も大切になってきます。

　しかし非上場会社などでは、これらの制度は従来からなじみがうすく、今後現地での大きなトラブルや事故防止のためにも、本社が中心になって積極的な導入を検討するべきでしょう。

① **内部統制制度の構築の必要性**

　内部統制とは、健全な企業経営をしていくための仕組み・手法のことです。

図表8-5　内部統制制度の構築

内 部 統 制 制 度 の 構 築

筋肉質の経営スタイル	① 経営者の右腕（経営者と同じ判断基準で業務をこなせる人材）を育てる
	② 業務の有効性・効率性を高める
	③ 事業活動にかかわる法令遵守を徹底する
	④ 財務諸表の信頼性を確保する

内部統制を構築するポイント	① 業務規程・マニュアルの整備 ・業務の平準化 ・ミスを未然に防ぐ
	② 承認システムの整備 ・経費処理などを個人に任せずに、必ず上司の承認を得るようにする ・業務処理を複数の人間でチェック、承認するようにする
	③ 分業の実施 ・一人に業務が集中すると、不祥事の温床になる ・業務プロセスを細分化し、複数のスタッフで業務を行う
	④ 定期的な人事異動 ・時期を定め、人事異動を行う ・一つの業務を、長時間特定の人間が担当することのないようにする

図表8-6　内部統制（ルールイメージ）

◆職務権限規定

決裁事項	起案・決裁区分				
	決裁区分				
	管理部門			社長	取締役会
	経理部長	営業部長	部門長		
決裁事項 会計帳簿業務の承認	●		○		
新規事業開拓業務の承認		●	○		

決裁 … ●
報告 … ○

◆職務分掌規定

第○条　各組織単位の業務分掌は次の通りとする。
（経理部）
1．決算に関する事項
2．会計諸帳簿の記帳、整理及び保管に関する事項
　　　⋮
（営業部）
1．営業活動及び営業活動の統括指導に関する事項
2．新規事業開拓に関する事項
　　　⋮

＋

内部統制

役割分担を決めて、責任と権限を明確化	経理部	営業部
役員		
部長	①	②
課長		

① 経理部長の業務
② 営業部長の業務

＝

　企業規模が大きくなり、安定した経営ができるためには、権限を委譲し、役割分担を決め、事故を未然に防止するために、企業内にさまざまなルールが必要になります。この「ルール」こそが、内部統制というわけです。

　企業の海外展開が広がり、従業員が増え、業務も多様化・複雑化してくると、業務ミスや不正が起こる危険性が増すため、もはや経営者がいくら注意を払ったとしても経営者だけの管理だけでは不十分なものとなります。

　内部統制をしっかりと構築し、業務の非効率化（無駄使い、ミスの多発）が起きたり、不祥事の温床（資産の私的な流用、経費の水増し）を作ったり、財務管理が徹底されないために粉飾決算や事故が起こらないようにしていくことが重要となってきます。

　なお、内部統制制度の整備・運用・有効性を内部統制監査により検証しておく必要があります。

　内部統制監査において重要な点は下記の通りです。

　i　会社全体の業務フローを理解する（フローチャート作成が好ましい）。

　ii　それぞれのフローにおけるコントロールポイント（統制すべき点）を明確にする。

　iii　上記フローとコントロールポイントを明確にした上で、内部統制制度が不正を防止するために適切に整備されているかチェックする。

　iv　整備された内部統制制度が適切に運用されているかをウォークスルーなどで確認する。

6 海外M&Aに関連する税務

（1）海外子会社からのリターンマネーと日本国内の税務

　平成21年の税制改正によって、「外国子会社から受ける配当等の益金不算入」が導入され、海外の子会社から配当を受けた場合、95%は益金不算入となる制度が導入されました。この制度を利用することによって、法人税の負担をあまりかけずに、海外の利益を国内に還元することが可能となります。

　この制度を利用し、海外で得たキャッシュを国内に持ち帰り、国内で設備投

図表8-7　外国子会社から受ける配当等の益金不算入

【対象子会社】	出資比率が 25%(※)以上である外国子会社 (配当の支払義務が確定する日以前6月以上引き続き保有) 租税条約「二重課税の排除」に関する条項により異なる割合が定められている 場合には、その割合によって判定 例) アメリカ 10% 以上　フランス 15% 以上
【益金不算入額】	配当の額の 95% 相当額が益金不算入の対象となります。 (5% 相当額は、配当を受けるための費用として益金不算入の対象となりません) また、外国源泉税等の額については損金不算入となり、かつ、外国税額控除の 対象外となります。

[図解]

〈益金不算入額〉
受取配当額×95%

配当 → 国内親法人

外国子法人
(出資比率：25% 以上)

※配当について課される外国源泉税等は損金不算入、かつ、外国税額控除対象外

資や研究開発などを積極的に行うことにより、さらなる日本経済の発展につながっていくと考えられます。

なお、2010年度で外国子会社から日本企業が受け取った配当は2兆9129億円であり、今後、海外M&Aが大きく増加していることからさらに増える見込みです。

(2) 移転価格税制の概要と仕組みについて

① 概要

企業活動が国際化するに伴い、内国法人と特殊関係（株式の保有など）のある外国法人との間で行われる取引の価格を操作することによって、国内の所得

図表8−8　移転価格税制

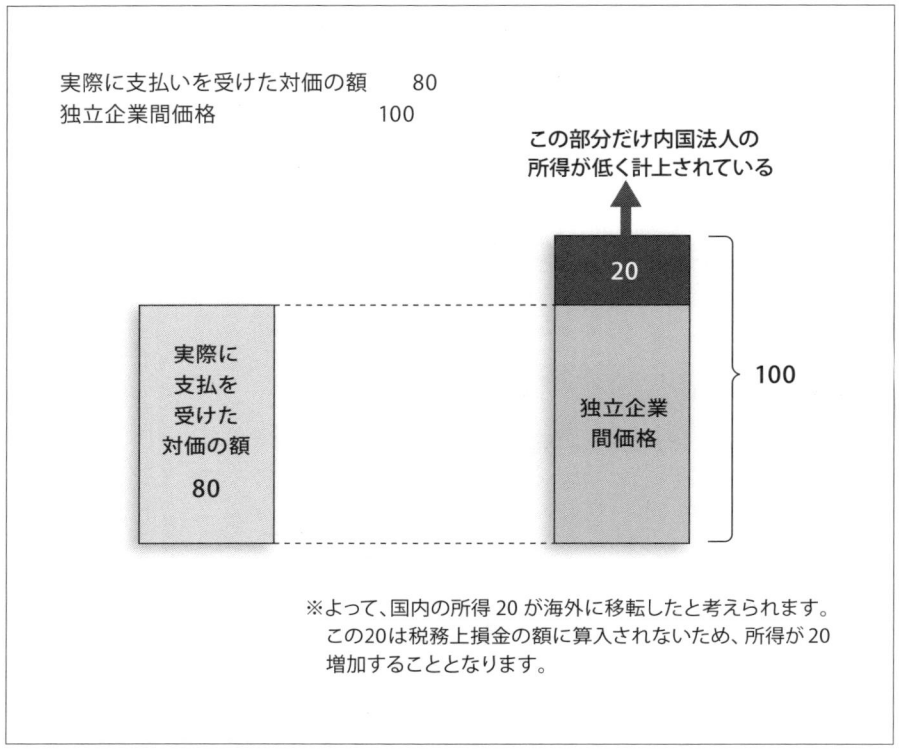

が海外へ移転するという事態が起こってきました。

　そこで、所得の海外移転に対処するために導入された制度が「移転価格税制」といわれる制度です。

②　仕組み

　内国法人が国外関連者（外国法人で株式の保有などの関係があるもの）との間で行われる資産の販売などにより支払いを受ける対価の額が、独立企業間価格に満たないとき、または、その国外関連者に支払う対価の額が独立企業間価格を超えるときは、その取引は独立企業間価格で行われたものとみなされるという制度です。

図表8−9　海外M&Aのケーススタディ

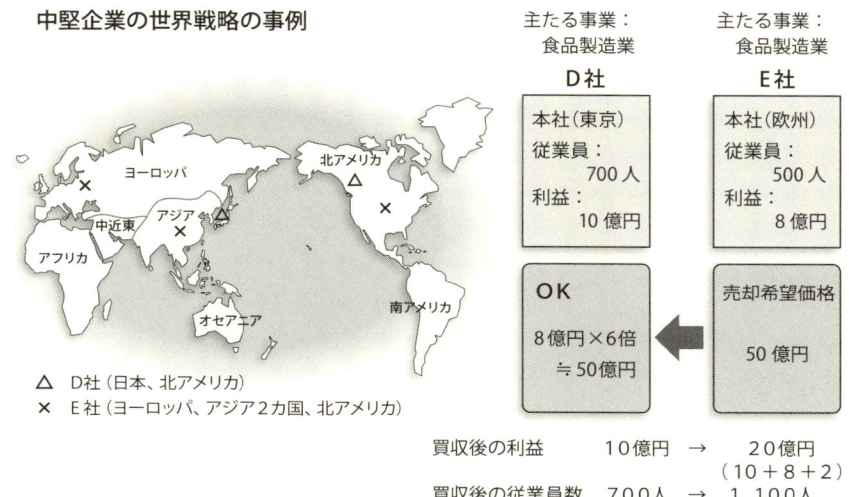

中堅企業の世界戦略の事例

主たる事業：食品製造業
D社
本社（東京）
従業員：700人
利益：10億円

OK
8億円×6倍
≒50億円

主たる事業：食品製造業
E社
本社（欧州）
従業員：500人
利益：8億円

売却希望価格
50億円

△　D社（日本、北アメリカ）
×　E社（ヨーロッパ、アジア2カ国、北アメリカ）

買収後の利益　　10億円　→　　20億円
　　　　　　　　　　　　　　　（10＋8＋2）
買収後の従業員数　700人　→　1,100人

北米に拠点を持つ日本の中堅企業D社が欧州企業を買収し、世界のマーケットを手に入れました。

● D社は投資銀行からヨーロッパ企業のM&Aの売り情報を入手しました。
● 買収対象企業E社の企業規模はD社より少し小さいくらいです。
● さっそく、デューディリジェンスを行いました。その結果、業績や工場設備等は申し分ありませんでした。
● 先方希望売却価格は、税前償却前利益8億円の6倍、約50億円でした。またデューディリの結果、買収によるシナジー効果は年2億円と見込まれました。
　　（内訳）・E社のネットでD社の商品を販売できる。
　　　　　　・D社のネットでE社の商品を販売できる（クロスセリング）。
　　　　　　・全体の販売数量が増加するので生産効率のアップや、仕入単価ダウンなどにより全体的に利益率が向上する。
　　　　　　・買収後北米にあるE社の工場はD社の工場と統合し、リストラを行う。
● 買収金額の大きさのみならず、企業風土や人材面その他の課題山積のため、D社は、決断するのに相当勇気がいりましたが、円高の今がチャンスと考え、思い切って買収に踏み切りました。
● なお、買収資金は銀行借入で賄うことになりました。

【買収後】
① D社は、日本では中堅企業ながらいきなりグローバル企業になり、全世界で7工場体制となりました。（日本2、ヨーロッパ2、アジア2、アメリカ1）
　　欧米市場での存在感の増加と、新興国への足掛かりができました。
② 買収後従業員の構成比は、日本人40％、アジア人20％、欧米人40％になりました。買収相手のE社はすでに世界企業です。ヨーロッパ人の部長の下にアメリカ人、アジア人がいました。
③ D社には、これまで国際的な人材があまりいなかったのですが、買収後は各社間で人事交流を行うとともに、新しく広がった現場でのトレーニングを通じて人材育成を図ることにしました。

③ 移転価格税制において備えつけるべき書類

平成22年度の税制改正により、移転価格税制において文書化されるべき書類について財務省令においてその具体的な内容が定められるとともに明確化されました。

財務省令で定める書類とは、大きく分けると以下の二つとなります。

　i　国外関連取引の内容を記載した書類

　ii　国外関連取引にかかわる独立企業間価格を算定するための書類

（3）海外M&Aのケーススタディ

最後に、日本のある食品製造業の中堅企業が海外M&Aを行った事例を簡単に図示しました（図表8－9）。

第 **2** 部

未上場企業のM&A

第**9**章

売却のノウハウ

■ 売却の背景

会社や事業を売却する主な理由や背景は、中小企業の場合、多くは事業の後継者がおらず、外部へ事業承継するのが目的です。大手企業の場合は、事業再編または事業再生が目的です。投資ファンドなどの場合は投資資金を回収するためです。

■ M&Aを活用する売り手のメリット

未上場企業を買収する目的は、ファンド以外はすべて事業を引き継いで活用するためです。したがって、売り手がM&Aを活用するメリットは、事業の後継者を広く外部から探せることです。これは会社や事業の存続に有効な方法であり、株主が未上場株を時価で売却できる経済的な効果も大きいものがあります。

■ 売却を決めるためのノウハウ

売却先の見つけ方には、①自社ルート、②M&Aのアドバイザーに依頼するルートの二通りがあります。M&Aアドバイザーは、買い手を探すのをはじめ、M&Aの契約が完了するまで、手続きのアドバイスだけではなく、相談相手として重要な役割を担います。また、M&Aを実行する前には、社内外での利害関係者の中に難色を示す者がいないか見ておきます。売却価格が重要な要素となるので、事前に専門家に依頼し、会社価値の概算を出しておくほうがよいでしょう。

■ 売却実行時のチェックポイント

会社の売却を決断し、実行に移す前に、まず、自社の強み・弱みを把握することと、短所や直すべき点は何かを認識することが、売却の成功への一歩となります。従業員の職務や職歴が分かるように整備する、固定資産や流動資産は不要なものは処分する、資産性のないものは廃棄するか、明確に分かるようにしておきます。買い手は取引先に興味を持ちますが、単に取引先が大会社だからといって高い評価をされるとは期待できません。オーナー企業の場合、オーナー用の資産に計上されている場合がありますが、公私混同と誤解されないような処理が必要です。

■ M&A進行中の留意点

M&Aの進行中は、重要書類は手元に管理し、機密保持を徹底します。思い違いを排除するためと売却後の税務申告のために、文書での記録、保管を励行します。

　未上場の会社や事業を売却する背景は第1節で述べる通りです。M&Aにかかわる法務、税務、経営改善などについては第2章から第8章の通りですが、本章では会社や事業の売却を取り進める際に定量化、数値化しにくい主要なポイント、留意点について触れることにします。特に売却のノウハウについては、過去の未上場企業の実際の売却事例から得られた重要なポイント、留意点に絞って概説します。

売却の背景

　M&Aは、基本的には事業や企業を対象とした売買取引であり、売り手があってはじめて成立します。売却の対象が、一般の製造物やサービスではないので、売却の決断には、普段の経済活動とは違った背景と判断が必要となります。これらの背景や判断の基準は、個別の案件ごとに異なりますし、複数の要因が重なるケースもありますが、過去の事例から見ればおおむね次の三つに類型化されます。

（1）後継者不在──事業承継が目的

　M&Aで未上場企業が売り手となるのは、事業再編や再生目的もありますが、やはりオーナー企業の事業の後継者不在が大きな原因となっていて、売却の目的の大半は、事業の後継者を外部に求めるため、といっても過言ではありません。1990年前後は、第二次大戦後に創業したオーナー型企業に多く見られる事例でしたが、最近は、創業者のみならず、2代目、3代目の経営者の高齢化に伴い、世代交代が必要となっていることが原因となっています。

　オーナー型企業の場合、身内では後継者を育成できずに、事業継承をスムーズにできないことがよくあります。価値観の多様化から子供が親の創業した会社を継がずに、自分の選んだ道を歩くことが多いのが一つの大きな原因になっています。それに加え、オーナー型企業の場合は、どうしてもワンマン経営となりがちで、自社内で経営者としての人材育成に手が回らず、結果として社内に経営の後継者が不在ということが多々あります。また、たとえ自社内に適格者がいても、普通の従業員では株式の買取りが無理なくらい、株価が高くなり

すぎているケースも多く見られます。そのために、事業継続の最良の選択として、資金力があり将来的に安定した経営が期待できる大手の企業に事業を譲渡して、経営を託することが必要となります。

(2) 事業再編・再生

　事業基盤を強化するために事業再編をすることを目的とした売却の背景は、序章で述べた通りです。大手企業を中心とする事業再編の背景には、現在も進行している産業構造の変化、経営環境の変化、行政面の改革、規制緩和による事業の先行きの不透明感があります。このために、自社の経営の足かせになっていたり、将来的な発展や自社の本業との相乗効果があまり望めない、不採算部門や子会社を単純に整理、清算する代わりに他社へ売却したり、他社の事業との統合を図っていくことが必要となります。したがって、自社が経営を継続できる体力のあるうちに事業分野を絞り込み、事業の"選択と集中"を促進することは、事業基盤の強化ために不可避となっています。

　事業再生型のM&Aも、事業再編のM&Aと同様に、ほとんどの場合、不採算の事業部門や業績が芳しくない子会社が売却の対象となります。再編と再生の大きな違いは、売り手側の経営状態に特段の問題はないが、経営の合理化や効率化のために売却する場合が再編型であり、経営が破綻するか破綻をきたすことがほぼ確実な場合が再生型のM&Aといえるでしょう。

　これは、会社や事業を売却した後の、売り手企業の経営の変化を見れば一目瞭然です。事業再生を目的としたM&Aが、法的手続きか私的整理により実行されるのかを問わず、売り手となる企業自体が従来通りに存続することはまずありません。ほとんどの場合は、事業を譲渡した後で清算されるか、会社が存続しても株主や経営陣が大幅に入れ替わって経営の主体そのものが変わることになります。

(3) 投資の回収

　買収ファンドには、主としてバイアウト・ファンドと再生ファンドの2通りがありますが、買収ファンドのM&Aの目的は、永続的な企業や事業の経営ではなく、あくまでも資金の運用が主目的となっています。したがって、M&A

後3年程度を経ると、投資利回りを確定し出資者に配当するために、投資資金の回収である出口戦略（Exit）の一環として、対象企業を売却するM&Aを実行することになります。

また、ベンチャーキャピタルは投資家からの出資金を、運用目的でベンチャー企業対象に投資しますが、3〜5年程度の期間の後に、株式公開ができなかった投資先企業を、買収ファンドと同様に投資資金を回収する目的で、売却するケースもあります。

M&Aを活用する売り手のメリット

未上場企業のM&Aでは、前述のファンドの投資とかベンチャー企業を除いては、買い手の目的は、売り手の事業を承継することにあります。なぜなら、株式が非公開で市場性がないので、いかに資金が潤沢な企業や個人であっても、投資目的で中小企業の株式を取得することは、まずあり得ないからです。また、いかに優良で誰もが欲しがるような会社であっても、未上場企業の場合には、その会社の経営者と株主の意志を無視して、第三者が勝手に株式を買収することはできないからです。

以上から、未上場企業のM&Aは、事業の承継が目的になり、M&Aで事業を承継する場合の、売り手の主なメリットとしては以下の3点が挙げられます。

（1）後継者や事業の承継先を広く外部から探せる

会社の内部で承継するのに比べ、限られた範囲内での後継者探しではなく、次節で述べるような手法で、外部に事業を承継する先を募れるので、最適の後継者や承継してくれる企業を確保できる可能性が高くなります。

（2）会社や事業の存続に有効な方法

買い手は、売り手の持っている事業を活用することが目的であり、事業や企業の継続が可能となります。企業や事業を継続することで、当然ですが、従業員の雇用、仕入先、得意先との取引の継続も可能となります。それに、買い手は買収という形の投資をするので、買収した企業や事業をより活性化し、事業

拡大を図るのが常であり、会社がより発展する可能性が高くなります。

(3) 経済的な効果

　また、後継者が不在で会社を売却する場合、株式を保有しているオーナー経営者や家族にとっては、未上場株を時価で換金する唯一の手段となります。もちろん、オーナーが保有する株式を家族や親族へ移転することは可能ですが、株式を引き受ける側の事情で、通常は現金を伴わない移転になるとか、時価よりはかなり低い原則的な評価額での譲渡になり、移転や譲渡をするオーナーにとっては経済的なメリットがほとんどありません。また、事業の承継を目的するM&Aは、オーナー経営者の退職の機会ともなりますので、相応の退職金を受け取れるメリットもあります。

3　売却を決めるためのノウハウ

　M&Aを活用して事業の承継を考える際に、経営者がカベと感じるのは、序章で触れた通り五つの点があります。これらのカベつまり心理的な束縛感や抵抗感を、すべて取り除くことは、不可能に近いでしょうが、できるだけカベを低くし、M&Aを決断しやすくするためのノウハウとしては、以下が挙げられます。

(1) 売却先の見つけ方

　後継者のいないオーナー経営者が、M&Aで事業承継を決断する際に一番難しいと考えているのは、適当な売却先を見つけるということです。

　ほとんどのオーナー経営者は、自社を売却した経験はまずないでしょうし、一般的に、M&Aについての認識や理解は高まってはいますが、やはり自分の会社を売ることに関してためらいもあるので、売却先を見つけることに、漠然とした不安感を抱くのも無理はないでしょう。

　図表9－1のように、未上場企業のM&Aでは、買い手候補先を探したり候補先が現れたりするのは、直接ルートといえる自社のルートか、アドバイザーに依頼する、いわば間接ルートかの二つのルートになります。

① 直接ルート――自社と自社の関係先で探す

まず、自社のルートですが、買い手候補としては、同業者、自社の従来からの取引先や仕入先とか自社の関係先（経営者の知り合い・友人、自社の取引先・仕入先など）の取引先や仕入先が対象となります。この自社ルートでは、具体的に買い手候補先を探すまたは買い手候補先が現れるのは、次の三つのルートがあります。

i 取引先や仕入先への打診

灯台下暗しで、中小企業の場合は、意外と近いところに買い手候補が見つかることが多々あります。お互いに、経営者の人となりや会社の概要が分かっているので、それなりにふさわしい買い手候補先を見つけることもできます。

同業者の場合は、こちらの事業内容がよく理解できるので、事業を承継してもらいやすい相手先といえます。反面、競合関係にあるので、秘密保持の点には注意する必要があります。それと、同業であるだけに、こちらの事業や会社の内容には、一番厳しい評価を下す可能性も高いといえます。

また、仕入先や得意先、販売先は、お互いに会社の概要はよく理解していますが、同業他社と違って、競合関係ではなく、どちらかといえば相互に補完関係にある点が、同業者と大きな違いになっています。

ii 同業者や取引先、仕入先からの申し入れ

このケースでは、例えば、後継者が不在のメーカーに、製品の取扱いシェアが高い卸売業者が、取扱商品の供給先を確保するために、M&Aを申し入れてくる、といったようなケースがあります。また、親しい関係にある同業者が、販路の拡大や売上の拡大のために、第三者を介して事業の承継を申し入れてくるケースもあります。

入り口は自分から積極的に相手先探しに動くのではなく、請われる形でM&Aを検討することになりますが、他の商取引と同じように、自分から売り込みに行くよりも、その後の話を有利に運べる可能性は高くなります。

iii 自社の関係先からの紹介

もう一つのケースとしては、経営者の人脈や自社の取引関係先を通じて、事業の承継を希望する候補先が紹介されるというケースです。上記 ii と同じ

図表9−1　売却先を見つける

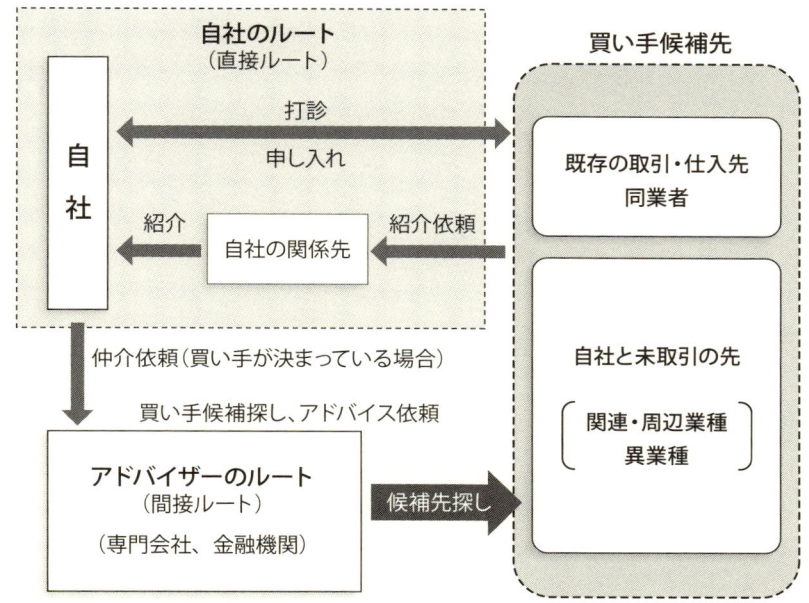

ように、候補先は事業の拡充を目的として申し入れてくるケースですが、紹介される候補先は自社が、直に取引や仕入れている先ではなく、自社の関係先が知っている会社とか取引先である、ということが大きな違いとなります。

iv　アドバイザーへの依頼

　直接ルートで買い手候補が現れて、当事者双方が、M&Aに基本的に合意しても、単にM&Aの入り口に立っただけに過ぎません。M&Aを完結させるには、なによりも双方が納得して折り合いを着けていくことが重要であり、また取引に客観性と合理性を持たせる必要性があります。両者がM&Aを進めていく過程で、双方が納得感を得ながら、手続きを円滑に取り進め、M&Aを完結させるには、専門のアドバイザーは不可欠となっています。

② 間接ルート──アドバイザーに依頼する

事業を承継するM&Aで、買い手候補を探すもう一つのルートは、アドバイザーに依頼して探す、いわば間接ルートです。この場合は、買い手候補を探すのと、事業承継が完結するまでの間のアドバイスを依頼することが一体となり、通常はアドバイス契約を締結することになります。

自社の直接ルートではなく、図表9−1のアドバイザーの間接ルートで買い手候補先を探すメリットとしては次の点が挙げられます。

i 情報量が豊富

M&Aアドバイザーは、さまざまな企業から依頼されて"買いニーズ"を登録したデータを持っています。買いニーズ内にある企業は、業種が多岐にわたっており、同業者だけではなく関連や周辺業種、異業種型の売却希望先を探している企業も多く含まれています。自社ルートの場合は、対象先はある程度限定されていますし、M&Aの意向の有無は買い手候補に当たってみるまでは分かりません。それに比べ、アドバイザーに登録している企業は明確な買収の意向を持っていますので、自社とはまったく接点がない先や、自社ではとても思い浮かばなかった相手先が現れる可能性が高くなります。

ii ネットワークが使える

M&Aのアドバイザーは、金融機関系、証券会社系、ファンド系、独立系などがあります。アドバイザー同士は、通常は競合関係にありますが、買い手候補を探す際には、相互に協力する場合もあります。他のアドバイザーから、買い手候補を探すように依頼されて、自社の"買いニーズ"から候補先を探して、結果としてM&Aが成立すれば自社のビジネスとなるからです。したがって、アドバイザーを利用することで、より広範な地域で、より多くの業種、企業の中から買い手候補探しが可能となります。

(2) アドバイザーを選ぶ

① アドバイザーが必要な理由

後継者がいない経営者がM&A を考える際の五つの悩みのうちの一つとして相談相手がいないことが挙げられています。事業承継は経営の継続にかかわる、どんな会社にとっても最大の経営課題ですが、反面、オーナー経営者にとって

は、個人の財産の相続ともかかわってくる、きわめて個人的な問題ともなっています。したがって、単なる事業面でのことだけではないので、なかなか社内で相談するのもはばかられるし、特定の税務や法務の問題でもないので、解決策を専門家に相談しにくい点もあります。M&Aのアドバイザーは、こういった後継者が不在で事業の承継に悩んでいる経営者の相談相手として、解決法を提示するという重要な役割を担うことになります。

② アドバイザーの役割

精神的な安心感を与えることと合わせ、未上場企業の事業承継が目的のM&Aを進めていく上で、アドバイザーが必要とされるのは、主に次の四つの理由からです。

i 買い手候補先を探すため

これは、前述の通りです。

ii 経営者が本業に専念するため

自社の本業に長けた経営者でも、M&Aの経験はまずないので、知識面での補完が必要となります。それに、経営者は、M&Aの手続きすべてを自身で進めるには、時間的な制約があり、M&Aを進めている間も事業が順調にいくように、本業に専念する必要があります。

iii 不慣れからくる不測の事態を回避する

自社ルートで探した買い手候補先でも、お互いがM&Aに不慣れであれば、手続き面での齟齬が生じやすくなることもあり、結局は話がこじれて破談となってしまうことにもなりかねません。失敗の原因となる間違いや行き違いを排除し、不慣れが原因で起こるかもしれない不測の事態を回避することは重要です。

iv 取引の適正さと妥当性の確保

第2章から第8章の通り、M&Aの取引そのものは、株式譲渡や事業譲渡の形態を問わず、買い手と売り手の当事者間での相対取引で、それ以外の第三者が取引自体に関与することはまずありません。ただ、売買当事者双方に外部の利害関係者がいますし、双方が税務申告の義務を負っているので、取引そのものが適正かつ妥当に成立したことを第三者がはっきり理解できる

ように、取引の経過や成立した根拠に客観性や合理性を持たせる必要があります。そのためにも、専門知識や経験が豊富なアドバイザーが必要とされます。

③　守秘義務契約書、アドバイザリー契約の締結

　未上場企業のM&Aでは、売り手、買い手、アドバイザーは、企業の売却と買収という、きわめて個々の企業の信用にかかわる取引に関与することになります。前述の、事業承継にM&Aの活用を考える経営者の五つの悩みのうち、3番目の悩みも、身売りの噂が流れ取引に影響が出る恐れがある、ということです。したがって、関与者の間での機密保持は、M&Aを進めていく上で、必須の事項となっています。そのために、関与者の間で図表9－2のような守秘義務契約書とか秘密保持協定書を取り交わし、情報のアクセスできる関係者を制限することになります。

図表9－2　秘密保持契約の例

秘密保持契約

第1条
　○○○○（以下甲という）と○○○○（以下乙という）は、甲による企業提携の可能性を検討するために乙が提供する情報、資料等に関し、以下の通り契約（以下本契約という）する。

第2条（定　義）
　本契約において企業提携とは、以下の通りとする。
　　　法人の合併、譲渡・譲受及びその他の方法による株式あるいは出資持分の移転
　　　営業譲渡・譲受及びその他法人資産の譲渡・譲受
　　　法人又は個人による資本参加及び技術提携

第3条（秘密保持）
　甲及び乙は、相手方により入手した対象企業に関する書面、電波、電磁的記録、口頭及び物品等の一切の情報並びにそれらを基に作成した資料（以下情報という）を機密に保持するものとし、相手方の事前の承諾なく第三者に開示、漏洩してはならず、企業提携の目的以外の目的をもって自己または第三者の利益のために利用してはならないものとする。但し、上記情報には以下のものは含まれないものとする。
　　　相手方から開示されたときに既に公知となっていたもの
　　　相手方から開示されたときに既に保有していたもの
　　　適法かつ正当に第三者から開示されたもの
　　　両当事者の故意又は過失を原因とせず公知となったもの

　本契約でいう第三者とは、当該目的を遂行する上で必要かつ最小限の範囲の当事者の関連企業を含む役員・従業員、顧問弁護士・公認会計士・税理士及び顧問等（以下役員・従業員等という）以外の者をいう。

　甲及び乙らは、その役員・従業員等に対して本契約の内容を遵守させることについての一切の責任を負う。

　第4条（情報の返還）

　甲及び乙は、第5条の規定により本契約が終了した場合及び本契約に基づく企業提携斡旋が成立する可能性がないことを相互に確認した場合には、本契約に基づき相手方から提供又は開示された一切の情報（複製したものを含む）を速やかに返還するものとする。ただし、開示者が被開示者に対しその返還に代えて廃棄を求めたときは、被開示者は責任をもってそれを破棄するものとする。

　第5条（有効期間）

　本契約の有効期間は、本契約締結日より2年間とし、有効期間満了までに何れの当事者からも解約の申し出がない場合には、さらに1年間延長し、以後も同様とする。

　前項により、本契約が解除された場合といえども、本契約第2条、第3条及び第4条で定める義務は、本契約解除後2年間は存続する。

　（協議事項）

　本契約に定めなき事項又は本契約の条項の解釈に疑義が生じた場合には、甲乙誠意をもって協議決定するものとする。

図表9−3　M&Aアドバイザリー契約書の例

M&Aアドバイザリー契約書

　株式会社甲（以下「甲」という）及び甲の主要株主である乙（以下「乙」という）は株式会社丙（以下「丙」という）と、次のとおり契約を締結します。

　（目　的）

　甲及び乙は、乙とその他株主が所有する甲の株式の第三者への譲渡、ないしは甲の事業の第三者への譲渡ないしは第三者からの甲への出資（以下本件業務という）の実行に関し、専門的な業務（以下「本件業務」という）を行うことを丙に委託し、丙はこれを受託するものとします。

　（本件業務の範囲）

　本件業務の目的を達成するための本件業務の範囲は以下の各号のとおりとします。

1　必要な情報の収集・調査及び資料の作成
2　基本スキームの立案
3　実務手続上の助言および打ち合わせのスケジューリング
4　相手先との打ち合わせの場での立会いおよび助言
5　必要な専門家のアレンジ
6　必要な契約書等の草案の作成
7　必要な買収調査の立会いおよび助言

　　　8　その他、進捗状況に応じ必要なサービスの提供
　（報酬）
1　着手金
2　基本合意契約報酬ないしは中間金
3　成功報酬
　（実費の負担）
　本契約の目的達成の成否に拘わらず、丙が本件業務の遂行上必要とする実費は、乙丙が事前協議のうえ、丙の請求の都度乙はこれを支払うものとします。なお、この実費には本契約の目的達成のために丙が委任した専門家に支払う費用を含むものとします。
　（秘密保持）
　甲及び丙は、本契約に先立ち平成　年　月　日付で甲と丙の間で締結した秘密保持契約（以下「秘密保持契約」という）を遵守し、相手方から開示された本件譲渡に関する情報を機密に取り扱うものとし、本件契約遂行目的以外に使用してはならないものとします。なお、情報とは秘密保持契約に定める情報をいうものとします。
　（直接交渉の禁止）
　甲及び乙は丙の事前の承諾なく本件M&Aの推進を目的として、候補先またはその関係者並びにその代理人と直接接触しまたは交渉してはならないものとします。
　（有効期間）
　本契約の有効期間は、本契約締結日より1年間とし、有効期間満了の2カ月前までに何れの当事者からも解約の申し出がない場合には、1年間延長し、以後も同様とします。ただし、有効期間満了の日においてもなお候補先との間で本件M&Aに関する交渉が継続中の場合は、当該交渉が終了するまで延長するものとします。
　前項により本契約が終了した場合といえども、秘密保持及び期間後の成立に定める義務は、本契約終了後2年間は存続するものとします。
　（期間後の成立）
　本契約の有効期間満了後2年以内に、丙が紹介した候補先との間で本件M&Aが第三者の関与による場合も含め成立した場合には、本契約に基づく丙の仲介者としての業務の成果により当該契約が成立したものとみなし、丙は乙に対し、本契約に定める成功報酬を請求することとし、乙はこれを支払うものとします。
　（契約違反条項）――略――
　（免責条項）――略――
　（未規定事項）
　本契約に定めなき事項または本件業務遂行中に疑義が生じたときは、甲乙丙は誠意をもって協議決定するものとする。

　また、売り手や買い手がアドバイザーを選任する場合は、図表9-3のような、アドバイザリー契約書を締結します。アドバイザリー契約は、業務の委託契約となっており、委託、受託の意思を明確にし、業務の範囲を取り決める内容となっています。

(3) M&Aの障害の有無を検証する

　会社の経営は、さまざまな要素やそれにかかわる利害関係者（＝ステークホルダー）で構成されています。もちろん、利害関係者でも、会社との関係や関与の仕方、密接度により、会社にとっての重要度は千差万別です。会社に大きな変化があるとか、経営危機がくるとかがない限りは、利害関係者からクレームがくるとか、経営に口を挟んでくることはまずありません。

　しかしながら、売却のM&Aは、まさにこの会社に大きな変化を与える事態であり、利害関係者の中に波乱が起こる可能性をはらんでいます。したがって、M&Aで会社を売却する場合には、利害関係者にとって障害がないか、また、利害関係者の中でクレームがきそうな先がないか、をよく考えてみる必要があります。要は、M&Aを決断する前に、障害となることがないかどうかを、洗い出していくことが重要となります。

　利害関係者には、会社の内部の関係者と外部関係者の二つに大別されます。内部では、株主、従業員、家族という、きわめて経営者に近い、経営者と一体の関係者となります。会社の事業から直接給料や利益を得ている関係者ということになります。

　外部では、仕入先、販売先、納入先、金融機関といった、経営者と一体ではないが、自社の経営に不可欠となっている利益関係者が挙げられます。その会社の事業から直接の利益は得ていませんが、取引関係を通じて利益を得ている関係者になります。外部の関係者は、内部関係者のように、経営者と一体や被雇用の関係にはありませんが、相互の信頼を基に成り立っている関係者になります。M&Aは、株式や事業の譲渡により、経営の主体が根本的に変わるということですから、決断する前に、利害関係者への影響を十分見て、障害がありそうな場合は解決法を考えておくことが必要です。

(4) 会社価値の概算

① M&Aの場合の会社価値の考え方

　未上場会社の株価評価方法で、同族関係者間での譲渡・相続を前提とした場合に広く認識されているのは、相続税評価額です。これとは別に、相続時の係

争や経営権を巡る係争の際、また第三者割当増資を受ける際の株価を鑑定する目的で、2007年10月に日本公認会計士協会から企業価値評価ガイドラインも発行されていて、M&Aの場合の評価もガイドラインに含まれています。ただ、未上場企業のM&Aでは、個別の企業の内容や、M&Aの実取引に合わせた評価になるので、これらの評価方法とは異なった方式を採用することになります。

　未上場企業のM&Aの場合には、一般的には株価は会社価値と同義語とされていて、会社価値を形成するのは、資産の価値と収益力と考えられています。もちろん、個々の資産の評価方法や収益力の捉え方と適用する尺度により、会社価値は一律には決まりません。M&Aの場合は、これに売買当事者双方のさまざまな思惑が入りますので、同じデータを用いて評価しても、会社価値＝株価は、売り手と買い手の間で大きく乖離することが多々あります。

②　会社価値の試算

　会社や事業の売却を実行する場合には、次節で述べるように自社の会社内容を見直すことが必要です。その前に、M&Aを決断する際には、自社の会社価値を概算しておくことが必要です。M&Aは、どのような形態をとるにしても、最終的には売買価格を決めることになりますので、売却を決断する際には、ある程度会社や事業の価値に目安をつけておくのが望ましいでしょう。

　次章で、買い手が売り手の会社内容を、調査・検証した結果に基づいて、会社価値を概算する方式について詳述しています。売り手も、同様の方式で、自社の会社価値を概算しておくことができます。自分で算定することに不安があるなら、守秘義務のある専門家に算定してもらうのがよいでしょう。

 売却実行時のチェックポイント──会社価値を高めるノウハウ

　大手企業の事業再編や統合目的のM&Aは別にして、未上場企業の場合には、経営者が自社の売却もやむを得ないなと漠然と判断しても、実際に売却を決断するまでにはかなり時間がかかります。過去の事例から見ても、実際に売却を決断するのは、経営者自身が入院したとか、健康診断で重大な疾病が見つかったとか、兄弟が死去したとか、引き続いて経営に携わっていくだけの健康に自

信が持てなくなってから、というのが多いようです。

経営者が事業の売却を漠然とした判断から決断に変え、M&Aを成功させるためには、基本的に次の2点の心構えが必要です。

第1は、自社の魅力や強み、弱みは何かをよく認識しておくこと。

第2は、反対に短所や直すべき点を認識、可能なものは売却の前に直すことです。

2点目に関しては、経営が順調で、同じ経営者が引き続いて経営していくなら、別段支障にはならないことや、多少差し障りがあっても時間をかければ処理可能なことが、事業を売却する場合には問題になることが多々あります。特に株式譲渡の場合は、売却する側と同様に、買収する側も真剣であることを念頭に置いておく必要があります。

日常の商取引や、金融機関との取引であれば、多少の追加的な費用負担さえ覚悟すれば、取引を途中でキャンセルして従前の状態に戻すことも可能です。したがって、ほとんどの場合には、付き合い上とか、慣例に従った判断で決めれば十分でしょう。しかし、M&Aの場合は買収側が100%納得しなければ取引が成立することはまずありません。したがって、些細と思われる点でも、売却前に是正すべき点は是正し、是正することが難しい場合は、必ず前もってアドバイザーや相手方に説明しておくことが、売却側としてM&Aを成功させる一つのカギです。この観点から、以下に主要なポイントを挙げていきます。

（1）自社の強み、弱みを把握しておく

どんなに優良な企業でも、すべての点において満点ということはあり得ません。長所や利点もあれば、短所や欠陥もあるのが会社であり事業なのです。業績が芳しくない場合には、経営者は業績を発展させるように最大限の努力をしますが、短期間で大幅に業績を改善し、誰にでも魅力がある企業になるのはきわめて難しいことです。

M&Aを進める場合には、経営者が自社の強みや弱みをよく把握しておくことが必要です。また、普段はあまり意識する必要はありませんが、自社の事業の構造や収益の構造をよく把握しておくことも重要となります。M&Aの場合、極端にいえば、買い手候補が売り手へ関心を持つのは、M&Aの後に儲かる会

社なのか事業なのか、という一点にあります。

　買い手候補が見つかり、具体的な話し合いや折衝に入れば、買い手候補側はさまざまな角度から事業の収益性について、分析や評価するための情報として、売り手に質問をするとか意見を聞くことが通例です。売り手側は、自分の会社や事業に愛着を感じて、ひいき目に見るのは至極当然のことですが、M&Aを決断する前には、できるだけ客観的に第三者的視点から、自社の内容や事業の内容を見直してみることが必要となります。

(2) 人材

　従業員の平均年齢、賃金水準といった数字面からの判断は、従業員名簿や賃金台帳を見れば十分です。M&Aの場合は、もう少し踏み込んで各従業員の職能、職務経験を明確に示せるようにしておく必要があります。従業員数も数十名規模であれば、たいていの経営者は各人の職能、職歴を熟知しているケースも多いようです。ただ、自分の記憶だけで十分かどうか反芻しておくことも必要です。従業員の人数がもっと多い場合は、職歴簿などの作成、あるいは再チェックをすることが必要になります。M&Aにおいて従業員の引き継ぎは経営者の最大の使命です。

(3) 固定資産

　メーカーの場合、機械類の稼働状況、簿価と照らし合わせての価値の検証が必要になります。会社価値にも影響しますので良くも悪くもチェックしておくべきです。あまりに資産性のないものがあれば、売却を決断する際には処分しておくことが望まれます。建物についても、資産性はもちろんのこと、建築基準法上問題がないか最低限確認しておきましょう。土地について、過去の事例で特によくあったのは、業歴の古いメーカーの場合に、工場敷地の隣地境界が永年の間に不明確になっており、確認に手間取ることです。売り手としては、まったく悪気はないことですが、場合によっては確認に数カ月を要する場合があり、事前によく確認しておくべきです。

（4）流動資産

　在庫、仕掛品の中で資産性のないものは廃棄するかアドバイザーに売却を依頼する際に、明確に伝えておく必要があります。税法上まったく問題ないことでも、買収調査を受けるまでに告知しないでおくと、買収側の心証を悪くしM&A自体が流れてしまう危険性があるからです。売掛金も同様で、回収不能分はきちんと処理し、売却決断時に回収の遅れている債権も、適切に対応すべきです。

（5）取引先

　買収側がまず興味を持つのは、売り手側の経営資源や技術ですが、同様に取引先、得意先の顔ぶれに対する関心も高いものがあります。買い手の理想は、自社にとって新規顧客で、利益率が高く、回収懸念のない先が主体になっていることです。

　ただ、取引先が大手企業であっても、必ずしも評価を得られるとは限りません。過去の事例では、主納入先にＪＲが入っており、売り手はある程度の評価を期待したのですが、通常以上の利益率が認められないため買い手側から評価額の上積みは得られなかったケースもあります。

　逆に、これらの大手企業は仕入先の経営の変化に神経質な面があり、M&Aが決まった段階で説明などに相当の労力を割かねばならなかったこともあります。また、メーカーでも大手メーカーの単なる下請けなどでは、投資効率の観点から売り手と買い手の評価に大きな差が出る場合があります。売り手は、人、技術、優良な納入先がある場合、薄利であっても自社の経営には優位性があると思いがちです。買い手は投資効率の観点から売り手の事業内容を見ますので、投資額の割に利益が低い場合とか、技術に汎用性がない場合には、売り手が思うような評価はしません。大手企業が得意先であっても、取引からの利益率が低ければ、まず営業権は評価してもらえないと考えておくべきでしょう。

（6）公私混同

　経営陣のために社用車を保有するとか、従業員のために社宅や保養所を完備

するのは業務遂行上、福利厚生の面から問題はありません。所要費用について
は税法上も通常は損金での処理が認められています。ただ保養所として購入し
たリゾートマンションなどは経営者の家族も利用することが多く、経営者とし
ても会社とは違う愛着を持つ場合があります。事業は売却するが保養所は個人
として引き取りたいというケースは心情的に十分理解ができます。しかし、個
人として引き取りたいと申し出るタイミングを誤りますと、公私混同ととられ
かねません。したがって、事業の売却を決めてアドバイザーに依頼する段階で
説明しておくべきです。自分が使用している乗用車も同様で、会社の売却後も
引き続き使用したいなら事前に希望として申し出ておかなければなりません。

　仮払金、未収金についてもよく注意して見ておきましょう。例えば、仮払金
勘定に社長の実弟の専務に対し数百万円程度が過去何期かにわたって計上され
ており、内容を聞いたところ、専務の住宅購入資金の貸付代わりというケース
がありました。また、逆に長い間未収計上されている項目があり、実体は経営
者のファミリー会社からの回収猶予だったこともありました。金額的に些細で
あっても、無用な誤解を避けるために、このような問題は売却を依頼する以前
に、経営者自らが是正しておくべきです。

　得意先、納入先は人材と同じで、事業売却を決断する前に機械や備品のよう
に簡単に取り替えるわけにはいきません。あるがままの姿で、買い手に引き継
がざるを得ないのです。しかしながら、自社の魅力とは何かを問い直すために、
売却を決断する前に、客観的な目で見直しておく必要があるでしょう。

　売却を決断する前の主要なチェックポイント、注意点は以上の通りです。た
だ、以上のチェックポイントすべてを、なにがなんでも売却を決断する前に完
了しておく必要はありませんし、隣地境界の確認や重要書類、株券の完備など
は時間的にも無理な場合があります。これらは、十分に認識しておいて、売却
時の留意点としてM&Aの進行に遅れないように取り進めればよいのです。

5 M&A進行中の留意点

（1）重要書類の確認

　M&Aの最初の段階では、前述の通りアドバイザーを選定することになります。買い手候補がまだ見つかっていなければ、アドバイザーと相談しながら買い手候補を選び、会社の売却の話を持ち込みます。その際には、売り手の名前を伏せた簡単な書面での説明で済みますが、買い手候補が具体的に検討したいと申し出てくれば、検討材料として売り手の会社内容が分かる資料を提供することになります。必要な資料は第10章の会社内容調査のための資料リストに掲載している、会社、財務、固定資産、労務、人事、契約関係など、メーカーであれば設備関係と多岐にわたり、通常の商取引では考えられないほど、膨大な資料が必要になります。

　実際には、アドバイザーは売り手とアドバイザリー契約を締結した段階で、売り手に基本的な資料の提供、準備を依頼します。過去の事例から判断すると、売り手に資料提供を依頼して、出されてくる資料の内容と、すべての資料が揃うまでにかかる時間を見ると、おおむねその案件の成否の確率と成約までのスピードが推し量れるものです。

　M&Aでの売却を考えている段階で、普段は見る必要がない書類でも、売り手は、一度所在や内容確認しておくことは非常に大事なことです。なぜなら、帳簿、台帳、契約書などの重要書類が、経営者のコントロールのもとに管理されているということ自体が、アドバイザーや買い手候補との間に、売り手経営者に対する信頼感や安心感を醸成することになるからです。

（2）機密保持

　M&Aは、売り手の経営者に他人には計り知れない孤独感、不安感といった心理的な葛藤を強いることになります。M&Aが成立するまで長い場合には1年以上かかることもあります。この間に従業員、取引先など周囲に悟られないようにするのには、売り手の強固な精神力と厳密な機密保持が欠かせません。

もし、売却の動きが周りに知れてしまいますと、M&Aどころか、以降の会社の経営にも大きな影響を与えることになります。M&Aを進めていく際には、売り手のみならず関係者全員が機密保持に細心の注意を払うことが最大の留意点といえるでしょう

　具体的な対策としては、アドバイザーとの接触、連絡はすべて社外をベースにし、会社の時間外を原則とすることです。電話連絡は、すべて携帯電話にしてもらう、ファックスは自宅に宛ててもらい、電子メールも経営者個人しか開けられないアドレスに送ってもらいます。昼間の面談での打ち合わせは、アドバイザーの事務所か、ホテルなどの喫茶室で行うべきです。何も悪いことをしているわけではありませんが、無用の雑音が入る余地は排除しておくべきです。このような細かい留意点や約束事は、通常はアドバイザーが依頼を受諾する際に詳しく説明します。

(3) 文書主義

　M&Aは、法務、税務が複雑に絡んだ業務です。これは、グループ企業間の内輪の再編のような場合を除いて、それまではまったくの赤の他人だった人同士の間で、事業を売買することになりますので、相互の利益保護を図るためには、どうしても複雑にならざるを得ません。したがって、M&Aの進行の過程では、口頭での話し合いのみで済ませていると、記憶相違や思い違いによる行き違いが生じる可能性が高くなります。軽微なことであれば修正できますが、重要な事項で誤解が生じた場合は、以降の交渉に支障をきたしたり、悪くすればM&Aそのものが流れたりしてしまうことにもなります。不測の事態を防ぎ、M&Aを円滑に進めるためには、重要な節目では必ず要点を箇条書きし、買い手の確認をとるとか、話し合いの直後に議事録を作ってお互いに保管しておくことが肝要です。

　次に、M&A後の税務の面からも文書化は重要です。法務面では、契約書を適正に締結しておけば、取引当事者によほどの悪意でもない限り、後日売り手が困り果てることはほとんどあり得ません。ところが、税務については、株式譲渡であれ事業譲渡であれ、売却後に売り手が税務申告する際に重要になってきます。経営破綻の救済的なM&Aでもない限り、事業売却からは譲渡益が発

生しますので、売り手は税務当局に所得申告する義務を負うことになるからです。

　事後の税務申告のために、進行中の関係書類をきちっと残していくことが重要です。株式譲渡の場合には、申告は株主個々人に任されますが、申告の際には株価の根拠を明確にする必要があります。株主が多い場合には、機密保持の点からM&Aが完結するまでは、売り手の経営者は各株主に逐一連絡するとか、資料を提供するわけにはいきません。したがって、売り手経営者は責任を持って、各株主が申告の際に困らないよう、税務当局に説明ができる資料を整理して渡してあげる必要があります。

第10章
買収のノウハウ

■ 未上場企業買収のチェックポイント

未上場企業を買収する際の心構えは、後戻りはないということです。大事なことは後回しにせず、そのつど、解決を図ることが重要です。チェックポイントの第一は、株主構成を見ることで、株主数が少ないほうがスムーズに進みます。また、個人株主以外の法人株主の有無には注意が必要です。それと、同族株主の場合には、株主の間に感情的なわだかまりがあるケースもあり注意が必要です。

■ 未上場企業の評価

未上場企業を評価する際には、値決めが成否を左右するという心構えが重要です。話がある程度進んだ段階で、会社価値を概算する必要があります。売り手の言い値だけで話を進めると、こじれて物別れになる危険性が高くなります。

■ 会社内容調査のための資料

企業評価は、まず売り手から提出のあった書面での調査から実施します。調査の基本的な内容や目的は、財務、人材、営業状況、組織、契約関係など、売り手の会社内容全般にわたります。書面上ですが、かなり詳細な調査となり、結果を基に売り手の会社価値を概算します。基本合意の締結や、買収調査の準備段階として、重要な調査です。

■ 買収を推進する際の留意点

まず、役員と実務クラスで推進チームを作り、M&Aアドバイザーと共同できる体制を整えます。機密保持を徹底し、チーム内での秘密保持と案件へアクセスできる役員・社員を限定します。大企業の場合は、対外説明や公正取引委員会への届け出などが必要になるケースもあり、文書の整備や保管が重要になります。

　序章の通り、世界経済は今世紀に入り飛躍的な拡大を遂げ、顕在化していない不安定要因が随所に存在し、激流化の様相を呈しています。日本企業のM&Aも、この変化の激しい経済環境に対応するために、変貌しながら多様化しています。これに呼応するように、国内のM&Aにおいても、形態や背景や動機も多様化してきています。

　ただ、未上場企業のM&Aに限っては、第9章の通り、売却の動機としては、やはり後継者不在が一番大きな要因となっています。戦後の日本経済の復興やその後の驚異的な高度成長を支え、そして今でも日本製品の高品質を支えているのは中小企業である、ということに異論はないでしょう。未上場企業＝中小企業のM&Aを売却側から見れば、後継者を確保するための売却ですが、買い手側には、売り手企業が持っている経営資源を積極的に活用し、自社の現業と合わせて更なる発展を図っていくという考え方が必要です。

　本章では、その点を踏まえ、未上場企業を買収する際のチェックポイントや留意点について概説します。

　未上場企業のチェックポイント

（1）未上場企業M&Aの心構え

　未上場企業のM&Aで、売り手が買い手を探すルートは、第9章で述べたように直接ルートと間接ルートがあります。買い手の立場からいえば、個別の売り案件を持ち込まれる場合と、こちらが選定した相手にM&Aを申し入れる場合とに分けられます。

　売り案件が持ち込まれる場合には、アドバイザーから次節で述べるようにかなりまとまった資料の開示があります。

　こちらからM&Aを申し入れる場合には、当然ですが、相手方からの資料の開示がまったくない状態からのスタートになります。したがって、申し入れ前に、興信所などを使って可能な限りの側面調査を実施し、データを収集して内容の分析を十分実施する必要があります。

　M&Aは通常の商談とは異なり、対象となっている会社のオーナーから見れ

ば、大げさにいえば"人生の総決算"を迫られる話であり、話し合いに入る前に、周到な準備をするのは、対象会社のオーナーに対する礼儀ともいえるでしょう。けっして、こちらの準備不足によって不真面目なM&Aの申し入れとならないように、十分に配慮することが肝要です。

また、M&Aは相手方に最終的には「イエス」か「ノー」を迫る話であり、M&Aを進める際は、問題や課題が出てくれば話し合いで解決してゆく、また、お互いに希望があれば、条件の話し合いの段階ごとに詰めていくことが非常に重要となります。大事なことを後に回して話を進めても、結局はM&A自体がご破算になる可能性があります。M&Aは、後戻りがないのです。成功するか、失敗するかという二つの結論しかないことを、よく肝に銘じておきましょう。

（2）株主構成を見る

チェックポイントの第一は、M&Aの対象となる企業の株主構成をよく見て、分析することです

① 株主数が少ないほどスムーズに進む

理想をいえば、対象会社の株主が一人で100%を所有しており、その一人さえM&Aに同意すれば、すべてが順調に運ぶ場合ですが、現実は複数の株主が存在するのが常です。

第2章の通り、M&Aは相手企業の株主の同意がなければ成立しません。株式取得による買収の場合には、まさに株式を取りまとめやすいかどうか、また、簡易の方式以外の事業譲渡、合併の場合には、株主総会の決議を得られるかどうかという観点から、株主構成を見て分析する必要があります。

M&Aは、どのような形態をとるかにかかわらず、第9章の通り、利害関係者が少ないほど話がスムーズに運びやすくなります。特に、株主については、対象会社ができるだけ少ない株主数でM&Aの決断ができるようになっていることがポイントとなります。

② 注意すべき法人株主の有無

株主数とは別に、注意が必要な第1のポイントは、法人の株主の有無です。

売り手が従来の取引関係上、他社との間で持合株を有しているかどうかのチェックが必要です。なぜなら、対象企業の株式を有している法人があれば、その法人からM&Aに関する情報が事前にもれてしまう可能性があるからです。例えば、売り手であるA社が、取引先のB社との間に株式の持ち合いがあるとしましょう。その場合、A社を買収しようとするC社としては、株式の100%取得のためには、A社の株主であるB社に対し、株式の譲渡を依頼しなければならないからです。

株式の譲渡は、契約書に調印するか、他の株主に委任状を渡し、代理で調印してもらうかの2つの方法によって実行します。いずれの場合でも、必ず調印日以前に株主の調印、ないしは委任状を出す意思確認をせねばならず、M&Aを事前に告知することになってしまいます。B社が秘密裏にC社の申し出に応諾してくれれば問題はありませんが、B社が心よく思わない場合は、そのルートを通じて業界などに情報が流れて、M&Aの実行に支障が生じることも考えられます。

したがって、このような場合には、A社とC社の間でM&Aの合意ができた段階で、まず株式の持ち合いを解消させるのも一つの方法です。すなわち、A社にB社の所有するA社株をM&Aの実行前に買い戻させておくことです。ただ、買戻しの申入れが、B社に不自然に思われないため、例えば、A社の社長に「私も高齢で事業の承継を考えたい。ついては、現在のように株が分散していると承継がスムーズにいかないので、この際、これを子供名義にとりまとめたい」などという理由で適正な株価で買い戻すのも一つの方法でしょう。

ただし、B社がM&A後も取引を継承せねばならない重要取引先である場合には、このような申し入れが、B社に対する背信行為になってしまいます。したがって、このような重要な取引先については、ある程度M&Aの事情を話して、相手の理解を得ることが肝要でしょう。M&Aの取引そのものは売買当事者同士の合意があれば成立しますが、それは売買当事者間での契約の完了にしかすぎません。契約完了時点では、いわば、売買取引としてのM&Aが成功したにすぎません。M&A後の経営は買い手側が担いますが、関係者や周囲の協力があってこそ、M&A後の事業の成功に結びつくからです。

③ 無視できない「感情」の問題

　株主構成について、注意が必要な第2のポイントは、同族株主がいる場合に、株主相互の親密度はどうか、名義株かどうかなど、株式を取りまとめて100％取得するのに障害がないかどうかを調べることが必要です。

　株主相互間の親密度については、株主名簿のような書類からは分かりません。同族株主＝親密な株主とは限りません。同族株主であるが故に、利害が対立している場合もあります。売却の対象となる株式そのものについての利害ということではなく、同族のオーナー企業の場合には、例えば、過去の相続問題とか、直接会社とは関係のない財産をめぐって心情的な対立関係が存在する場合があります。

　このような感情的なしこりを含めて、同族間に対立関係がないかどうか、事前に売り手側に十分確認することが必要になります。この確認を怠ると、株式の取得手続に入った段階で対立が表面化して、M&Aの話が頓挫してしまうこともありますし、最悪の場合にはM&Aそのものが流れてしまうこともあります。

　名義株については、たいがいの売り手のオーナー社長は、「単なる名義株だから自分の一存でどうにでもできる」といいがちですが、前述の通り、必ずしもそうではないので注意が必要です。

2 　未上場企業の評価

（1）企業評価の心構え──「値決め」が成否を左右する

　売り手企業と交渉するにあたって、M&Aの話し合いを円滑に進め、さらに主導権をとるためには、買収価額がいくらぐらいになるかというメドを持つことは重要です。なぜなら、M&Aの折衝や話し合いの過程において、会社の値段というのが売り手側の最大の関心事ですし、お互いが折衝の中で最大の精力を使うのも「値決め」だからです。オーナー経営者が売り手の場合は、会社価値が高いほど当然手取金額が多くなり経済面でも重要なのですが、会社を売却する＝自身の過去の価値づけ、という心情的な点も大きいことをよく理解して

おくべきでしょう。

　したがって、金額的なメドを持たないまま売り手と折衝すると、完全に相手のペースになりかねません。仮に相手が、10億円、20億円と売値を希望してきても、反論すらできずに、話がこじれていく可能性もあります。

　また、値決めを後回しにして、他の条件を進めていくと、売り手が売値について、自分の希望がそのまま入れられるのではないか、という期待を持ってしまうこともあり得ます。そういう状態で、条件のつめがある程度進んでから価格交渉しても、売却希望額を下げるのは至難になってしまいます。一度話がこじれてしまうと、元に戻すのが難しいのは、なにもM&Aに限ったことではありません。値段が折り合わないと、結局は破談になり、無駄な労力や時間を双方が使うことになります。未上場企業ではありませんが、大手企業の統合話でも、時間や労力をかけたあげくに破談になるのも、初期段階での値決め＝統合比率の折衝やメドの甘さが原因となる場合が多いようです。

　本章では、買収調査前の書面での企業調査、評価と買収案件の推進時の留意点ついて概説しますが、極端にいえば、すべてがM&Aの成否を決める「値決め」＝会社価値の評価につながっていることを理解しておくことが大切です。

（2）会社内容調査のための資料

① 資料の内容

　こちらから買収を申し入れた場合、売り手が同意すれば、図表10－1の資料の開示を依頼します。アドバイザーから売り案件が持ち込まれた場合も、おおむねこの範囲の資料が準備されています。

② 書面での調査

　資料の開示を受ければ、売り手への口頭確認も加えて、一定期間内に以下の確認作業を実施します。この段階では、元帳や原契約を開示してもらうのは難しいので、あくまでも提供された資料の範囲内での調査となります。

（3）書面調査の目的と調査内容

　M&Aに対する当事者双方の意思確認のためには、基本合意書を締結する必

図表10−1　会社内容調査のための資料リスト

Ⅰ．会社の基本情報について		
1	会社概要	会社、事業の概要の確認
2	履歴事項全部証明書	
3	定款	
4	株主名簿	株主の確認

Ⅱ．財務諸表関連		
1	決算書（付表付き）3−5期分	**会社価値の概算に重要**
2	法人税務申告書	時価のある資産は推定時価を出しておく
3	現在進行期の試算表	付表をよく見る
4	勘定科目内訳明細書	在庫の確認と評価
5	固定資産明細書	償却不足の有無
6	不動産登記簿謄本	
7	差入保証金およびその契約内容	
8	金融機関借入明細	金利水準の確認

Ⅲ．事業の体制と状況		
1	組織図・従業員配置図	承継後の効率化、改善策の検討
2	各事業の概要	
3	主要販売先と販売実績	顔ぶれや取引シェアの確認
4	主要仕入先と仕入実績	承継後の取引方針を立てる

Ⅳ．人事・労務関係		
1	役員名簿、経歴書	
2	従業員名簿、職務経歴書	キーマンの確認
3	給与の明細表	給与水準、職務の関係を確認
4	労務関係諸規定	
5	労働組合との協定など	

Ⅴ．契約関係に関する情報		
1	賃貸土地・建物の契約内容	
2	リース契約一覧	契約内容の確認（不利な条項がないか）
3	継続的取引契約	解約にかかわる違約金などの有無および金額
4	他社との業務提携契約	
5	その他重要な契約	

Ⅵ．その他重要事項		
1	子会社・関連会社に関する情報	引き継ぐかどうか、子会社、関連会社の現況
2	営業に関する許認可	更新時期の確認
3	裁判、係争ごとの有無	
4	偶発債務関係	不存在を確認する
5	第三者への債務保証など	
6	その他の重要事項および情報	

要があります。書面調査の主な目的は、まず基本合意書の内容に必要となる、会社や事業の価値の概算を算定すること、それと基本的な条件を決めていくことにあります。

また、M&A後の経営を見据えて、潜在的なリスクの有無と支障の有無を検証することと、経営の改善策や効率化を図る情報を得ることの2点も書面での調査の目的となっています。そのために、調査内容は、次項で述べるように、財務の健全性を見ること、事業の体制や人事、対外的な契約などを精査・検証・分析することに主眼が置かれます。

もちろん、書面での調査なので、調査には自ずと限界がありますが、基本合意書を締結した後に実施する、第6章の買収調査の準備段階として重要な調査となります。また、案件によっては、この書面での調査の結果が思わしくなければ、買い手側がM&Aそのものを断念することもまれではありません。

（4）調査の基本的な内容

① 会社の基本情報

図表10－1の資料リスト中のⅠに基づいて、事業の概要が推定していた内容と同様かどうかの確認や、定款の内容や株主の状況から、M&Aを決定する際に支障がないかどうかを確認します。前述の通り、M&Aには経営者だけではなく、最終的には株主の同意が必要ですから、株主の顔ぶれはよく見て、支障がないかどうかを確認します。

② 財務諸表関連

ⅰ 精査、検証の基本的な考え方と手法

財務諸表は、決算時点での財務状況を表したもので、企業の長所や短所を反映しています。財務諸表の内容は、取引先、仕入先の顔ぶれや支払い、回収の諸条件、資金調達方法など、経営に関する重要な情報源と会社価値の概算に必要な基本情報源として位置づけられます。書面のみでの調査で限界はありますが、要は異常値がないか、妥当に処理されているかを見ることと、会社価値の概算額を算定するデータを得ることに主眼を置きます。そのために、貸借対照表や損益計算書の検証が必要で、技術的には決算書の付表に記

図表10−2　財務諸表の検証（資産）

資産の科目	精査・検証のポイント
流 動 資 産	
現金、預金	残高の確認
売掛債権	回収可能性を確認
在庫	減耗損、不良在庫の有無
仮払・前払金、立替金	資産性の有無
固 定 資 産	
＊**時価のある資産**	
土地 投資有価証券 ゴルフ場会員権 子会社株式	時価を確認し、含み損益を算定
＊**償却対象資産**	
建物、付属設備 機械設備 車両運搬具	→ 最終的には時価を確定する
開業費 営業権 ソフト開発費	償却不足の有無を確認
＊**含み損益がある資産**	
保証金	解約時の返金額
保険積立金	解約時の返戻金

図表10−3　財務諸表の検証（負債）

負債の科目	調査のポイント
支払手形	買収調査時の基礎資料
買掛金	仕入れ分との照合
未払金、未払費用	費用性の有無
預り金・預り保証金	元取引、契約の有無
借入金	銀行借入明細で確認
引当金	法定の範囲内
退職給与引当金	積み立て不足の有無

載されている項目から検証することになります。付表がなく、内容の詳細が分からない項目については、売り手に対して、詳細が分かる資料の開示を依頼します。

　財務諸表の精査・検証のポイントは、おおむね資産の科目が図表10−2の通りで、負債が図表10−3の通りとなっています。また、会社の事業内容、体制、人事、対外契約などの調査のポイントは、おおむね図表10−1のⅢからⅥの通りとなっています。

ⅱ　貸借対照表

　貸借対照表、損益計算書の精査、検証の対象となる項目と精査や検証のポイントは以下の通りとなっています。また、決算書は、3期から5期分を開示しますので、勘定科目ごとに3期から5期分の推移表を作成し、特定の期に異常値がないかも検証します。

　（イ）流動資産——流動資産については、資産の健全性を見るのはもちろんですが、会社価値を算定するために、資産性がないものが含まれていないかどうかを検証します。

　（ロ）固定資産——土地や株式などの時価のある資産については、推定時価を算出しておきます。子会社がある場合、その株式の価値については、本章と同様の作業によって価値を算定することになります。償却対象資産については、償却不足がある場合には不足額を算定します。賃貸などの保証金については、差入れ保証金と退去時の返金額とを算定します。役員保険については、解約時の返戻金と簿価の差額を算定します。

　（ハ）負債——負債の中では、会社価値の算定に影響がある、退職給与引当金について、引き当て不足を算定します。

ⅲ　損益計算書

　損益計算書は、会社や事業の価値を算定するためと将来性を判断するために、一番重要な財務諸表であり、すべての項目について綿密に精査・検証を実施する必要があります。

　主な目的として次の2点が挙げられます。

　（イ）1点目は、妥当性や不適切な支払いの有無を精査することです。例えば、家賃やリースの支払いがあれば、契約書と一致しているかどう

か、支払いの根拠を確認します。

（ロ）2点目は、事業の収益性の分析が目的となります。

粗利益率、営業利益率、経常利益率、税引き前利益率の各利益率の推移を分析します。

それに、各費用項目の精査から得られた情報を基に、さらに効率化、合理化できる費目を洗い出して、M&A後の利益率改善の方策を検討する材料とします。

③　事業の体制と状況

財務諸表は、企業の事業活動の結果を表しています。組織や人員配置、顧客、仕入先といった要素は、その結果を導き出すための源泉、つまり経営資源となっています。これらの要素は、将来の価値を生み出す要素であり、事業の体制や状況を調査、検証することによって、M&A後の経営に関する重要な情報を得ることが主な目的となります。

このような観点から、組織構造や従業員の配置を精査、調査して、現状の組織や統治システム、それに営業活動や生産活動の効率性を分析することに重点を置くことになります。効率性を分析することによって、現行の組織や配置の無駄な点を洗い出し、M&A後の改善策を検討することになります。

取引先と仕入先については、M&A後の対応策を練るための材料を得ることが主眼となります。作業としては、取引先については、受取手形や売掛債権の明細から回収条件を、仕入先については、同様に支払い条件を見ます。また、取引先と仕入先の実績表から、顔ぶれや大口先に比率的に大きな偏りがないかを検証します。販売や仕入れが特定の大口先に偏っている場合は、M&A後の取引継続について、売り手の協力を得ることも必要となることもありますし、また、M&A 後の販売や仕入れの方針を立てる上でも、大口先への対応を考えておくことが必要となります。

④　人事労務関係

従業員の継承は、M&A、特に株式取得による場合の大きな条件であり、M&A後の人事政策を練っていくために、現行の労働条件や処遇をよく見る必

要があります。M&A後の利益計画を立てる際にも、人件費は大きなウエイトを占めるので、給与水準と職務の関係はよく見て、分析しておくことになります。労働問題の有無については、書類からは分からないので、書面での調査か買収調査の段階で売り手に確認することになります。

⑤ 契約関係

対外契約については、二つの観点から検証します。まず、契約が適法かつ適正に行われているのかを確認し、契約に従って取引が行われているのかも確認します。対外契約も家賃やリースの場合は、前述の通り損益計算書との突号(突き合わせ)が必要です。次に、無駄または不要な賃貸やリース契約がないかを検証します。店舗、事務所、駐車場などの賃貸契約や設備、事務所の機器が該当しますが、継続取引の中で見直しが行われず無駄が放置されていることもあります。無駄とか不要な契約があれば、M&A後に解約や変更の手続きをとりますが、契約の変更が可能かどうか、違約金や解約時の費用を確認しておく必要があります。その他の、経費や出費を伴う契約があれば、同じように手続きを確認する必要があります。

⑥ その他の重要事項

子会社や関連会社については、売り手本体を買収する際に、そのままで引き継ぐのかどうかの判断が必要になります。売り手本体の事業と密接な関係があり不可分となっていて、売り手の経営者が一体での引き継ぎを希望している場合には、当該子会社や関連会社の内容精査や会社価値の評価をする必要があります。売り手側が本体とは分離したいとの意向であれば、分離の時期、分離する対価とを話し合い、分離することによる本体の資産価値の変更額を算定する必要があります。

営業の許可については、正当に取得されていて有効かどうか、また更新漏れや期限切れになっていないか、それと次の更新時期を確認しておきます。

偶発債務や簿外の保証債務については、本契約書上で、売り手が不存在について保証する対象となっていますが、書面での内容調査の段階、買収調査の段階で、売り手側に確認をとることになります。

その他の経営に関する重要事項も、同様に検証や確認することが必要です。

（5）会社価値の概算——時価純資産額の算定——会社価値の試算

上記の貸借対照表の検証、精査から得られた結果に基づき、買い手候補は対象会社の会社価値（株価）を試算します。この段階で、買い手が会社価値を算定する主な理由は、本節の冒頭、未上場企業評価の心構え——値決めが成否を左右する、で説明した通りで、繰り返しになりますが、主な点は次の3点となっています。

第1には、M&Aでは売買価額は、売り手・買い手の最大の関心事であり、取引が成立する基本となること。

第2には、ある程度の金額のメドがたたないと基本合意書の締結自体が難しいこと。

第3には、売り手が売却希望額のみを提示している場合、買い手候補が取引金額のメドを示さないままでは、それ以降、会社内容の調査を実施することが難しくなること。

未上場企業のM&Aの売買価格の決定法は、時価純資産方式が主流となっています。 時価純資産方式は、売り手企業の資産と負債を時価で評価し直して、純資産の時価を算定する方式です。前述の、資産や負債を時価で評価する目的は、貸借対照表の個別の科目の内容の資産性や換金性、時価を見ることもありますが、それらを総合して売り手の時価純資産を算定する目的もあります。

図表10－4は、貸借対照表を精査・検証した結果から、時価純資産を算定する計算過程を示した例です。

この例では、簿価純資産額は300百万円、プラス要因として、土地の含み益を50百万円と推定、マイナス要因として、不渡り手形と売掛金の回収不能が8百万円、在庫の減耗損が10百万円、建物・機械の償却不足が20百万円、従業員の退職給与の引当不足が10百万円が、財務諸表の精査検証で判明し、それらの要因を加味して計算した時価純資産額を表しています。

第9章で説明していますが、売り手のアドバイザーもアドバイスの委託を受けた段階で、会社価値の概算を算定しますが、買い手候補が、資料の内容を調査した結果、算定する会社価値の概算とは一致することはまずありません。こ

図表10−4　会社価値の概算例

	増減要因	金額	内容
簿価純資産額		300	
含み益	資産＋	50	土地50
含み損	資産−	△20	株式20
回収不能債権	資産−	△8	不渡り手形3　売掛5
不良在庫	資産−	△10	減耗損10
償却不足	資産−	△20	建物10　機械10
引当不足	負債＋	△10	退職給与10
時価純資産額		282	

れは、買い手は、売り手よりも資産の時価や資産の換金性を厳しく見るために、含み損益の算定が買い手と売り手では差額が出るためで、致し方のないことです。

　ただ、この段階であまりに、双方の金額の乖離が大きければ、そのまま破談になってしまうこともあり得ます。乖離幅が大きくなければ、通常は、双方が提示した金額の範囲内で調整をし、第6章の買収調査と第7章の企業価値の算定の結果を待って最終的な決定をすることになります。

　図表10−4では、営業権の対価を算入していません。営業権については、第7章で詳述していますので、営業権が評価できるのであれば、プラス要因として加算する必要があります。

3 買収推進時の留意点

　売却時の留意点で述べた、アドバイザー、機密保持、文書主義は、意味あいは違いますが、やはり買い手側としても留意すべき点です。これらに加え、買い手側の留意点としては推進体制も重要になってきます。

(1) 推進体制

　売り手が未上場企業の場合、社長自身が当事者になりますので、わざわざ推進体制を組む必要はありません。過去の事例では、買い手側は上場企業を含む大手企業というケースが多く、社長がいちいち細かい実務の場に出てくることはありません。当然、案件を進めるには、担当者を決める必要があり、決める際には次の2点には留意すべきでしょう。

　まず経営陣の中から、専務か常務クラスを総責任者として指名し、ある程度の意思決定を任せることです。対象として挙がっている企業を、買収するかどうかといった意思決定は、社長の決裁事項ですが、それ以前の、専門家やアドバイザーをどう選ぶか、売買価格の調整をどうするかといった細かい実務は、総責任者に任せるべきです。M&Aに関し、担当者が通常の社内決裁と同じような手続きをとっていては、時間的にも間に合いませんし、機密保持上も大いに問題があるからです。

　また、案件の規模と進捗段階によりますが、当初、担当者は営業関係か技術関係から1名、管理部門から1名、計最低限2名を任命しておく必要があります。過去の成功事例でも、営業、技術の分かった社員と管理部門の社員が担当している場合がほとんどで、偏りは避けておくべきです。これらの社員を、特命として前述の専務ないし常務の指揮下におき、プロジェクトチームとして推進していく体制が望まれます。

　売り手が中堅企業以上の規模の場合、案件が進んで、買収調査を実施する段階になれば、チームを増員する必要があります。もちろん、第6章の通り、買収調査は専門家が主体となって実施します。ただ、製造の技術や販売のノウハウや特殊な製商品は、その分野の専門知識がないと、財務や法律の専門家では評価しきれません。そういった買収契約へ向けた評価のためと、第8章のM&A後の経営を見据えた経営計画を策定するために、適正な人員の投入が望まれます。

(2) アドバイザー

　前述の通り、売り手経営者が、以前に会社売却の経験があるというケースは

まずありません。これは、買い手側も同じで、中堅・中小企業の場合には、買収を検討することすら初めてという企業がほとんどです。したがって、案件を円滑に進めるためには、実務に精通したアドバイザーに依頼しておくことが肝要です。M&Aのアドバイザーとして必要な資質は、売り手側に立つ場合と大きく変わらないのでアドバイザーと面談して決めるのがよいでしょう。

M&Aでは、買い手側はあまり税務に絡むことはないので、法務面で弁護士、司法書士などの専門家と協同して、買い手の利益保護を図ることがアドバイザーの重要な役割です。

買い手側が、大企業の場合は、M&Aだけでなく経営方針についての、意思決定方法は確立されています。また、相応のスタッフも揃っているので、前述のように個別のM&Aに対応するチームを組めば、社長自らが陣頭指揮を執る必要はありません。

中堅・中小企業の場合は、かなり事情が違っています。普段から、人員に余裕を持っている企業はまれですし、あらゆる意思決定が社長に集中している企業がほとんどです。こういう企業では、社長自らが陣頭に立つか、古参の腹心の役員を代理で担当させる場合がほとんどとなっています。

第9章で、売り手がアドバイザーを選ぶ必要性について説明しましたが、中堅中小企業の場合は、同様の理由で、買い手もアドバイザーを選ぶことが肝要となっています。つまり、経営者が本業に専念するため、不慣れから来る不測の事態を回避するため、取引の適正さと妥当性の確保するために必要となります。

(3) 機密保持

売り手同様に、買い手にとっても推進中のM&Aに関して機密保持を徹底することは、最重要の留意点です。序章の通り、後継者のいない経営者がM&Aに踏み切れない大きな理由の3番目は、身売りの噂が流れ信用が毀損することです。つまり、経営的に問題がなく、後継者が不在で売却先を探している場合などで、情報が漏れることによって、知らないうちに身売りの噂が立ってしまい、売り手企業の信用不安を引き起こす危険性を懸念してのことです。したがって、売り手の信用保護の観点から、機密保持には特に細心の注意を払う必要が

あります。また、買い手が、公開会社の場合には、インサイダー取引規制に抵触する可能性もあり、買収案件を経営上の重要事項として管理徹底することが重要です。

具体的な管理方法としては次のようなものが挙げられます。

社内で情報にアクセスできる社員を限定しておき、その他の社員にはいっさい知らせてはいけません。アドバイザーとの連絡、打ち合わせは、売り手のように社外をベースに、時間外を原則にする必要はありませんが、打ち合わせには関係者以外は入れてはいけません。関係者以外に聞かれない場所に限定する必要があるでしょう。電話連絡も携帯電話をベースにし、周りに聞かれないように、別室から電話をするか、アドバイザーからかかってきた場合には、いったん切ってから別室からかけ直すなどの細心の注意が必要です。

当然、資料の管理も、厳重にする必要があります。不用意に机上に放置しないとか、手元の検討資料は売り手の実名は入れないとか、実名が表記されている書類は別室でしか読まず、保管も必ず施錠できるキャビネットなどを使用するなどの機密書類を扱うのと同様の注意が必要です。

(4) 文書主義

関連会社や子会社の再編、統合目的以外で、第三者との間でM&Aを行う場合には、買い手がM&A後に税務で苦労することはあまりありません。買い手が、文書化、文書の保管に留意しなければならない理由としては、次の3点が挙げられます。

まず、売り手同様に、交渉の途中での行き違いを避けるために重要です。

次に、M&A後に株主から説明の要請があった場合や、資料の開示請求があった場合に備えておく必要があります。この場合、社内で揃えた資料や報告書に加え、アドバイザーや専門家の意見書、鑑定書を揃えておけば、案件の成約に至るまでの意志決定が合理的経営判断に基づいて行われたことの証左になります。

3点目は、公正取引委員会などの公的機関からの照会に対しても備えておくことです。例えば、買い手が株式公開企業で、売り手がその下請けではないが従来からの取引先といったケースでは、取引が公正に行われたか、いわゆる中

小企業いじめ的なことがなかったかどうか、買い手が照会を受けることがあります。このような場合、買い手企業にとって、取引の合理性、売買価格の妥当性を証明し、M&A後も自己の利益を保護するために、客観性のある資料を保管しておくことは重要です。

第11章
未上場企業M&Aのプロセス

未上場企業のM&Aの手順は、4段階になっています。

■ 事前検討段階

売り手は、自社の売却について、アドバイザーに事前相談し、方針や条件を決めるために必要資料を準備します。買い手は、経営方針に沿ってM&A戦略を決定し、買収の基本計画を策定します。

■ 相手先の探索、調査段階

売り手はアドバイザー経由や自社ルートで買い手候補に売却を打診します。買い手が興味を示せば、事前調査に必要な資料を買い手に提供します。買い手は調査や検討を加え、さらに話を進めるのであれば、アドバイザーを通じ基本的な条件を提示します。

■ 基本合意段階

買い手から提示のあった条件を基に話し合い、売り手、買い手の双方が基本的な条件に合意すれば、話を進めるために基本合意書ないしは覚書を締結します。この後、買い手は専門家やアドバイザーと共同で、売り手への買収調査を実施し、書面調査の結果の確認や実地、現物調査を行います。

■ 本契約段階

買収調査の結果を基に、買い手側は再度条件を提示し、売り手と折衝・調整して、最終の売買価額を含めて諸条件を決定します。内容が確定すれば本契約書を作成し、調印式を行います。売り手から買い手へ各種書類や印鑑などを手渡し、資金決済のクロージング手続きを実行します。これで手続き面でのM&Aは完了します。

　未上場企業がM&Aに取り組む際の、売却のノウハウと買収のノウハウは、第9章と第10章の通りとなっています。本章では、事業承継M&Aがどのような手順で進められるのか、また、その流れの中で、アドバイザーが果たす役割や売り手と買い手はどのように対応していくのかを見ていくことにしましょう。

　図表11－1が事業承継M&Aの標準的な実務の手順を表しています。図表は事業の承継先探しを依頼する段階からの手順となっていますが、第9章の3節で自社ルートから候補先を探した後で、アドバイスを依頼する場合にも、おおむね同様の手順となります。

　図表では、左側を売り手とし、アドバイザーを挟んで、右側を買い手と表記しています。また、矢印は、依頼するとか、質問する、回答する、書類を提供する、という場合の方向を表しています。また、本表では、アドバイザーの役割は、仲介の場合を前提としていますが、売り手と買い手が、別々のアドバイザーを立てる場合も、進め方や手順としては同様となります。

　M&Aの進め方は、アドバイザーを決めてから完了に至るまでは、図表の左側の縦欄に示しているとおり四つの段階に大別されます。

1　事前検討段階
2　相手先の探索・調査段階
3　基本合意段階
4　本契約段階

となっています。案件ごとに、各段階の期間の長短や細かい手続きは違いますが、かなり例外的な案件でもない限り、いずれかの段階を飛ばして成約することはありません。

　各段階でのステップや留意点は以下の通りとなっています。

事前検討段階

（1）売り手

　M&Aの準備段階で、アドバイザーとの意思疎通を図るためにも重要な期間

図表11−1 未上場企業M&Aのプロセス

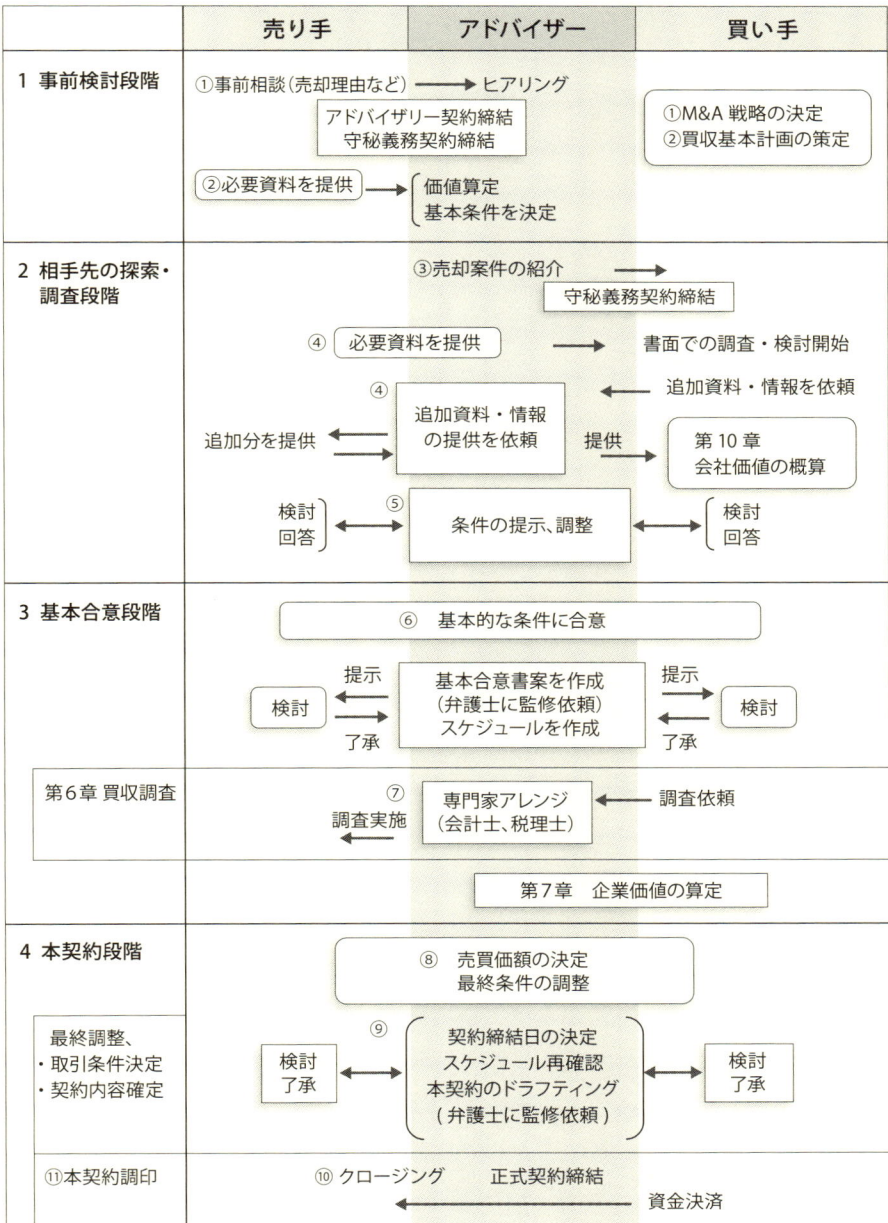

となっています。

① 事前相談

　第9章の通り、事業承継目的のM&Aはアドバイザーを決めることが不可欠で、第一歩は、アドバイザーへの事前相談から始まります。事前相談では、M&Aの基本的な考え方や進め方を知りたいとか、具体的に検討したいとか、相談内容はさまざまです。いずれにしても、アドバイザーには、簡単な会社資料を持参するとか、相手先が決まっているのであれば、相手先の概要が分かる資料も持参して説明することになります。

i　初期のヒアリング

　事前の相談で、アドバイザーが一番知りたいのは、M&Aを決定した、ないしは検討している理由や背景についてです。

　第9章の3節のように、自社のルートで相手先が既に決まっていて、取り進め方や手続きについて、アドバイスを依頼したい場合には、M&Aに踏み切った理由や、買い手候補が見つかった経緯や関係などについてヒアリングがなされます。

　また、会社の売却について基本的なことを知りたいとか、まだ迷っているような段階での相談の場合には、理由や背景についてあまり深入りしないこともあります。それよりも、事業承継目的のM&Aのメリットや進め方について、経営者が抱いている不安や懸念を払拭してあげるようにします。

　ヒアリングの結果、売却の意志が明確で、理由や背景も納得できるものであれば、このほかには、経営に関すること、株主構成、売却希望額、売却先の希望、支障となることやネックとなることに関してさまざまな質問があります。

　また、アドバイザー側からは、事業承継目的のM&Aの取り進めに関する基本的な手順や注意点、それと報酬や費用負担について説明があります。お互い旧知の仲ではないので、売り手は聞かれることに抵抗感を感じることも多いようです。相談する経営者の立場から見れば、質問の内容や、仕方をよく見ることにより、アドバイザーの経験の度合いや役割に対する姿勢が推し量れるので、アドバイザーを選ぶための好材料ともなります。

ii アドバイザリー契約と秘密保持契約の締結

事前相談とヒアリングの結果、売り手がアドバイザーに業務の依頼を決めれば、第9章のアドバイザリー契約と秘密保持契約を締結することになります。

② 必要資料の準備

i 必要資料の提供

契約を結べば、アドバイザーから第10章の図表10－1の資料の提供依頼があります。業種や会社によっては、追加の資料や不要な資料はありますが、表の範囲内の資料が基本となります。資料を使った企業や事業の検証と評価方法については、第10章2節（4）の通りですが、この段階では、次の目的で資料を使って検証、評価することになります。

主な作業としては、株価の概算の算定、譲渡資産の範囲や価額の試算、資料に基づく会社や事業内容の精査と検証を行います。

ii 事業概要と補足説明の作成

また、アドバイザーは、提供された資料をよく読んで、不明な点や問題点について質問書を作成し、再度売り手にヒアリングを実施し、追加の資料や説明資料の提供を依頼します。以上の作業の結果、会社の作成している会社概要書とは別に、アドバイザーは会社や事業の特性が分かる概要書を作成します。要は、売り手の長所を明確にしてあげるのが目的となります。

iii 基本条件を決める

以上のような作業により、株価や事業の価額の概算がある程度は分かりますし、売り手の長所、問題点、課題もかなり明らかになります。それらに基づいて、譲渡の希望価額のほか、各種の条件を決めることになります。もちろん、これらの条件は、買い手候補が現れた後の話し合いや折衝の過程で、変わることが通常であり、売り手にはある程度の含みや幅を持ってもらうことが重要です。

以上の作業には、売り手の規模や業種や事業承継M&Aの方式にもよりますが、ほとんどの場合、1カ月以上がかかることも珍しくはありません。

(2) 買い手

① M&A戦略の決定

　M&Aは経営目標を実現する手段であり、M&Aを事業拡大の手段に採り入れるかどうかには、きわめて経営的な意思決定が必要です。経営者は、自社の将来を見すえ、自社にとって何が重要で優先的な課題なのかをまず見極めなければなりません。業容の拡大であれ、新規事業の展開であれ、このような経営目標の方向をはっきりさせてからでなければ、目標実現の手段としてM&Aを選択することが適切かどうかは判断できません。

　序章の通り、今や多くの企業がM&Aを成長戦略として打ち出し、積極的な買収を展開しています。戦略的で攻めのM&Aの展開には、経営陣の自社の将来像を描く能力と果敢な決断が不可欠となっています。

② 買収基本計画の策定

　M&A戦略の採用を決定したら、次に案件推進のためにM&Aの担当者、担当部門を設置するなど人的、組織的な措置が必要になります。担当部門などの実務グループは、自社の経営目標に基づき、M&Aによって進出する事業分野を明確にする必要があります。「なんでもいいから会社が欲しい」ということでは成功はとうてい望めません。方向性のない計画ほど危険なものはないからです。特に、国内なのか海外なのか、周辺や関連の事業へ進出するのか、異業種や新規の事業へ進出するのかによって、以後のM&A戦略は大きく異なってきます。経営目標を達成するのに適合する分野は何かを十分に検討することが重要になります。

　M&Aの分野が決まれば、次にM&Aのスケジュールを具体化しなければなりません。この段階で、情報を豊富に持っているアドバイザーなどに相談し、アドバイスを受けることも必要です。あらゆる情報を総合して、事業の展開をしていくのに最適な時期（いつ）、地域（どこで）、投資額（いくらで）を十分検討し、M&A基本計画（スケジュール）を決定しなければなりません。

　この段階では、まだ具体的な買収案件はありませんが、基本計画を練り上げていく過程で、自ずと買収したい企業の輪郭が浮かび上がってきます。この基

本計画を策定しないと、いつまでたっても、M&Aの戦略は抽象的な状態のままとなります。

　輪郭が浮かび上がれば、データベースから、候補となる会社が選定できますし、次のように、アドバイザー経由で具体的な売り案件が持ち込まれても、迅速に対応することも可能となります。

2 相手先の探索、調査段階

　売り手は、準備ができれば、いよいよ売却を打診する候補先を探すことになります。また、相手が決まっていれば、次のステップで必要資料を提供することから始まります。この段階は、相手先探しから始まる場合は、普通でも半年ぐらいかかりますし、初めての候補先と成約に至るとは限りません。売り手側にとっては、忍耐力が必要な期間が続くことになります。

（1）売却の打診

　アドバイザーは、売り手と打ち合わせて、買いニーズリストに登録されている会社に打診を行います。打診の結果、買い手が興味を示し、具体的に検討したいとの回答があれば、売り手の了承を得て、上記で準備した資料を提供することになります。提供の際には、買い手候補先と売り手の間で守秘義務契約を取り交わします。

（2）必要資料を提供——買い手候補が内容を検討・調査・分析

　第10章2節の通り、買い手候補先は、資料に基づいて、企業や事業の検証と評価を実施します。資料以外に上記の事業の説明書や内容を補足する説明書も提供しますが、通常は、さまざまな質問や追加資料の要請があります。質問の内容が、売り手の企業秘密や従業員の個人情報にかなりかかわるようなことであれば、この段階では回答を保留するとか、断ることもあります。非常に難しいことですが、アドバイザーには、内容を明確に仕訳していくことが求められます。

（3）基本的な承継の条件を提示

　以上の書面での企業や事業の評価が終われば、買い手側から、案件をさらに進めるかどうかの回答があります。さらに進めることになれば、基本的な条件の提示があります。大きくは、譲渡の形態、譲渡の価額、その他の引き継ぎの条件について提示があります。

 # 基本合意段階

　基本的な条件に合意して、事業承継の最終的な条件を決めていくために、買い手が売り手の内容を最終確認する段階となります。

（1）双方が基本的な条件を合意

①　基本合意書ないしは覚書の締結

　提示された条件について、売り手と買い手の間ですり合わせを行い、修正を加えることになります。双方が基本的に合意すれば、基本合意書ないしは覚書を取り交わします。アドバイザーは、上記の基本的な条件を盛り込んだ基本合意書、覚書の案を作成し弁護士の監修を受けます。

②　スケジュール表の作成

　基本合意書・覚書の作成と並行して、正式契約までに当事者（売り手・買い手）とアドバイザーがとる手続きや用意する必要がある書類を、一覧表にしたスケジュール表を作成することが必要です。形式は別にして、必要な手続きに漏れがないように、正式契約までのスケジュール表を作成しておくことが望ましいでしょう。

（2）買収調査の実施

　基本合意書や覚書が締結されたら、買い手側が第6章の買収調査を実施します。買収調査は、高い専門性を必要とすること、また期間が限られることから、買い手が選んだ公認会計士、税理士、弁護士が協働で行います。

　以前は、"買収監査"とされていましたが、当事者間で任意に行う調査であり、上場企業に対する"法定の監査"と区別するために、最近では"買収調査"とされています。

4 本契約段階

　買収調査の結果、売り手側に問題になるような瑕疵がなければ、正式契約に向けて、条件の最終調整を行い、契約締結、資金決済で完了を目指す段階になっています。

（1）売買価額の決定

　買収調査の結果を踏まえて、最終的な売買価額と最終の条件について提示があります。売買価額については、買い手側は第7章の企業価値の算定を行い、資産の評価や査定の結果を加味して、譲受けの希望価額の提示があります。

（2）最終条件の調整と決定

　売買価額以外の条件については、通常この段階までに（基本合意書の締結時）、大筋ないしは基本的な条件は決めておきます。買収調査で、よほど不測の事態でも発覚しない限り、後は細かな調整について打ち合わせるのと、正式契約書に盛り込む内容を確定することになります。M&A の形態別の契約書作成のポイントは、第3章から第5章の通りです。

　未上場企業の株式譲渡によるM&Aの場合、契約書作成の追加的なポイントは以下の通りです。

①　継承事項

　事業を承継した後、事業継続に必要な次の諸点について、契約書に明記します。従業員、得意先、仕入先、各種契約について、これらの当事者に対する、事業承継完了の発表、告知のタイミング、またその方法を十分に事前に打ち合わせることが重要です。

② 役員の処遇

売り手側役員のうち残留する役員とその地位、買い手側から送り込む役員とその地位、退職役員に対する慰労金を取り決めます。

③ 売り手オーナー経営者の個人保証の解除

中小企業は、会社の債務に対してオーナー経営者が、連帯保証しています。事業承継が目的のM&Aにより所有権と経営権が買い手側に移転するので、売り手のオーナー経営者の保証を解除する必要があります。

④ 法定の届け出

法定の届け出は、最終契約締結後に買い手側が実施しますが、売り手も必要であれば協力する旨を明記します。

(3) クロージング

クロージングとは、正式契約の締結、重要文書の授受、印鑑の授受などの経営権と所有権が移転する手続きの総称になります。

ⅰ 正式契約の案を作成

アドバイザーは、上記の最終的に合意した条件を盛り込んだ正式契約の案を作成し弁護士の監修を受けます。

ⅱ 契約日と必要書類の準備

契約書の準備と併行して、正式契約締結日を決め、クロージングへ向け必要書類の準備を取り進めます。

以下、株式譲渡の場合の必要書類などはおおむね以下の通りとなります。

正式契約日までに売り手、買い手に図表11－2の書類の準備を依頼し、遅くとも契約日の3～4日前には、必ず現物を確認する必要があります。

(4) 本契約の調印

すべての準備が完了すれば、売り手・買い手とアドバイザーが会して正式契約を締結する調印式を行います。

調印式は、通常は次の手順で取り進められます。

図表11−2　クロージングの必要資料など

● 売り手

・委任状

　　各株主からの株式譲渡に関する委任状

　　印鑑証明、法人株主は資格証明も必要

・取締役会議事録

　　株主の譲渡制限のある場合、譲渡承認決議が必要

・株券の現物

　　券面上の法定・定款記載事項の確認

　　ただし、株券が不発行の場合は、株主名簿

・退職役員の辞任届

・譲渡代金領収書

・その他

　　株式譲渡代金を振り込む場合は、各株主の振込口座を確認しておく

● 買い手

・印鑑証明、法人の場合は資格証明も必要

・株券の受領書（株券が不発行の場合は不要）

・その他

　　決済方法（小切手、振込み）を事前連絡

ⅰ **必要書類の確認**

  委任状、印鑑証明、資格証明

  取締役会議事録、役員辞任届

ⅱ **契約書の読み合わせ**

ⅲ **調印（署名捺印）**

ⅳ **株券の交付**

ⅴ **資金の決済**

以上で契約面での事業譲渡M&Aは完了します。

第 **3** 部

大企業のM&A

第12章

M&Aに関する法規制の要点

■ 金融商品取引法による規制

① 金融商品取引法（金商法）は投資者保護のため、株式や企業内容といった情報の開示を義務づけたり、有価証券の不公正な取引を禁止するなどの規制を定めた法律です。

② 情報の開示については、市場で株式を買い進めた結果、発行済株式数に占める比率が5%を超えた場合の大量報告書、総額1億円以上の有価証券を50名以上に対して募集または売り出す場合や同様の規模の組織再編成行為をする場合の有価証券届出書などの提出を義務づけています。

③ 開示規制違反やインサイダー取引などについては民法上の損害賠償責任、刑事罰、課徴金などの制裁が科せられます。

④ 金商法とは別に、金融商品取引所が規則により適時開示の制度を定めています。

■ 独占禁止法による規制

① 独占禁止法（独禁法）は従前、持株会社を禁じていましたが、1997年にこれを解禁し、これを受けて商法で株式交換・株式移転制度が導入されました。

② 株式移転は、既存の会社の株主が、その保有する株式を移転することにより新たに持株会社を設立する手続きです。金融持株会社の解禁とあいまって、多数の大企業のグループ再編や経営統合に利用されています。

③ 独禁法は、企業結合一般についても規制しています。他の会社の株式を所有することにより、事業支配力が過度に集中することを禁じ（一般集中規制）、企業結合が一定の取引分野における競争を実質的に制限することとなる場合や不公正な取引方法による企業結合を禁止しています（市場集中規制）。

④ 市場集中規制の対象となるような企業結合は、公正取引委員会への事前届出が必要となります。どのような企業結合が対象になるかについては公正取引委員会が「企業結合ガイドライン」を公表しています。

なお、事前相談制度は廃止され、届出前相談制度が採用されています。

金融商品取引法による規制

（1）年々厳しくなる金商法の開示規制

　金融商品取引法（金商法）は公正にして自由な証券市場を確立することにより、投資家を保護することをその目的としています。この目的のため、金商法は投資家の判断に影響を与える、株式や企業内容の開示規制、有価証券の不公正な取引の禁止などを定めており、単なる株式取得によるものだけでなく、その他のM&Aに対してもその規制は及びます。

　現行の金商法の定める開示書類は、株式などの大量保有の状況に関する書類（大量保有報告書）、企業内容などに関する書類があり、企業内容などに関する書類には、有価証券の募集または売出しの際の「発行開示」（有価証券届出書、目論見書など）と、一定の流通を有する有価証券の発行者に求められる「継続開示」の書類（有価証券報告書、四半期報告書など）があります。

　開示規制は年を追うごとに厳しくなっており、株式の募集を行うわけではない組織再編成行為にも開示規制が及ぶようになったり、継続報告も過去には半期報告しか義務づけられていなかった（ただし、証券取引所規則では求められていました）ものが四半期報告を求められるようになっています。

　なお、金商法は市場外での株式の大量取得については、公開買付届出書の提出などにより開示規制を及ぼしていますが、公開買付規制については第13章で説明いたします。

　また、金商法の開示規制とは別に、金融商品取引所がより迅速・柔軟な開示のための規制を規則化しており、これは適時開示制度と呼ばれます（本節の（8）項で述べます）。

（2）大量保有報告書（5％ルール）

　株式取得による買収の方法として、市場で株式を買い進めた結果、発行済株式数に占める比率が5％を超えた場合、5営業日以内に大量保有報告書を内閣総理大臣に提出しなければなりません（金商法27条の23第1項）。

記載事項は株券など保有割合に関する事項、取得資金に関する事項、保有の目的などです（株券等の大量保有の状況の開示に関する内閣府令2条　第一号様式）。

（3）有価証券届出書

①　本来の趣旨

総額1億円以上の有価証券の「募集」または「売出し」（50名以上に対する）は、原則として、発行者が当該有価証券の「募集」または「売出し」に関し、有価証券届出書（発行する株式や発行会社に関する情報を記載した書面）を内閣総理大臣に提出しなければ、これを行うことができません（金商法4条1項、5条）。

なお、有価証券届出書の提出が不要な場合でも、有価証券通知書の提出が必要な場合があります（金商法4条6項、企業内容等の開示に関する内閣府令〔開示府令〕4条）。

②　組織再編成行為に対する規制の拡大

従来の証券取引法（証取法）では、合併、株式交換、株式移転、会社分割など組織再編成により株式を発行する場合は、勧誘行為を伴わないとして有価証券届出書の提出は不要とされていたのですが、急増している組織再編成行為についての情報開示の充実を図るという観点から、金商法では組織再編成により新たに有価証券が発行される場合、または既に発行された有価証券が交付される場合において、当該組織再編成対象会社（吸収合併消滅会社・株式交換完全子会社など）が発行した株券などについて開示が行われていたにもかかわらず、当該新たに発行されまたは交付される有価証券について開示が行われていない場合には、当該有価証券の発行または交付に関し有価証券届出書の提出を行わなければならないとしました（金商法4条1項本文・2号）。

届出の効力発生は届出書が受理された15日後（金商法8条）であり、それまでの期間は取引の実行ができません（金商法15条）。

なお、対価が有価証券でない場合には、当該規制の及ぶ余地はありません。

（4）有価証券報告書

有価証券届出書の提出が必要な場合には、原則として有価証券報告書の継続的な提出も必要です（金商法24条1項3号）。

なお、有価証券報告書を提出しなければならない会社のうち、上場会社などは四半期報告書の提出が必要になります（金商法24条の4の7第1項）。従前証券取引所の自主ルールに任せていたものを、投資家保護のために法制化したものです。

（5）臨時報告書

有価証券報告書によって開示する会社は、必要に応じて臨時報告書を提出しなければなりません（金商法24条の5第4項、開示府令19条）。

（6）目論見書

相手方に対する直接開示方法として目論見書を交付しなければならない場合があります（金商法15条2項・3項・6項）。記載事項はおおむね有価証券届出書と同じです。

（7）不正に対する制裁

① 開示規制違反（主なもの）

i **無届・届出前募集・売出しの禁止**（金商法15条1項）

民事上の損害賠償責任（金商法16条）。

刑事罰としては5年以下の懲役もしくは500万円以下の罰金または併科（金商法197条の2第1項1号）、さらに両罰規定により法人にも5億円以下の罰金が科せられます（金商法207条）。課徴金の制裁の対象にもなります（金商法172条）

ii **有価証券届出書の虚偽記載**

民事上の損害賠償責任（金商法18条・19条）は無過失責任です。

役員など関係者の賠償責任（金商法21条）。

刑事罰としては10年以下の懲役もしくは1000万円以下の罰金または併科

（金商法197条1項1号・3号）。課徴金の制裁の対象にもなります（金商法172条の2）。

② インサイダー取引

i 内容

取引の対象となる有価証券について、内部者として重要事実（株価の騰落を左右するような、投資家の判断に影響を及ぼすような情報）を知った者は、これが公表される前に取引をしてはならない、というものです（金商法166条）。

重要事実に含まれるM&A行為としては、株式、新株予約権および新株予約権付社債の発行、合併、会社の分割、事業譲渡・譲受けなどがあります。例えば、経営が苦しい会社が、他の会社と合併することにより救済されるような場合、この事実が公表されれば株価が上昇しますので、内部者は公表前、すなわち株価が上がる前に会社の株を買っておけば、公表後の上昇した株価との差額を利得できることになります。しかしこれでは、一般の投資家が不当に不利な扱いを受け、結果として市場の公正性が失われてしまいます。これを防ぐためにインサイダー取引規制がもうけられているわけです。

ii 制裁

刑事罰としては5年以下の懲役もしくは500万円以下の罰金または併科（金商法197条の2第1項13号）、没収・追徴（金商法198条の2）、さらに両罰規定により法人にも5億円以下の罰金が科せられます（金商法207条）。課徴金の制裁の対象にもなります（金商法175条1項）。

（8）金融商品取引所の規則に基づく適時開示

金商法の開示規制とは別に、金融商品取引所が、有価証券の投資判断に重要な影響を与える会社の業務、運営または業績などに関する情報を迅速・正確に公表するための規則を定めており、これを適時開示制度と呼んでいます。

金融商品取引所は上場会社に対して、重要な会社情報が生じた場合、ただちに適時開示規則に従った適切な公表措置（東京証券取引所の場合にはTDnetへの登録）を行うことを義務づけています。（TDnetについては東京証券取引

所HP　http://www.tse.or.jp/rules/td/tdnet.html　をご参照ください）。

 ## **2** 独占禁止法による規制その1——持株会社の解禁と株式移転

（1）持株会社の解禁

①　持株会社の禁止と解禁

　持株会社とは、他の会社を株式所有により支配することを主たる目的とした会社（純粋持株会社）および他の会社を株式所有により支配しているが一定の事業も行っている会社（事業持株会社）のことをいいます。

　戦前、経済を独占していた財閥がこの純粋持株会社形態をとっていましたが、1947年に制定された独占禁止法（独禁法）により、財閥解体の目的のため、純粋持株会社は全面的に禁止されました。しかし、いわゆるバブル崩壊後経済が停滞する中、企業再編・統合の促進などの必要性が叫ばれるようになり、これを受けて97年に独禁法が改正され、純粋持株会社は解禁となり、原則として自由に設立、使用できることになりました。ただ、例外として、「事業支配力が過度に集中することとなる」場合の持株会社の設立などは禁止されました（現行法上の規制については3節で述べます）。

　その後旧商法が株式交換、株式移転の制度を導入し、持株会社の実現が制度上も確立されました。純粋持株会社については、株式交換、株式移転のほか、全部事業譲渡、抜け殻方式による会社分割（すべての事業を子会社に承継させる方式）、により可能となっています。

　なお、独禁法2002年改正により、持株会社のみならず、企業結合一般について「事業支配力が過度に集中することとなる」場合の規制がなされることになりました。

②　金融持株会社の解禁

　97年の独禁法改正に関連して、「持株会社の設立等の禁止の解除に伴う金融関係法律の整備に関する法律」が同年11月5日に成立し、銀行業、保険業や証券業を営む会社を子会社とする持株会社も解禁されました。銀行持株会社に

図表12-1　金融持株会社

	持株会社	主な子会社
銀行系	みずほフィナンシャルグループ	みずほ銀行、みずほコーポレート銀行、みずほ信託銀行、みずほ証券、みずほインベスターズ証券、オリエントコーポレーション、ユーシーカードなど
	りそなホールディングス	りそな銀行など
	三菱UFJフィナンシャル・グループ	三菱東京UFJ銀行、三菱UFJ信託銀行、池田泉州ホールディングス、三菱UFJモルガン・スタンレー証券、三菱UFJリース、アコム、モビット、三菱UFJニコスなど
	三井住友フィナンシャルグループ	三井住友銀行、三井住友カード、三井住友ファイナンス&リース、SMBC日興證券、セディナなど
	日本郵政	ゆうちょ銀行、郵便局、郵便事業、かんぽ生命保険など
証券系	野村ホールディングス	野村證券、野村信託銀行など
	大和証券グループ本社	大和証券、大和ネクスト銀行など

ついては、「銀行持株会社の創立のための銀行等に係る合併手続の特例等に関する法律」（97・12・12）により、特例が認められています。この法律は三角合併方式を採用したものといわれています。

　金融持株会社の解禁および特に株式移転の導入により、金融機関・証券会社・生損保会社など多数の会社が金融持株会社を設立し、異なる業態の会社が金融持株会社の傘下にあります。代表的なものは図表12-1の通りです。

（2）株式移転（完全親会社の創設）

① 株式移転とは

　既存の会社の株主が、その保有する株式を移転することにより、新たに持株会社を設立する会社法上の手続きです。すなわち、図表12-2のように、A社

の株主が、新設の会社B社にA社の株式を移転し、その代わりにB社株式の交付を受けることによってB社を設立します。A社株主はB社の株主となり、B社はA社の100%親会社（持株会社）となります。新設合併手続に類似していますが、債権者の異議手続を行わなければならない場合が限定されているなどの差異があります。

　また、株式移転を用いることにより、複数の既存の会社が持株会社のもとに経営を統合することが可能です（共同株式移転、図表12－3）。M&Aの観点からはこの共同株式移転が重要であり、現実にも多数の利用例があります。いきなり合併するのではなく、経営統合の第一段階として、持株会社を創設してその子会社として各会社が残り、状況を見ながら緊密な統合を図ることが適切だと判断した時点で子会社どうしの合併に進む、という柔軟な対応が可能になります。

②　株式移転に対する会社法の規制

i　株式移転ができる会社の種類

　完全親会社として持分会社を設立する株式移転は認められていません（会社法2条32号）。

　また特例有限会社は株式移転の当事会社となることはできません（会社法整備法38条）。

ii　手続き

　（イ）大まかなスケジュールは図表12－4の通りです。原則、①株式移転計画を作成し、②株式移転について株主総会の特別決議による承認を受けなければなりません（会社法772条、804条1項、309条2項12号）。③反対株主には株式買取請求権が認められます（会社法806条）。

　（ロ）株式移転にあっては、簡易組織再編・略式組織再編の規定の適用はありません。

　（ハ）債権者の保護について――株式移転は債権者の地位の変動をもたらすものではなく、債権者の利害に大きな影響を及ぼすケースは限られていますので、債権者異議手続が要求されるのは完全子会社について、株式移転計画新株予約権が新株予約権付社債に付された場合の当該新株予

図表12-2 株式移転の概要

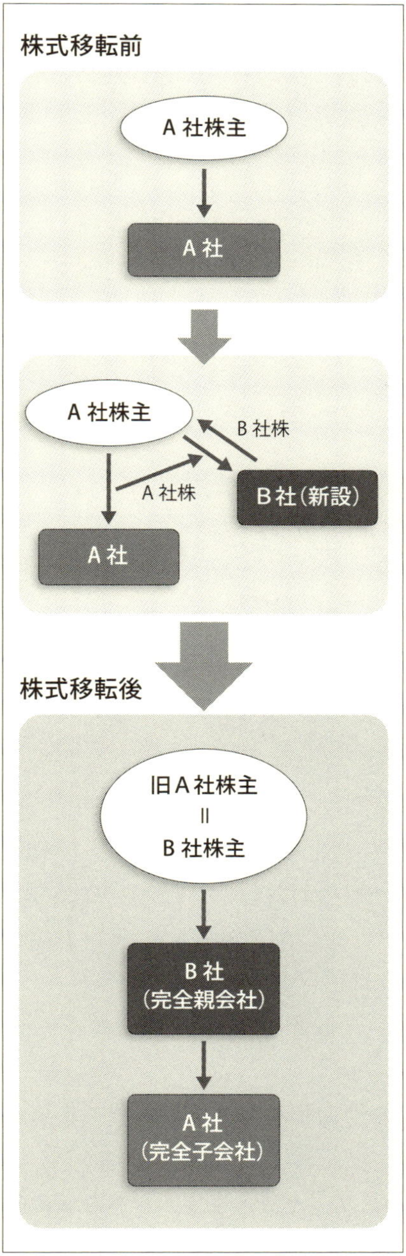

株式移転前

A社株主

↓

A社

⬇

A社株主

B社株 ↗
A社株 ↓ ↘
A社　　B社（新設）

⬇

株式移転後

旧A社株主
＝
B社株主

↓

B社
（完全親会社）

↓

A社
（完全子会社）

図表12-3 共同株式移転の概要

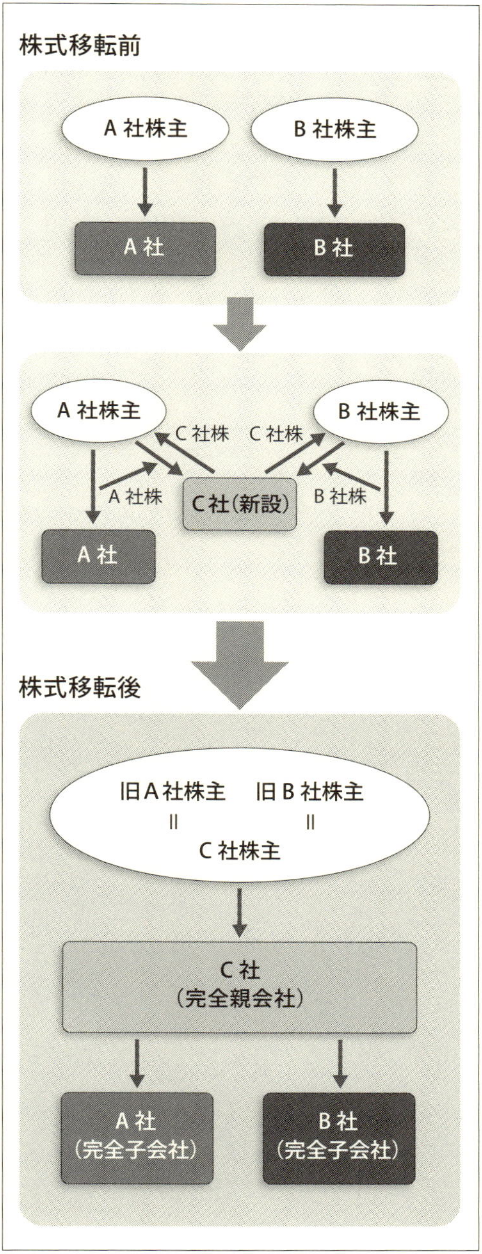

株式移転前

A社株主　　B社株主

↓　　　　　↓

A社　　　　B社

⬇

A社株主　　　　　　　　B社株主

C社株　C社株
A社株 ↓ ↘↙ ↓ B社株
A社　　C社（新設）　　B社

⬇

株式移転後

旧A社株主　　旧B社株主
＝　　　　　　＝
C社株主

↓

C社
（完全親会社）

↓　　　　　　　↓

A社　　　　　　B社
（完全子会社）　（完全子会社）

図表12-4 株式移転スケジュールの例

日程	株式移転完全子会社	株式移転完全親会社
2012年		
5月1日	取締役会決議(株式移転計画の承認)	
5月31日	株式交換計画の作成	
6月12日	株主総会招集通知発送・事前開示書類の本店備置	
6月28日	株主総会(特別決議による株式移転計画の承認)	
7月31日	(必要に応じて)債権者に対する通知・公告	
7月31日	(共同株式移転の場合、必要に応じて)公正取引委員会への事前届出	
8月12日	反対株主の株式買取請求権行使開始	
8月31日	反対株主の株式買取請求権行使期限	
9月1日	効力発生日(株式移転完全親会社の設立登記日)	
2013年		
2月28日	事後開示書類の本店備置	

（図中注記：2週間以上／1カ月以上／30日以上／20日以上／翌日／6カ月以上）

　約権付社債権者（会社法810条1項3号）に対するものに限ります。

　（ニ）効力発生時期——株式移転設立完全親会社が設立の登記により設立されたとき効力が発生します（会社法49条・774条）。

　（ホ）事後開示——効力発生日後遅滞なく、完全親会社・完全子会社は、共同して、その行為により完全親会社が取得した完全子会社の株式の数その他の株式移転に関する事項として法務省令（会社法施行規則210条）で定める事項を記載した書面（または電磁的記録）を作成し（会社法811条1項2号）、効力発生日から6カ月間本店に備置します（会社法811条2項）。

③ 株式移転に対する独禁法の規制

　次項で詳しく述べますが、09年改正により共同株式移転も公正取引委員会への事前届出の対象になりました（独禁法15条の3）。共同株式移転の実態が合併に近いことから、このような規制の対象になったようです。単独株式移転は事前届出の対象になりません。

図表12−5　株式移転における適格要件

支配関係		要　件
100%		他の条件を満たすことなく、適格に該当します （再編後も100%の支配関係の継続が必要です）。
50%超 100%未満	従業員引継要件	従業員のおおむね80％以上が引き継がれる見込みであること
	事業継続要件	再編後も対象事業を継続する見込みであること
50%以下	事業関連要件	事業に関連性があること
	規模要件または 特定役員要件	両会社の事業規模（売上高、従業員数、その他これらに準ずるもの）の格差が1：5以下であること または 完全子会社の特定役員※のいずれかが退任しないこと（完全親会社の役員へ就任する場合を除く）
	従業員引継要件	従業員のおおむね80％以上が引き継がれる見込みであること
	事業関連要件	再編後も対象事業を継続する見込みであること
	株式保有継続要件	A.　完全子会社の株主に交付された完全親会社株式の全部を継続保有する見込みである株主の保有株式数が、完全子会社の発行済株式総数の80％以上であること（株主が50人以上である場合は除外されます。） B.　再編後に完全親会社が完全子会社株式の全部を継続保有する見込みであること

※　特定役員とは、常務クラス以上の役員および法人の経営の中枢に参画している者をいいます。
（注）前提として「株式以外の資産が交付されないこと（利益配当を除く）」の要件を満たす必要があります。

④　株式移転に対する金商法による規制

1節で詳しく述べていますが、組織再編成行為として開示規制・インサイダー規制の対象となります。

⑤　株式移転の税務

株式移転についても、株式交換と同様、組織再編税制の一つとして、一定の要件（図表12−5参照）を満たしているか否かで「適格」または「非適格」を判定し、適格要件を満たす場合には、非課税組織再編とし、非適格の場合には、株式移転完全子会社の各法人へ時価評価課税が適用されます。

3 独占禁止法による規制その2——M&A全般に対する規制

(1) 概要

　現行独禁法はその第4章で、持株会社に限らず、企業結合（株式保有・合併・役員兼任など、企業再編を含む、会社組織の継続的一体性をもたらす会社法上の手段）の規制について規定しています。

　独禁法上の規制は大きく分けて「一般集中規制」と「市場集中規制」に分かれます。一般集中規制（独禁法9条・11条）は国民経済、ないし、ある産業全体における力の集中となる企業結合を禁止するもので、法文上・ガイドライン上、一定の明確な数量基準により規制がなされています。

　一方、市場集中規制（独禁法10条・13条〜16条）は、「一定の取引分野」における競争を実質的に制限することとなる場合、および不公正な取引方法によるものである企業結合を禁止しています。

　禁止された企業結合が実行された場合、排除措置命令の対象となり（独禁法17条の2）、合併・共同新設分割・吸収分割・共同株式移転は無効の訴えの対象となります（独禁法18条）。

(2) 一般集中規制について

① 「事業支配力が過度に集中する」ことの定義

　独禁法は、会社が、他の国内の会社の株式を所有することにより「事業支配力が過度に集中することとなる」会社の設立や、他の国内の会社の株式を取得し、または所有することによって国内において「事業支配力が過度に集中することとなる」会社となることを禁じています（独禁法9条1項・2項）。

　「事業支配力が過度に集中する」ことの定義は9条3項で示されています。

　すなわち、会社および子会社、その他当該会社が株式の所有により事業活動を支配している他の国内の会社（実質子会社）の総合的事業規模が相当数の事業分野にわたって著しく大きいこと、これらの会社の資金にかかわる取引に起因する影響力が著しく大きいこと、これらの会社が相互に関連する相当数の事

業分野においてそれぞれ有力な地位を占めていること、のいずれかに該当し、かつ、それにより国民経済に大きな影響を及ぼし、公正かつ自由な競争の促進の妨げとなる場合です。

上記については、2002年に公正取引委員会が「事業支配力が過度に集中することとなる会社の考え方」(「事業支配力過度集中ガイドライン」)を公表しています(最新の改正は10年1月1日になされています。公正取引委員会のHP http://www.jftc.go.jp/dk/magl-jigyoushihairyoku.html)。

② 公正取引委員会への届出

事業支配力が過度に集中する企業結合の監視のため、下記の場合はその会社は毎事業年度終了後3カ月以内に、当該会社と傘下の子会社の事業に関する報告書を公正取引委員会に提出しなければならないこととなっています(独禁法9条4項、独禁法施行令13条)。

　ⅰ　子会社の株式の取得価額(最終の貸借対照表において別に付した価額があるときは、その価額)の合計額が当該会社の総資産の50%を超える会社(現行法ではこれを「持株会社」といいます)について、会社とその子会社の総資産を連結した合計額が6000億円を超える場合

　ⅱ　銀行業・保険業・または第一種金融商品取引業(金商法28条1項)を営む会社について、会社とその子会社の総資産を連結した合計額が8兆円を超える場合

　ⅲ　その他の会社については総資産の合計額が2兆円を超える場合

また、これに該当する会社を設立した場合には、設立後30日以内に、当該会社および傘下となる子会社に関する事項を含む届出書の提出が求められます(独禁法9条7項)。

(なお、09年独禁法改正により、「子会社」の定義が条文上追加されました[9条6項・7項]。)

③ 銀行・保険会社の株式保有の制限(独禁法11条)

銀行業または保険業を営む会社は、原則として他の国内の会社の議決権を、その総株主の議決権の5%(保険業は10%)を超えて有することになる場合は、

その議決権を保有・取得できません。

(3) 市場集中規制について

① 概要

企業結合が「一定の取引分野」における競争を実質的に制限することとなる場合、不公正な取引方法による企業結合は禁止されています（会社による株式の取得・保有について独禁法10条、役員兼任について同13条、会社以外の者による株式の取得・保有について同14条、合併について同15条、共同新設分割および吸収分割について同15条の2、共同株式移転について同15条の3 [09年改正で加わりました]、事業の譲受けについて同16条）。

現在、株式の取得・保有、合併、会社分割、事業譲渡、共同株式移転については一定の場合、公正取引委員会に対する事前届出制がとられています。会社による株式の取得・保有については、従前、事後報告制がとられていましたが、09年独禁法改正により、事前届出制に変更されました（独禁法10条2項）。他の規制と同様に届出から30日を経過するまでは株式の取得が禁じられることになりましたので（待機期間［禁止期間］独禁法10条8項）、30日以上前の事前届出が要求されることになります。この期間については公正取引委員会が必要と認めた場合、これを短縮することができます（独禁法10条8項など）。

さらに、排除措置命令は届出受理後120日以内もしくはすべての報告の受理後90日のいずれか遅い日までになされるべきことが規定されました（独禁法10条9号）。

② 上記報告義務の対象となる株式取得について

i 上記報告義務の対象となる株式取得については、09年改正以前の独禁法は、単体総資産額が20億円を超える会社であり、かつ当該会社並びに当該会社の国内の子会社（当該会社が議決権の50%超を保有する会社）および国内の親会社（当該会社の議決権の50%超を保有する会社）の総資産合計額が100億円を超える会社が、他の、総資産額が10億円を超える会社の株式を取得する場合であって、取得後の議決権割合が10%、25%または50%を超える場合に報告義務があるとしていました。

　しかし、09年独禁法改正では、直接の親会社と子会社だけではない「企業結合集団」を基準に、総資産ではなく「国内売上高」を基準とすることにし、株式取得会社の属する企業結合集団の国内売上合計高が200億円を超える場合で、他の会社（株式発行会社）とその子会社の国内売上高を合計した額が50億円を超える場合に届出義務が課されることになりました。また、取得後の議決権割合については20％または50％を超える場合に届出義務が課されることになりました（3段階から2段階になったということです）。そして外国会社に対しても、国内会社と同様の届出基準に服することとしました。

ⅱ　事前届出免除の範囲は、親子会社間および兄弟会社間のほか、いわゆる叔父甥会社間の合併など同一企業グループ（企業結合集団）内の企業再編まで拡大しました（独禁法15条2項・15条の2第2項・15条の3第2項・16条2項の各但書）。

③　その後の見直し（審査手続および審査基準の見直し）

　10年6月18日閣議決定された「新成長戦略」において「グローバル市場にも配慮した企業結合規制（審査手続および審査基準）などの検証と必要に応じた見直し」が行われるべきこととされ、これを受けて公正取引委員会は11年6月14日、企業結合規制（審査手続きおよび審査基準）について、規則、企業結合ガイドラインの一部改正、「企業結合審査の手続に関する対応方針」の策定、「企業結合計画に関する事前相談に対する対応方針」の廃止を公表しました（公正取引委員会HP http://www.jftc.go.jp/pressrelease/11.june/110614kiketsu.pdf）。

　具体的な内容は次の通りです。

ⅰ　事前相談制度の廃止・届出前相談制度の採用

　重要な企業結合については、当事者の任意の申し出に基づき、当該企業結合の違法性に関する相談が行われ、公正取引委員会が結果の回答や公表を行うという手続きがありました（事前相談制度）。しかし09年独禁法改正により株式取得も事前届出義務が課されたため、事前に公正取引委員会の判断を得るという事前相談制度の意義が薄れたこと、独禁法上の最終判断は法定の

届出後になされるべきであるとの意見があったことなどから、11年7月1日施行の「企業結合審査の手続に関する対応方針」により、事前相談制度は廃止され、新たな制度として「届出前相談制度」が定められました（対応方針2）。届出予定会社は届出前に任意で届出書の記載などに関する相談を受けることができるというものです。ただし、届出前に、独禁法上の判断をすることはありません（公正取引委員会　届出制度Ｑ＆Ａ　届出前相談についてＱ2　http://www.jftc.go.jp/ma/qa-3/qatodokede.html）。

ii　公正取引委員会による論点などの説明

　公正取引委員会と届出会社との意思疎通を密にすることは迅速かつ透明性の高い企業審査を可能にし、公正取引委員会と届出会社の双方に有益であるとの考え方から、公正取引委員会は、届出会社から企業結合審査における論点などについて説明を求められた場合または必要があると公正取引委員会が認めた場合には、その時点における論点などについて説明するとされました（対応方針4）。

iii　届出禁止期間短縮の要件の大幅緩和

　対応方針では、届出会社が書面により禁止期間（30日、独禁法10条8項など）の短縮を申し出た場合で、公正取引委員会が排除措置命令を行わない旨の通知を行った場合は、禁止期間が短縮されることとなりました（対応方針5（2））。

iv　企業結合審査結果の公表（対応方針5（2）・6（3）イ）

v　審査基準

　どのような企業結合が競争を実質的に制限することとなり審査の対象となるかの基準については、04年5月31日に公表された「企業結合審査に関する独占禁止法の運用指針」（「企業結合ガイドライン」）に示されていますが、09年独禁法改正に合わせて改正されています。

　11年6月の見直しにおいては、この改正に合わせて届出書の様式が一部変更となり、届出書記載事項が縮減されています（最新の企業結合ガイドラインについては公正取引委員会HP　http://www.jftc.go.jp/dk/shishin01.pdf、図表12－6参照）。

図表12-6　企業結合審査のフローチャートの概要

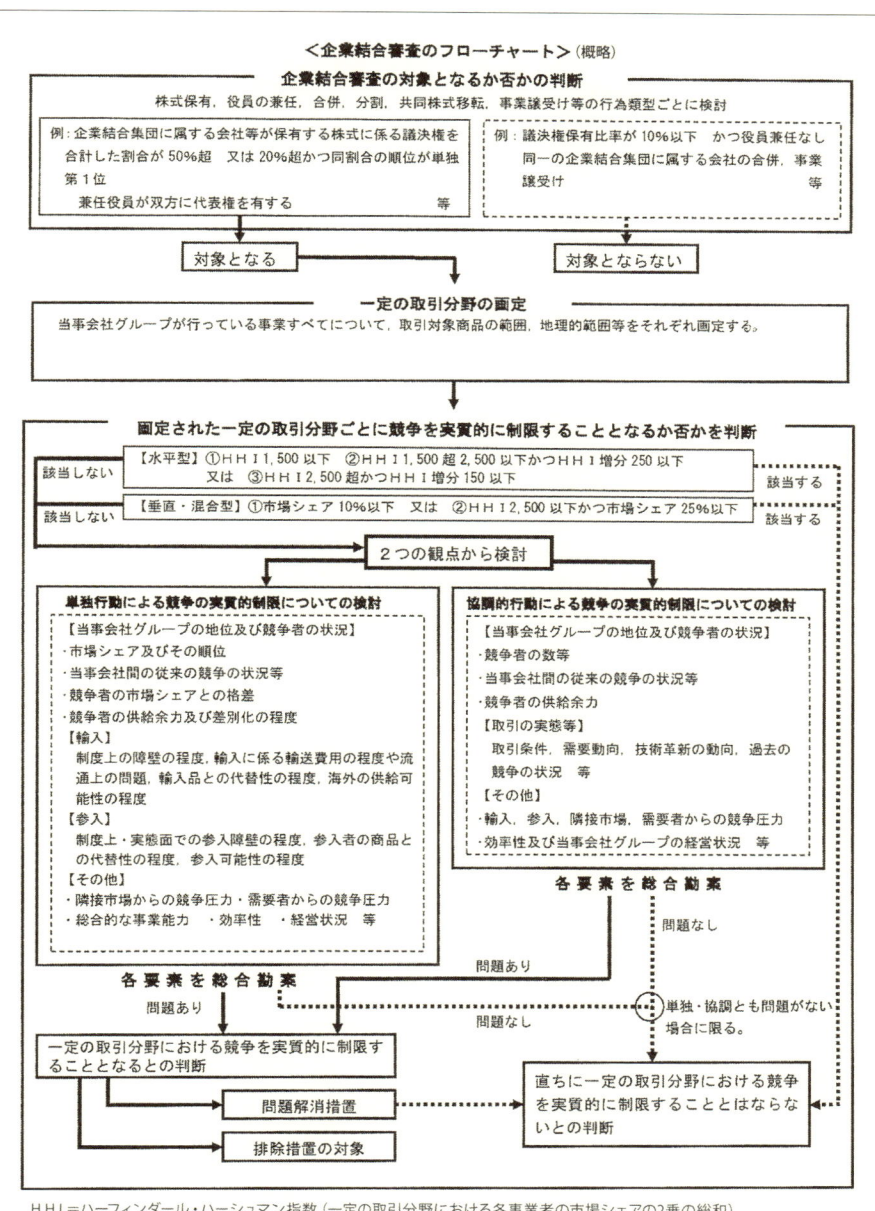

HHI＝ハーフィンダール・ハーシュマン指数（一定の取引分野における各事業者の市場シェアの2乗の総和）
公正取引委員会HP資料より著者作成

（4）独禁法と公開買付け

公開買付けも株式取得の一形態ですので、公正取引委員会への事前届出規制の対象になりますが、公開買付規制との関係でいくつか問題が生じます。詳しくは第13章で説明いたします。

TOB (Take Over Bid)
──上場株式取得によるM&Aとグループ再編

■ 公開買付け (TOB)

① 会社の支配権が移る可能性のある大量の株式買付け（5%、3分の1といった基準があります）を取引市場外で行うためには原則として公開買付けによらなければなりません。

② 公開買付者はある会社の経営陣と敵対的な者であっても、一方的に株式を買い集めることができます。また通常、その提示買付価格は市場価格より高く設定される（プレミアム）ので、株主にとってもメリットがあります。
最近ではむしろ全部取得条項付株式の利用と組み合わせるなどしたMBOや完全子会社化（全部取得条項付株式の利用などと組み合わせる）の手段として多く用いられています。

③ 公開買付手続においては、公開買付者は公開買付公告・公開買付届出書の提出などの情報開示が求められるほか、買付価格は均一でなければならない、買付価格の引下げなど応募株主に不利な条件変更は原則としてできない、撤回は原則としてできない、公開買付期間中は原則としてそれ以外の方法で買い付けることはできないといった規制を受けることになり、違反した場合には民法上の損害賠償義務・課徴金・刑罰の制裁を受ける可能性があります。また、独禁法上の事前届出義務の対象となる行為にも該当します。公開買付対象会社は意見表明報告書を提出する必要があります。

④ 公開買付けにより対象会社が上場廃止になる場合があり、各金融商品取引所が上場廃止基準を定めています。

■ MBO

① MBO（Management Buy Out）とは、上場企業の内部者（経営者や従業員）がその企業の株式を取得することによって、非上場化（going private）することを指します。

② 公開会社の非上場化、それ以外の会社においては、いわゆるのれん分け、後継者への引き継ぎといった目的のために利用されます。

③ 取得の対象である株式や事業の価格が適正に決定されたのか、外部者から見たときにその公正さが常に疑問となり得るので、株主が価格の公正性を法的に争ってくる場合があります（レックス・ホールディングスのケース）。

④ 経済産業省が2007年9月に「企業価値の向上及び公正な手続確保のための経営者による企業買収（MBO）に関する指針」を公表しています。

公開買付（TOB）制度

（1）強制公開買付制度と5％ルール

　株式の公開買付け（TOB＝Take Over Bid）とは、取引所市場外において株式を大量に買い付けようとする買付者に対して、不特定多数者に対する公告により買付期間・数量・価格などの開示を義務づけ、買収対象会社の株主が公平な売却の機会を確保できるようにする制度です。米国ではTO（Tender Offer）、英国では単にBidと呼ばれることが多いようです。

　すなわち、会社の支配権が移る可能性のある大量の株式買付けが行われる場合、会社の経営に大きな影響が出るのですが、特に取引市場外での買付けは市場内での取引よりもその内容が不透明になりやすいため、株主に十分な情報提供を行い、かつ、株主に株券売却の機会を平等に与えるために、原則として市場外での有価証券の買付けが行われる場合は、公開買付けによらなければならないというものです。

　日本においては、公開買付けの制度は1971年に証券取引法で定められ、90年の大幅改正により、現在の制度の原型ができました。すなわち、一定以上の大量の株式買付けに対する強制公開買付制度の導入と、公開買付けが義務づけられる買付け後の買付者およびその特別関係者の所有株式割合が、10％から5％に引き下げられたことです。後者の変更は、ある者が5％超の株式などを保有するに至った場合に、大量保有報告書の開示が義務づけられたこと（「5％ルール」）を受けたものです。

　さらにその後もより使いやすい制度にすべく、何度かの改正を経て現在に至っています。現在は金融商品取引法（金商法）により規制がなされており、金商法では「不特定かつ多数の者に対し、公告により株券等の買付け等の申込みまたは売付け等の申込みの勧誘を行い、取引所金融商品市場外で株券等の買付けを行うこと」と定義されています（金商法27条の2第6項）。なおこの「株券等」には新株予約権証券、新株予約権付社債券も含まれます（他社株府令1条1項）。

図表13-1 TOBの利用例（敵対的・対抗的）

公開買付者	対象会社	時期	性質	結果	備考
英ケーブル・アンド・ワイヤレス	国際デジタル通信	1999年5月	友好的（対抗的）	成立	NTTの国際デジタル通信合併表明に対する対抗策
独ベーリンガー・インゲルハイム	エスエス製薬	2000年9月	敵対的	成立	対象会社は対抗策をとらず
スティール・パートナーズ・ジャパン	ユシロ化学工業	2003年12月	敵対的	失敗	対象会社が対抗策として大幅増配を発表
スティール・パートナーズ・ジャパン	ソトー	2003年12月	敵対的	失敗	対象会社が対抗策として大幅増配を発表
ドン・キホーテ	オリジン東秀	2006年1月	敵対的	失敗	結局イオンのTOBに応じる
イオン	オリジン東秀	2006年1月	対抗的	成立	上のドン・キホーテのTOBに対する対抗策
阪急ホールディングス	阪神電気鉄道	2006年5月	対抗的	成立	村上ファンドが阪神電気鉄道の株式の48%超を取得、経営参加を主張したことに対する対抗策
王子製紙	北越製紙	2006年8月	敵対的	失敗	三菱商事に対する第三者割当増資・日本製紙による株式取得などの対抗策がとられた
スティール・パートナーズ・ジャパン	明星食品	2006年10月	敵対的	失敗	結局日清食品のTOBに応じる
日清食品	明星食品	2006年10月	対抗的	成立	上のスティール・パートナーズ・ジャパンのTOBに対する対抗策
スティール・パートナーズ・ジャパン	ブルドックソース	2007年5月	敵対的	失敗	ブルドックが対抗策として新株予約権を発行、スティール社には株式に換えて金銭を交付することとした
HOYA	ペンタックス	2007年7月	当初敵対的、その後友好的	成立	一時ペンタックス経営陣がTOBに反対していたが方針変換、TOBに応じた

　公開買付けにより、買付者はある会社の経営陣と敵対的な者であっても、一方的に株式を買い集めることができ、また通常、その提示買付価格は市場価格より高く設定されるので、株主にとってもメリットがあり、そのため短期間での買い集めが可能となります。日本でも敵対的買収の手段として多く用いられた時期がありました。主なケースは図表13-1の通りですが、最近はあまり敵対的買収の手段としては用いられず、友好的買収や子会社の上場廃止、全部取得条項付株式の利用と組み合わせるなどしたMBOや完全子会社化（全部取得条項付株式の利用などと組み合わせる）の手段として多く用いられています。

図表13−2　公開買付けが必要な場合（金商法27条の2第1項）

1号	取引所金融商品市場外における株券などの買付けなどによって買付けなどの後に所有することとなる株券などの所有割合が、その特別関係者と合算して5%超となった場合
2号	市場外において、著しく少数の者からの買付けなどであっても、買付け後の所有割合がその特別関係者と合算して発行済株式総数の3分の1超になる場合
3号	証券取引所の時間外取引（立会外取引）により、買付け後の株券などの所有割合が3分の1を超える場合（金商法227条の2第1項3号）
4号	市場外取引と市場内取引を組み合わせた急速な買付けの結果、所有割合が3分の1を超えるような場合（金商法27条の2第1項4号）。
5号	他者の公開買付期間中、すでに3分の1超を保有している大株主が5%超の株券などを買い増そうとする場合
6号	その他政令で定める場合（金商法施行令7条7項の　買付者の特別関係者による買付け）

図表13−3　公開買付けの適用除外

新株予約権などの行使による株券などの買付けなど	金商法27条の2第1項ただし書、金商法施行令6条の2第1項1号〜3号・11号・12号
親族などの特別関係者から行う株券などの買付けなど	金商法27条の2第1項ただし書・第7項
企業グループ内での株券などの買付けなど	金商法施行令6条の2第1項5号・6号
買付けなどの前における議決権の所有割合が50%超である場合における特定買付（ただし買付けなどの後における株券など所有割合が3分の2未満である場合に限る）	金商法施行令6条の2第1項4号
買付けなどの対象とすべき株券などの所有者が25名未満であり、そのすべての所有者から同意書面が提出された場合における特定買付	金商法施行令6条の2第1項7号、他社株府令2条の5

（2）公開買付けが必要な場合

　取引所金融商品市場外における買付けで、金商法27条の2第1項各号に記載されている買付けとなります。具体的なケースは図表13−2をご覧ください。適用除外は図表13−3をご覧ください。他方、取引所内取引については、投資家の公正かつ平等な扱い・取引の透明性が確保されていますので、公開買付けによる規制は原則として不要とされています。

(3) 買付者から見た公開買付けの手続き

① 現在の公開買付けの手続き、ルール

概略次の通りです。

i 公開買付公告・公開買付届出書の提出などの情報開示が求められる。

ii 期間は営業日ベースで20 〜 60日。

iii 買付価格は均一でなければならない。

iv 買付価格の引下げなど、応募株主に不利な条件変更は原則できない。

（例外：買収防衛策による不測の損害を避ける必要がある場合）

v 公開買付けの撤回は原則としてできない。

（例外 公開買付けの目的達成に重大な支障がある事情が生じた場合には公開買付けを撤回するとの条件〔撤回条件〕をあらかじめ公開買付開始公告および公開買付届出書に記載していた場合）

vi 応募株主は期間中ならば撤回ができる。

vii 公開買付期間中は、原則としてそれ以外の方法で買い付けることはできない。

viii 民法上の損害賠償義務・課徴金・刑罰の制裁がある。

② 決定すべき買付条件

公開買付者は、買付条件（買付期間・買付価格・買付予定株数・対価・撤回する条件など）について決めることになりますが、これらの事項は公開買付開始公告・公開買付届出書にも記載することになります。

買付条件について注意すべき点は図表13 − 4、13 − 5の通りです。

最も重要なのは価格（金銭を対価とする場合）で、当然ですがある程度のプレミアム（20%程度が目安）を乗せなければ買い手が集まらず失敗します。逆に、高すぎる金額を設定することは会社に損失を与えることになりかねません。友好的買収においては、買い手の会社と売り手の会社が価格について合意することになりますので、さらに透明性が求められます。いずれの場合でも会計、法律の専門家に意見を求めながら適正な価格を設定することが重要です。

MBOのために公開買付けを実施したレックス・ホールディングスのケース

図表13－4　注意すべき買付条件

	条件	条件についての規制	根拠条文
期間	期間	① 公開買付開始公告を行った日から営業日ベースで20日以上で60日以内。	金商法27条の2第2項 金商法施行令8条1項
	期間の延長・短縮	② 延長は○、短縮は×。	金商法27条の6第1項3号・2項
価格・対価	買付価格	① 均一の条件であることが必要。	金商法27条の2第3項
	買付けの対価	② 有価証券その他金銭以外のものを対価とすることも○。 この場合は対価と買付対象となる株券などの交換比率・差金を決める必要あり。 対価の種類の変更は×。	金商法27条の2第3項・金商法施行令8条2項・3項 金商法施行令13条2項3号
	買付価格の引き下げ	原則として×。 ただし、買収防衛策の実行などにより公開買付者が不測の損害を受ける可能性があることから、株式分割が行われた場合にはその分割比率、株式や新株予約権の無償割当てが行われた場合には割当て前の株数の割当て後の株数（新株予約権の場合は株式に換算した数）に対する比率を下限として、買付価格を引き下げることは○。	（原則）金商法27条の6第1項1号 （例外）金商法27条の6第1項1号括弧書、金商法施行令13条1項、他社株府令19条1項各号
買付株券数	買付予定株券数の減少	×	金商法27条の6第1項2号
	買付予定株券数の増加	○	
	予定株券などの数の上限	買付予定株券などの数の上限を付することは○。 買付予定株券などの数を応募株券などの数が上回るときには、決済時に按分比例の方式に従って、買付けをしないとすることも○。ただし公開買付開始公告および公開買付届出書にその旨の記載をすることが必要。	公開買付開始公告および公開買付届出書の記載が必要　金商法27条の13第4項2号
		なお、買付けなどの後における株券などの所有割合が特別関係者と合計して3分の2となる場合は残った株券について全部買付け義務が生じる。	金商法27条の13第4項 金商法施行令14条の2の2
	買付予定株券などの数の下限	公開買付者は、応募株券などの数が一定の下限に満たないときは応募株券などの全部の買付けなどをしないとの条件を付することは○。ただし公開買付開始公告および公開買付届出書にその旨の記載をすることが必要。	金商法27条の13第4項1号
公開買付けの撤回	撤回の可否	原則として×。例外事由は下記の通り。	金商法27条の11
	撤回可能事由	① 対象者の業務または財産に関する重要な変更など公開買付けの目的達成に重大な支障がある事情が生じた場合には撤回可。ただし公開買付開始公告および公開買付届出書にその旨の記載をすることが必要。 具体的事由は金商法施行令14条1項各号に列挙（図表13－5を参照）。	金商法27条の11第1項ただし書、金商法施行令14条1項
		② 公開買付者に死亡（個人の場合）や破産手続きの開始決定などの重要な事情の変更が生じた場合にも撤回可。なお、この場合は公開買付開始公告および公開買付届出書にその旨の記載をすることは不要。	金商法27条の11第1項ただし書、金商法施行令14条2項

図表13-5　公開買付撤回可能事由（概略）

対象者などに生じた、公開買付けの目的を達成するのに重大な支障となる事情＝公開買付公告および公開買付届出書に撤回条件として記載することが必要（金商法施行令14条1項列挙事由）

1	対象者またはその子会社の業務執行を決定する機関が次に掲げる事項を行うことについての決定をしたこと（公開買付開始公告を行った日以後に公表されたものに限る）（第1号）。

- 株式交換、株式移転、会社の分割、合併
- 解散（合併による解散を除く）、破産手続開始、再生手続開始または更生手続開始の申立て
- 資本金の額の減少
- 事業の全部または一部の譲渡、譲受け、休止または廃止
- 上場の廃止にかかわる申請
- 認可金融商品取引業協会に対する株券などの登録の取消しにかかわる申請
- 金融機関が債務を完済できなくなったまたは預金の払出しができない恐れがあるとしてする内閣総理大臣への申し出
- 株式または投資口の分割
- 新たに払込みをさせない株式または新株予約権の割当て
- 株式、新株予約権、新株予約権付社債または投資口の発行
- 自己株式の処分
- 既に発行されている株式について、株主総会決議事項について株主総会の他種類株主総会の決議が必要とするなどの内容の種類株式とすること
- 重要な財産の処分または譲渡
- 多額の借財
- など

2	対象者の業務執行を決定する機関が次に掲げる場合の区分に応じ、次に定める決定をしたこと（公開買付開始公告を行った日以後に公表されたものに限る）（第2号）。

- もともと公開買付者の株券所有割合を一定以上減少させる新株発行などを行う決定をし、公表している場合における、当該決定を維持する旨の決定
- もともと株主総会決議事項について、株主総会の他種類株主総会の決議が必要とするなどの内容の種類株式を発行している場合における、当該異なる定めを変更しない旨の決定

3	対象者に次に掲げる事実が発生したこと（公開買付開始公告を行った日以後に発生したものに限る）（第3号）。

- 事業の差止めなどを求める仮処分命令の申立て
- 免許の取消し、事業の停止などの、法令に基づく処分
- 第三者による破産手続開始、再生手続開始、更生手続開始または企業担保権の実行の申立てまたは通告
- 資金不足による手形もしくは小切手の不渡り、手形交換所による取引停止処分
- 主要取引先からの取引の停止
- 災害に起因する損害
- 財産権上の請求にかかわる訴えの提起
- 株券の上場の廃止
- 株券の登録の取消し
- など

4	株券などの取得につき許認可が必要な場合において、公開買付期間の末日の前日までに、当該許認可が得られなかったこと（4号）。

公開買付者に生じた、重要な事情の変更＝公開買付公告および公開買付届出書に撤回条件として記載することは不要（金商法施行令14条2項列挙事由）。

- 死亡、後見開始の審判
- 解散、破産手続開始の決定、再生手続開始の決定または更生手続開始の決定
- 第三者による破産手続開始、再生手続開始、更生手続開始または企業担保権の実行の申立てまたは通告
- 資金不足による手形もしくは小切手不渡り、手形交換所による取引停止処分

では、公開買付けは成立しましたが、公開買付価格が低いとして一部株主から反発を受け、公開買付け後の少数株主からの株式買取価格について裁判所で争われた結果、公開買付価格が23万円だったのに対して、買取価格は1.5倍近い33万6966円という判断を受けました（東京高決2008・9・12）。なお、この決定では、株式の客観的価値は28万0805円と認定した上で、これに20%のプレミアムを加算して33万6966円という金額をはじき出しています。

図表13−6　コラム　自社株を対価とする公開買付けと改正産活法

図表13−4に記載の通り、自社株を対価とする公開買付けも可能なのですが、この場合、株式発行についての有利発行規制（株主総会特別決議が必要）、現物出資規制（検査役調査が必要）という障害があるため、ほとんど利用されませんでした。この点、11年7月1日施行の「産業活力の再生および産業活動の革新に関する特別措置法の一部を改正する法律」（改正産活法）により、主務大臣による認定を得れば、有利発行規制および現物出資規制の適用を回避することができるようになりました。自社株対価公開買付けにより、例えば株式交換では不可能な部分買収が可能になりますので、この産活法の改正はM&A、企業再編を促進するものと期待されています。

図表13−7　コラム　公開買付代理人

公開買付けにおいては買付対象会社の株券などの保管・返還や買付代金の支払いなどの事務を買付会社の代わりに行う「公開買付代理人」を設置することができます。株券などの保管、買付けの代金の支払いのほか、按分比例方式により買付けなどを行う株券の数を確定させる事務（金商法施行令8条4項各号）については、取引の安全から、金融商品取引業者（金商法28条第1項に規定する第一種金融商品取引業者に限ります）または銀行などに行わせなければなりません（金商法27条の2第4項）。

図表13−8　公開買付けのスケジュールの例

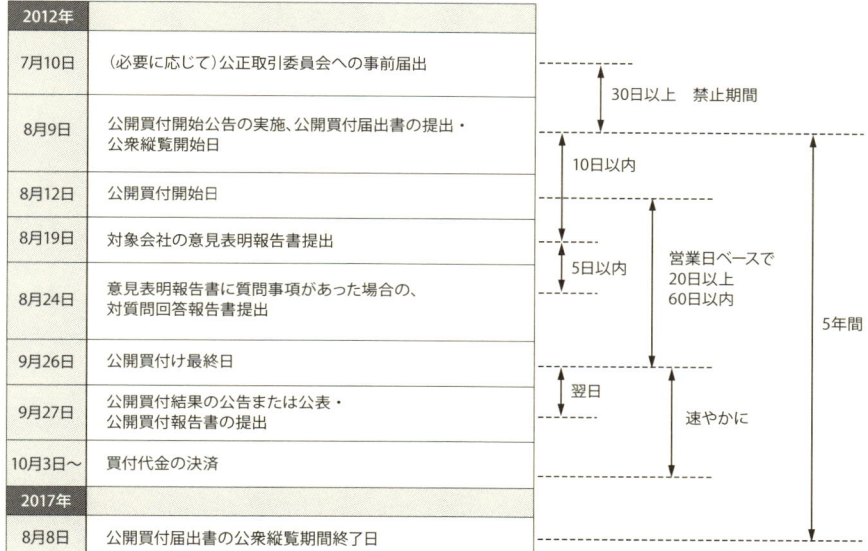

③　公開買付けのスケジュール

ⅰ　スケジュールの例は図表13−8の通りです。

ⅱ　独禁法上の事前届出との関係について

　公開買付けは株式取得の一形態ですから、独禁法上の事前届出の対象になり得ます。

　原則として届出から30日間の待機期間中（独禁法10条8項）は公開買付けを開始できません。また、排除措置命令は届出受理後120日以内もしくはすべての報告の受理後90日のいずれか遅い日までになされるべきとされていますので（独禁法10条9号）、これにより、届出受理後3〜4カ月程度は排除措置命令が出される可能性があることになります。これを避けるためには届出を公開買付開始の120日前までにしなければ確実ではないことになりますが、時間がない場合や届出をあまり早くすることが得策でないと考えられる場合は、例えば排除措置命令の事前通知を受けた場合には公開買付けの撤回を行う旨の条件を公開買付開始公告および公開買付届出書に付すなど

の対応が可能です（金融庁総務企画局「株券等の公開買付けに関するQ＆A」問7）。

　なお、公正取引委員会は、企業結合届出書にかかわる株式の取得、合併、分割、株式移転または事業などの譲受けについて排除措置命令をしないことに決めた場合は、届出会社に対し、所定の通知書を交付するものとする（私的独占の禁止および公正取引の確保に関する法律第9条から第16条までの規定による認可の申請、報告および届出などに関する規則第9条）とされており、早ければ公開買付開始前に排除命令を行わない旨の通知書が出されることがありますので、その場合には公開買付届出書の「株券等の取得に関する許可等」の欄にその旨を記載する必要があります（上記「株券等の公開買付けに関するQ＆A」問9）。

iii　公開買付開始公告について

　（イ）公開買付者は、電子公告（EDINET）または時事に関する事項を掲載する日刊新聞紙に掲載する方法のいずれかにより、公開買付開始公告をしなければなりません（金商法27条の3第1項・金商法施行令9条の3第1項）。

　（ロ）掲載事項は、目的、買付けなどの価格、買付予定の株券などの数、買付けなどの期間のほか、他社株府令10条に記載のある事項です（金商法27条の3第1項）。

iv　公開買付届出書について

　（イ）公開買付者は、公開買付開始公告の日に公開買付届出書を内閣総理大臣（財務局）に提出しなければなりません（金商法27条の3第2項）。提出時期を公開買付開始公告の日にしたのは、秘密保持やインサイダー取引防止の観点から、事前に提出することは要求しないという趣旨です。

　（ロ）記載事項（他社株府令第2号様式）——公開買付要項、公開買付者の状況、公開買付者・その特別関係者による株券などの所有状況および取引状況、公開買付者と対象者の取引、対象者の状況を記載する必要があります。

v　公開買付期間中の留意点

　（イ）公開買付開始届出書の訂正に伴う公開買付期間の延長——公開買付

届出書の内容に形式上の不備がある場合や虚偽記載などがあった場合のほか、買付条件の変更などがあった場合には、公開買付者は訂正届出書を内閣総理大臣に提出しなければなりません（金商法27条の8第1項・第2項、他社株府令21条3項）。この場合、応募株主に対する訂正内容の周知期間を確保するため、公開買付期間の末日と予定されている日まで10営業日を切っていた場合は、訂正届出書提出日より起算して10営業日を経過した日までの期間、買付期間を延長するとともに、ただちに公告または公表しなければなりません（金商法27条の8第8項、他社株府令22条2項）。

（ロ）別途買付けの禁止——公開買付者は、公開買付期間中は、公開買付けによらないで、当該公開買付けにかかわる会社の発行する株券などの買付けを行ってはいけません。ただし、公告を行う前に、別途買付契約が締結されており、公開買付届出書に記載してある場合や、特別関係者の中で申し出を行った者などは例外です（金商法27条の5）。

（ハ）買付条件などの変更——買付けなどの価格の引下げ、買付予定の株券などの数の減少、買付けなどの期間の短縮など、応募株主に不利となる条件変更はできません（金商法27条の6第1項、金商法施行令13条2項）。

（ニ）対象会社の意見表明報告書・これに対する対質問回答報告書——対象会社は、公開買付けに関する意見その他の内閣府令で定める事項を記載した意見表明報告書を公開買付開始公告が行われた日から10営業日以内に内閣総理大臣に提出しなければなりません（金商法27条の10第1項、金商法施行令13条の2第1項、他社株府令25条2項）。06年12月改正で義務づけられました。意見表明報告書においては、対象者が買収防衛策を導入している場合または導入する予定がある場合にはその内容も記載しなければなりません。また、公開買付者に対する質問を記載すること（金商法27条の10第2項第1号）、公開買付期間が30営業日より短い場合には公開買付期間の延長を請求すること（同項第2号）もできます。

　公開買付者は、意見表明報告書に質問が記載されている場合、その写

しの送付を受けた日から5営業日以内に質問に対する回答、回答をする
必要がないと認めた場合にはその旨およびその理由を記載した対質問回
答報告書を内閣総理大臣に提出しなければなりません（金商法27条の
10第11項、金商法施行令13条の2第2項）。また公開買付者などの関係
者に写しを送付することも必要です（金商法27条の10第13項）。

（ホ）公開買付けの撤回の禁止——公開買付者は、開始公告をした後は、
原則として公開買付けにかかわる申込みの撤回および契約の解除はでき
ません（金商法27条の11）。例外となる撤回可能事由は図表13−5の
通りです。

（ヘ）応募株主の応募解除権——公開買付期間中は、いつでも公開買付け
の契約を解除できます（金商法27条の12）。対抗的公開買付けが出現
した場合に撤回できないのでは不合理だからです。

vi　買付期間の終了後

（イ）公開買付結果の公告または公表（金商法27条の13第1項）——公
告については電子公告（EDINET）または時事に関する事項を掲載する
日刊新聞紙に掲載する方法のいずれかにより行わなければなりません
（金商法施行令9条の3第1項、他社株府令9条1項・3項）。

（ロ）公開買付報告書の提出——公開買付者は、公開買付結果の公告また
は公表を行った日に、当該公告または公表の内容を記載した公開買付報
告書を内閣総理大臣に提出しなければなりません（金商法27条の13、
他社株府令31条）。

（ハ）受渡しその他の決済——買付けの期間終了後遅滞なく行わなければ
なりません。

（ニ）公衆縦覧——公開買付届出書などの公衆縦覧は5年間とされていま
す（金商法27条の14）。

(4) 民事上の損害賠償、課徴金、刑事罰

　公開買付規制に違反しますと、民事上の損害賠償、課徴金、刑事罰の制裁を
受けることがあり得ます。特に、公開買付届出書の記載に関連するものは次の
通りです。

図表13−9　東京証券取引所（1部・2部）上場廃止基準の概要

項目	上場廃止基準（1部・2部）
株主数	400人未満（猶予期間1年）
流通株式数	2,000単位未満（猶予期間1年）
流通株式時価総額	5億円未満（12年12月末までは3億円未満）（猶予期間1年）
流通株式比率	5%未満（所定の書面を提出する場合を除く）（猶予期間なし）
時価総額	10億円未満（12年12月末までは6億円未満）である場合において、9カ月（所定の書面を3カ月以内に提出しない場合は3カ月）以内に10億円以上（12年12月末までは6億円以上）とならないとき または 上場株式数に2を乗じて得た数値未満である場合において、3カ月以内に当該数値以上とならないとき
債務超過	債務超過の状態となった場合において、1年以内に債務超過の状態でなくならなかったとき（原則として連結貸借対照表による）
虚偽記載 または 不適正意見等	a. 有価証券報告書などに「虚偽記載」を行った場合で、その影響が重大であると当取引所が認めたとき b. 監査報告書などにおいて「不適正意見」または「意見の表明をしない」旨などが記載され、その影響が重大であると当取引所が認めたとき
売買高	最近1年間の月平均売買高が10単位未満または3カ月間売買不成立
その他	銀行取引の停止、破産手続・再生手続・更生手続、事業活動の停止、不適当な合併など、支配株主との取引の健全性の毀損（第三者割当により支配株主が異動した場合）、有価証券報告書または四半期報告書の提出遅延、虚偽記載、上場契約違反など、株式事務代行機関への不委託、株式の譲渡制限、完全子会社化、指定振替機関における取扱いの対象外、株主の権利の不当な制限、全部取得、反社会的勢力の関与、その他(公益または は投資者保護)

①　公開買付届出書などに虚偽の記載をしたり、重要な事項の記載が欠けていた場合の公開買付者の損害賠償責任は無過失責任になっています（金商法27条の20第1項2号・3項）。

②　公開買付届出書などに虚偽の記載をしたり、重要な事項の記載が欠けていた場合、課徴金の制裁もあります（金商法172条の6）。課徴金は公開買付開始公告前日の株券最終価格×公開買付けにより買付けなどを行った株券の数の25%ですので、数億円、数十億円に上ることもあり得ます。

③　重要な事項につき虚偽の記載のある公開買付届出書を提出した場合、行為者個人は10年以下の懲役もしくは1000万円以下の罰金、または併科、両罰規定により法人にも7億円以下の罰金が科されます（金商法197条1項3号・

207号1項1号）。

（5） 公開買付けが上場廃止をもたらす──上場廃止基準

　公開買付制度は、上場株式の取得手段として最も利用しやすい手段といえます。特に、一時期、日本市場への参入を図る外国企業が公開買付けをしかけてきた時期がありました（スティール・パートナーズ・ジャパンのソトー、明星食品、ブルドックソースへのTOB）。

　公開買付けをかける場合・かけられた場合、いずれの場合においても、ポイントとなってくるのが証券市場における上場廃止基準です。現在の東京証券取引所の1部・2部（11年12月13日現在）では、図表13−9のようになっています。多岐にわたっていますが、ここで問題になるのは株式の分布状況すなわち株主数、流通株式数です。これらの数が一定以下になり、猶予期間を経過すると上場廃止ということになります。逆に、次項で説明するスクイーズ・アウトなど、対象会社の上場廃止を目的とする場合はこれらの基準を下回ることが必要になってきます。

（6） スクイーズ・アウト（Squeeze-Out）

　敵対的、友好的を問わず、TOBなどの株式取得によって、買収先企業の支配株主となった場合には、完全子会社化するために、少数株主を閉め出すことになります。これをスクイーズ・アウト（Squeese-Out）といいます。

　TOBによってすでに取得している対象会社甲社の株式を100％取得できれば問題ありませんが、どうしてもTOBの目的や価格に不満の少数株主が残ってしまいます。

　たとえば、TOBをかける対象の甲社の発行済株式総数が10万株とします。そのうちTOBによって9万2000株取得したが、8000株少数株主が残ってしまったというときにスクイーズ・アウトが必要になります。第3章でも説明したように買収者乙社としては甲社を完全子会社にするためには残り8000株の少数株主をなくさなければなりません。TOBに応じないのですから任意の売却に同じ条件で応じるはずはありませんし、そうかといってすぐ価格を上げたのではTOBの価格の公正さに疑問が残ります。

　そこでこれら少数株主を排除するノウハウが必要になります。乙社としては3分の2以上の多数株主になっていますので、定款を変更して、すべての株式について全部取得条項をつけて、株主総会の決議によって取得することになります（会社法107条1項2項・171条1項）。その取得の対価については、自由化されており、株式、社債、新株予約権、現金等が可能ですが（会社法171条1項）、取得した株式は自己株式になりますので、現金等を交付するときには財源規制がありますが、対価が当該会社の株式の場合には例外になっています（会社法461条1項4号）。

　実務的には、取得する株式の対価として、新たに定款変更によりA種種類株式を発行できるようにして、この種類株式を取得した株式の対価として交付します。これだけでは少数株主がA種種類株主として残ってしまいます。そこでこのA種種類株式を発行するときに先ほどの例では8000株、すなわち8％の少数株主の株数が端数になるように設計します。例えばA種種類株式を10株発行し、既存株式1万株に対してA種種類株式1株を割り当てることにすれば（言い換えれば既存株式に対して10万分の1株のA種種類株式を割り当てます）、少数株主のA種種類株式は1株未満の端数ということになります。そこで、端株の処理として裁判所の許可を得て売却（または競売）することによって処理することになります（会社法234条）。これによって少数株主には現金が支払われ、株主から排除できることになります。取得に反対の少数株主には株式買取請求権（Apprasal Rights）、価格決定の申立権が認められています（会社法172条）。株主総会の決議取消の請求ができる場合もあります（会社法831条等）。

　少数株式を端株にしてからアウトする方法は技巧的に見えます。「攻めのM&A」の手法としては会社法を改正してもっと端的に支配株主が少数株主に対して株式を売渡し請求できる制度（Cash Out）を作ることも検討されるべきでしょう。ただし、少数株主の保護、取締役の責任については別途配慮が必要です。

2 MBO = Management Buy Out

（1）MBOとは

　MBO（Management Buy Out）とは、もともとは上場企業の内部者（経営者や従業員）がその企業の株式を取得することによって、非上場化（Going Private）することを指します。

　上場企業の場合、その企業の内部者が株式を取得するに際してTOBが実施されることになります。また、株式の取得に多額の金員が必要になることがあり、内部者のみでは準備できない場合には、投資ファンドや銀行などが融資を行うことがあります。この場合、MBOはLBO（Leveraged Buy Out）の一種ということになります。

（2）どのような場面で使われるのか

①　公開会社の非上場化

　前述の通り、MBOはもともとは上場会社の内部者（経営者など）がその会

図表13－10　MBOの概念図

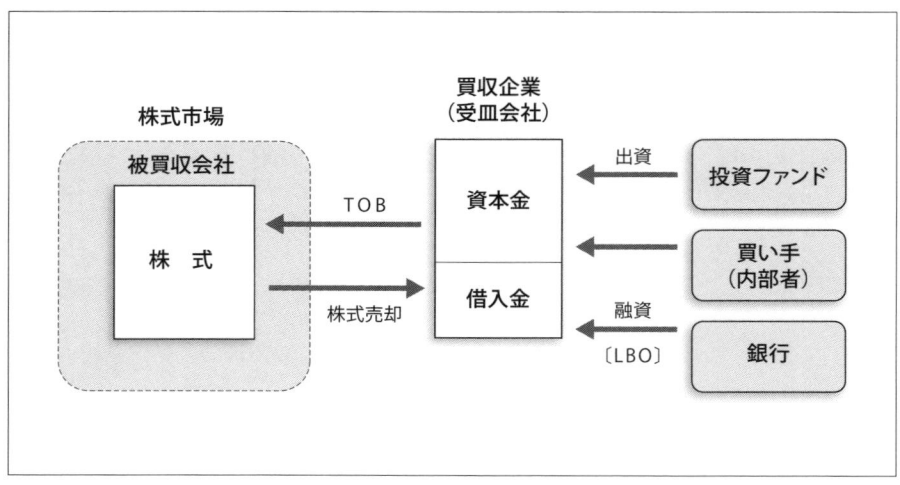

社の株式を買い取り、非上場化することを意味していました。

　現在では、次の通り未上場会社においても MBO が利用される場合があります。

②　のれん分け

　会社がその従業員などに事業の一部を引き継がせる（いわゆる「のれん分け」）方法として、MBO が利用されることがあります。

　この場合、取得の対象は株式ではなく会社の事業ですので、事業譲渡（第4章参照）の一種ということになります。

③　後継者への引き継ぎ

　非上場企業においてオーナーに後継者がいない場合に、後継者難の解決方法として、長年会社に勤務してきたいわゆる「雇われ社長」や「番頭役員」などがオーナーから株式を取得し、事業を引き継ぐ方法として利用されます。

(3) MBOの注意点

　MBO は、企業の内部者に株式や事業を引き継がせることを目的としています。その際、取得の対象が会社の事業であり、買い手がその会社の取締役である場合は、利益相反取引（会社法356条）に該当します。

　いずれにせよ、企業とその内部者とが取引することになりますから、取得の対象である株式や事業の価格が適正に決定されたのか、外部者から見たときにその公正さが常に疑問となり得ます。

　実際、焼肉店「牛角」を運営するレックス・ホールディングスの経営陣が2006年11月に投資ファンドと共同でMBOを実施した際、一部の個人株主から「買付価格が低すぎる」と異議が出て、「公正な価格」を決定するよう裁判所に申立てがなされました。この裁判は最高裁（最判09・5・29）まで争われましたが、裁判所が決定した株式の「公正な価格」は、一審の東京地裁と二審の東京高裁とで、金額が異なっています。

　このように、「公正な価格」をどのように算定するか、計算方法が確立されているとはいえない状況ですので、MBOを実施する際にはこの点に注意が必

要です。

（4）経産省ガイドライン

　このような状況を解消するための一つの指針として、経済産業省が07年9月に「企業価値の向上および公正な手続確保のための経営者による企業買収（MBO）に関する指針」を公表しています。

　この指針は、MBOを実施する際には通常のTOBよりも厳しいルールが必要である、との発想のもとで、MBOに際してのTOBの実施期間を比較的長期間に設定することや、MBOの是非および条件について社外取締役や独立した第三者委員会などに諮問し、その判断を尊重すること、などが提言されています。

　MBO実施に際しては、このような指針を参照することも重要です。

第 14 章

敵対的M&Aと防衛策
(Hostile M&A)

■ 敵対的M&Aの主要なツールは公開買付け (TOB)

敵対的M&Aの方法としては、市場での株式、新株予約権付社債の買い集め、大株主からの株式譲渡、公開買付け (TOB) の各種の方式の組み合わせがありますが、TOBがツールの代表です。

■ M&Aを仕掛けたい対象企業

有望な会社としては、バイオ、ハイテク、エコロジーなど将来性のある分野の会社が狙い目です。また、高度な技術、独自のノウハウ、許認可、ブランド力、強力な販売網を有する会社も魅力的です。M&Aを仕掛けやすい会社としては、浮動株比率が高く、内紛のある会社、いざというときに頼れるメインバンクや系列を有しない会社、時価総額の低い会社などが挙げられます。

■ 敵対的M&Aから会社を守る方策

① 狙われる前の予防策

　安定株主工作、定款の変更 (授権資本の増加、ポイズンピルとしての種類株式の発行など)、取締役の人数、任期の分散、スーパーマジョリティ条項 (決議要件の加重)、高株価の維持、ライツプランの導入、非公開化 (ゴーイング・プライベート)、チェンジオブコントロール条項、防衛担当スタッフの確保などの方策があります。ライツプランの導入については2009年以降は減少の傾向があります。

② 現実に仕掛けられた場合の臨戦策

　5%ルールなどで株式の買い占めが判明した場合や、申入れがあった場合の対応です。

　i ライツプランの発動——実際に発動されたものとして07年にスティール・パートナーズ対ブルドックソースの案件があります。最高裁の判例もあります。

　ii 現経営陣の経営権を保全するために必要な株式数を確保すること。

　iii その他の方策としては、労働組合の協力を得る、買収側の議決権を停止する仮処分の申請、独占禁止法の活用などが考えられます。その他、スコーチド・アース・ディフェンス (焦土作戦)、ホワイトナイト (白馬の騎士)、パックマン・ディフェンスなどの方策もあります。

■ 過剰防衛は許されない

現経営陣の保身のみのために過剰防衛することは許されません。最終的には司法の判断になりますが、防衛策を導入することが、企業価値から見て市場、株主から評価されなければなりません。発動の具体的なルールの策定が必要です。経産省のガイドライン (図表14−2) を参考にしてください。

敵対的M&Aとは

（1）敵対的（Hostile）M&Aの背景

　我が国におけるM&Aの環境については序章において詳細に解説していますが、近年の動向を考えれば、現経営者の意向に反する敵対的なM&Aが行われる環境は整っているといわなければなりません。

　その要因としては、①M&Aが経営戦略として定着し、抵抗がなくなったこと、②会社法改正などの規制緩和により法的手続が整備され、買収する側が企業を買収しやすい環境になったこと、③国内株価は低迷しているものの、海外に比較して日本企業が相対的に安定していること、④株価が経営資源に比較して低くなっている企業が多くあること、⑤株式持合いが解消し、安定株主が減少していること、⑥日本の企業の技術力、ブランドに魅力を感じる外国企業が多いこと、⑦ファンドの動向——などが挙げられます。

　敵対的M&Aへの法的対応の必要性は、ますます大きくなっています。

（2）敵対的M&Aの方式と目的

　M&Aの中でも、事業譲渡、合併、新株引受によるものは、前述の通り対象会社の株主の問題が前提となっています。つまり、これらの法的手続をとるためには、株主総会の特別決議が必要となってくるからです。その意味からいって、株主の意思を無視してはできないので、友好的な（Friendly）M&Aの手段といえるでしょう。

　したがって、現経営陣の意向に反する敵対的M&Aの場合、その方法は対象会社の株式を取得することに自然と限定されるわけです。

　この株式取得についても、対象会社が上場していない会社の場合、ほとんどが株式の譲渡制限を定款につけており、経営陣（取締役会）に知られないで株式取得をすることはまず不可能です。なんらかの特殊事情（内紛など）があって、過半数の株式を一時に取得できる場合以外に、上場していない会社の株式の敵対的M&Aは不可能ということになります。

　また、逆説的ではありますが、この場合でも、過半数を有する株主の側から見ると友好的買収であり、敵対的M&Aとはいいがたいのです。

　以上から次のことが分かります。すなわち、敵対的M&Aとは、

①　対象会社が上場している会社に限定される。

②　敵対的M&Aの方法としては、

ⅰ　市場での株式、新株予約権付社債の買い集め

ⅱ　大株主からの株式譲渡

ⅲ　公開買付け（TOB）

ということになります。

　そして方法としては、ⅰ、ⅱ、ⅲについて、単一ないしは組み合わせて行うことになります。ただし公開買付けをすると同時に、市場での買い集めをすることは制度的にできない点に注意が必要です。

　敵対的M&Aの買収者側の目的もさまざまです。取得後の経営について明確な経営戦略を有するものばかりでなく、取得した株式を市場で売却して利ざやをかせぐ目的、あるいはいわゆるグリーンメーラーとして対象会社に株式を高値で買い取らせる目的の場合もあります。まず、買収目的を正確に把握することが大切です。

　ほかにも、経営権取得の方法としては委任状争奪戦（Proxy Fight）が行われる場合もあります。これは株式取得まで行わずに、対象会社の株式について多数の議決権を取得する方法です。この方法については金商法によって規制がありますので注意が必要です（金商法194条）。

 2　こんな会社が狙われやすい──**対象会社の条件**

　敵対的なM&Aの背景、および方式、目的は以上の通りですが、実際にM&Aを行おうとする場合には、M&Aを狙う会社の側からいえば、①M&Aの狙いが絞りやすい有望な会社はどこか、さらに、②M&Aを仕掛けやすい会社の条件は何か──がポイントとなります。

（1）M&Aの狙いが絞りやすい有望な会社

有望な会社とは、言い換えれば対象会社として魅力のある会社です。

①　将来性のある分野の会社——例えば、バイオ、ハイテク、エコロジー、新素材関係の会社です。

また、次のような経営資源が、他社に比べて優位にある会社も魅力のある会社です。

②　高度な技術、独自のノウハウを有する会社

③　取得しにくい許認可を有する会社——例えば、通信、放送、運輸業、風俗営業など

④　ブランド力（商標）のある会社

⑤　効率のよい、または強固な販売網を有する会社——開発や製造能力が優秀なことに加え、なんといってもメーカーの決め手は販売力です。また、流通業界においても、その効率化から流通の再編が起こってきています。

以上のうち②～⑤はのれん代という無形の財産価値を有するものです。そのほか、

⑥　含み益に比べて株価が低い会社——これも魅力のある会社です。

（2）M&Aを仕掛けやすい会社

M&Aの狙いが絞りやすく、魅力のある会社は前項で述べた通りですが、いくら魅力があっても、敵対的M&Aを仕掛けられるかどうかは別の観点から見る必要があります。M&Aを仕掛けやすい会社は次の通りです。逆にいえば、これらのスキのない会社はM&Aを仕掛けにくい会社といえます。

①　浮動株比率の高い会社

②　内紛があるなど、経営の安定していない会社——株主、経営陣、労働者の三つが企業の基盤ですが、これらの相互間に、あるいは各内部に対立があるとスキとなります。

③　いざというときに頼れる先がない会社

i　メインバンクや幹事証券会社との間がうまくいっていない会社

ii　大手系列下に入っていない会社

④　業績がかんばしくない会社――上場していても業績がかんばしくなければ、株価が低く、また発展のために外部からの支援を得なければならない会社は、やはりM&Aを仕掛けやすいということになります。

⑤　時価総額の小さい会社――時価総額が小さい会社は買収資金の節約にもなり、投資効率がよくなるのでM&Aを狙う側にとっては重要なポイントとなります。

以上、上場企業を中心に考えてきました。非上場企業の場合には、あくまでも友好的なM&Aですが、M&Aの狙いが絞りやすい会社、M&Aを仕掛けやすい会社の条件は共通します。

3　狙われないための防衛方法

敵対的M&Aの対象として狙われないためには、いわゆる体質改善、体質強化といった日頃からの予防策が必要です。それとともに、予防策も及ばず、具体的に狙われ、買収を仕掛けられた場合の臨戦策も考えておく必要があります。ライツプラン、ポイズンピル条項などの防衛策は、きわめて短期間に対応を迫られる公開買付け（TOB）に対し交渉の時間を獲得することを可能とします。

（1）　狙われる前の予防策

①　安定株主工作
友好的な株主の比率を高める、あるいは株式の持合いを強化することです。従業員持株制度の充実も必要です。

②　定款の変更
日頃からM&Aを仕掛けにくくしておくために定款を変更しておきます。

i　授権資本の増加――会社が設立後定款を変更して、授権資本の枠を広げる場合にも、そのときの発行済株式数の4倍を超えては増加することはできません（譲渡制限会社は別）。授権資本を増やす理由は、（2）項で述べるように、臨戦策として新株や新株予約権を発行したいと思っても、この枠がなければ発行できないからです。

ii 優先株式、議決権制限（完全または一部）株式、全部取得条項付株式、拒否権付株式などの種類株式を発行できるように定款を変更しておきます。

iii 取締役会決議のみで自己株式を取得できるように定款を変更しておきます。

iv 取締役の資格制限——取締役の資格については、定款の相対的記載事項として定めることは可能です。例えば、取締役は日本人に限るとか、本店所在地の居住者に限る、などの制限が考えられます。

このように、定款によって取締役の資格を日本人に限定してもよいかについては諸説ありますが、通説は、原始定款に定めるか、または株主全員の一致による定款変更の場合には有効であるとしています。

v 取締役の任期の分散（classified board）——取締役が任期満了でいっせいに退任することを防ぎ、買収側から取締役を送り込むのに時間がかかるようにします。つまり、退任させるためには株主総会の決議が必要で、時間がかかることになります。

vi 株主総会の決議要件の加重（Super Majority条項）——株主総会の決議要件については定款によって定め得るとなっています。M&Aに関連する事項につき、出席株主総数の4分の3以上の決議としたり、合併につき、合併相手先の持株を除外したり、残りの3分の2以上の賛成を必要とすると定めることです。会社法では合併などに関し、対価が外国株式などである場合の決議要件の加重や合併の承認、取締役の解任についての決議要件を定款でさらに加重できます（会社法309条2項・3項）。

ただし、この買収防衛策は諸刃の剣で自らも重要決議が困難になることに注意が必要です。

③ ライツプラン防衛策の導入

ライツプランとは株主に新株（新株予約権）を引き受ける権利（Rights）を与える防衛策のことです。米国ではPoison Pillとも呼ばれている防衛策の一つです。すなわち、平時にこのプランを導入しておき、買収者が一定の割合の株式の買い占めを行っていることが分かった時点で（有事）防衛のために、差別的行使条件のついたこの新株予約権を行使し、または拒否権付株式を発行し

図表14-1　ライツプランの三つの類型

第一類型　事前警告型ライツプラン

【防衛策の概要】買収者登場時に講じる防衛策について、平時のうちに開示して事前警告を行う。買収者登場後、事前警告に従い、買収者だけが行使できないという差別的行使条件を付した新株予約権を全株主に無償で割り当てて、買収者以外の者に買収者登場前の時価の半額で株式を取得させ、買収者の持株割合を低下させる。

第二類型　信託型ライツプラン

【防衛策の概要】平時のうちに、買収者だけが行使できないという差別的行使条件を付した新株予約権を信託銀行に対して無償で発行し、信託銀行は買収者登場時の株主（受益者）のために新株予約権を信託勘定内で管理する。買収者登場（受益者確定）後、信託銀行は、全株主（受益者）に対して、管理していた新株予約権を無償で交付し、買収者以外の者に買収者登場前の時価の半額で株式を取得させ、買収者の持株割合を低下させる。

第三類型　信託型ライツプラン（SPC型）

【防衛策の概要】平時のうちに、買収者だけが行使できないという差別的行使条件を付した新株予約権をSPCに対して無償で発行し、SPCは信託銀行へ信託する。信託銀行は買収者登場時の株主（受益者）のために新株予約権を信託勘定内で管理する。買収者登場（受益者確定）後、信託銀行は、全株主（受益者）に対して、管理していた新株予約権を無償で交付し、買収者以外の者に買収者登場前の時価の半額で株式を取得させ、買収者の持株割合を低下させる。

て株式割合を高めて会社を防衛するものです。このライツプランの類型については、経済産業省の企業価値研究会の報告書（指針）（2005年5月27日）では図表14-1の通り、三つの類型を示しています。通常、対抗者が20％以上の株式を保有した場合にライツプランの発動をする場合があるということを開示して、事前に買収者に対して警告する形が多いようです（導入各社のIR参照）。

　このプランの導入については、同指針にも示されているように、企業価値・株主共同の利益を確保・向上させることを目的としなければなりません。現経営陣の支配権維持のためであってはならず、事前の開示、株主の意思に反しな

いことが原則です。また、この防衛策の導入については必要性と相当性が求められます。株主総会の決議が必要か、取締役会の決議でよいか、防衛策の消却が可能か（サンセット条項）、社外の独立のチェックがあるかなど、適法性、合理性を高めておく必要があります。

　前記報告書（指針）では図表14－2の通り整理しています。

　これらのライツプランの新規導入については、2008年7月が206社であったものが、09年7月以降は各年度20数社と10分の1にとどまっています。これはリーマン・ショック以降の投資ファンドの弱体化や金商法の改正によって危機感が薄らいだこと、上場廃止する企業が増えたことなどが理由と考えられます。

④　防衛担当スタッフの確保

　株式の買い集め、公開買付けに対し、機動的に対処できる態勢を作っておくことが大切です。社内はもちろん、外部的にも情報を有する金融機関、企業防衛に詳しく法的対応のできる弁護士を確保し、常に緊密な関係を保っておくことが重要です。企業防衛の方策の当否については、最終判断は裁判所の仮処分決定、判決という司法判断になりますから、事前の法的判断は不可欠です。

⑤　その他

　i　非公開化（ゴーイング・プライベート　Going Private）――これは究極の防衛策です。MBOのところで解説したように、最近ではMBOにより株式を非公開とする例が増えています。

　ii　資本拘束条項（チェンジ・オブ・コントロール条項　Change of Control）――会社にとって重要な、ライセンスや代理店契約などについて、M&Aされて会社の支配権（コントロール）が代わった場合（チェンジ）には、これらライセンスや代理店契約の相手方は契約を解除、破棄できる旨の条項を入れることによって、敵対的買収者にとっては、買収に成功しても、重要な契約が破棄されてしまうことになり、買収企業の価値が低下するため、買収防衛策としての効果があります。

　iii　高株価の維持――のれん代や含み資産を自社株に正しく反映させてお

図表14−2　企業価値・株主の共同利益の確保または向上のための
買収防衛策に関する指針〜平時導入・有事発動型防衛策の考え方〜

（2005年5月27日公表）

■ 原則・趣旨──買収防衛策は、企業価値・株主共同の利益を確保・向上させるものとすること

原則1	企業価値・株主共同の利益の確保・向上の原則	例① 企業価値・株主共同の利益に明白な侵害をもたらすような買収（グリーンメーラー、焦土化目的の買収など）に対する防衛策 例② 強圧的二段階買収など（株主に株式の売却を事実上強要する恐れのある買収類型）に対する防衛策 例③ 株主の誤信を正したり、代替案の提示機会を確保し、または買収条件をめぐって必要な交渉をするための防衛策
原則2	事前開示・株主意思の原則	・事前開示の原則──防衛策の導入に際し、目的、内容、効果などを開示 ・株主意思の原則──① 株主総会の決議により導入する場合→株主の意思を反映 　　　　　　　　　　② 取締役会の決議により導入する場合→防衛策導入後、株主の意思によって廃止する手段を確保
原則3	必要性・相当性確保の原則	・株主平等の原則との関係──買収者を差別する防衛策でも、商法に基づく正当な手続きを踏めば、導入可能 ・財産権保護の原則との関係──買収者に財産上の損害を生じさせる恐れがある防衛策でも、商法に基づく正当な手続きを踏めば、導入可能 ・経営者の保身のための濫用の防止──脅威の存在を合理的に認識した上で、当該脅威に対して過剰でない相当な内容の防衛策を発動すべき

■ 具体例

		株主総会の決議による導入 （総会承認型新株予約権・拒否権付株式）		取締役会の決議による導入 （差別的行使条件付の株主割当型新株予約権）	
		適法性の要件	合理性の要件	適法性の要件	合理性の要件
原則1	企業価値・株主共同の利益	○	償却条項	・企業価値・株主共同の利益の確保向上を目的として活用	同左
原則2	事前開示・株主意思	三原則合致し、適法性が高い	サンセット条項	・防衛策の目的などの開示・株主が消去できる条項	同左
原則3	必要性・相当性		償却できない黄金株などは、公開会社は採用するのは慎重であるべき	・被差別性の確保 ・財産権の保護 ・取締役会による濫用の防止	・同左 ・同左 ・客観的な防衛策廃止要件の設定 ・独立社外者の判断重視

■ 適法性や合理性の高い方策

株主保護型	客観的廃止要件設定型	客観性と独立性のバランス	独立社外チェック型
株主承認 ＋ ・償却条項 ・サンセット条項	取締役会の決議 ＋ 株主による廃止の可能性 非差別性　財産権　濫用防止 ＋ 廃止要件の客観性の確保	廃止要件の客観性 （高）◄──────►（低） 社外者の独立性 （高）◄──────►（低）	取締役会の決議 ＋ 株主による廃止の可能性 非差別性　財産権　濫用防止 ＋ 独立社外者の確保

くことです。そのためには、株式動向の把握をしておくことも大切です。こうして、買収者の買付費用の負担を増大させることができます。また、株主に不満を抱かせないために、利益に応じた配当、株主に対するＰＲに心を配ることが大切です。米国でも最近、市場価額と株価の期待価格との差をどう縮めるかが、「バリューギャップの解消」として経営者の責任とされています。03年のユシロ化学工業、ソトーのケースでは、配当金を増額することでTOBの阻止に成功しています。

(2) 買収行動に対する臨戦策

それでは次に、予防策を講じたにもかかわらず、現実に敵対的M&Aを仕掛けられた場合の臨戦策を考えましょう。これは、①ライツプランの発動、②現経営陣の経営権を保全するために必要な株式数を確保すること、③その他の方策に大別できます。

① ライツプランの発動

前述の採用したライツプランを発動することです。

07年にスティール・パートナーズがブルドックソースに対して仕掛けた敵対的M＆Aに対して、TOB期間中に防衛策が株主総会の特別決議で採用され、実際に発動されました。ライツプラン防衛策の発動としては数少ない例です。

なお、経産省の企業価値研究会では、前記の05年5月27日に公表された指針（ガイドライン）が策定されてから以降、500社を超える企業が防衛策を導入した実態に鑑みて、合理的な買収防衛策のあり方を示すとともに、過去の裁判例との関係について整理した報告書「近時の諸環境の変化を踏まえた買収防衛策の在り方」を公表しています（08年6月30日）。詳細は経産省ホームページをご参照ください。ここでは防衛策の「導入」とともに「発動」の在り方について検討しています。項目だけを示しておきます。

i　基本的視点と被買収者の取締役の行動の在り方
ii　買収防衛策についての考え方の整理

買収防衛策が株主共同の利益を向上させるものか否かについて過去の判例を整理しています。

ⅰ　株主が買収の是非を適切に判断するための時間・情報や、買収者・被買収者間の交渉機会を確保する場合（日本技術開発事件　東京地決05・7・29）

ⅱ　買収提案の内容に踏み込んで実質的に判断を下し、発動し、買収を止める場合

　（イ）株主共同の利益を毀損することが明白である濫用的買収に対して発動する場合（ニッポン放送事件　東京高裁決05・3・23）

　（ロ）買収提案が株主共同の利益を毀損するかどうかという実質判断に基づき発動する場合（ブルドックソース事件　最高裁決07・8・7）

上記整理の上、株主意思の原則との関係、買収者に対する金員などの交付について、株主に対する情報開示の水準の観点から在り方が報告されています。

②　現経営陣の経営権を保全するために必要な株式数の確保

ⅰ　新株（新株予約権）の発行——新株を発行して現経営陣側の株式数を増やし、買収側の株式比率を薄める方法です。この手続きをとる場合の注意点は第3章で述べた通りです。また、①のライツプランの発動のポイントに注意してください。

ⅱ　定款で定めた種類株式、社債などの発行

ⅲ　自己株式の取得——自己株式の取得によって現経営陣の持株比率を高めることです。

　法的な問題点は第2章で述べた通りで、原則禁止から、財源、手続きの条件のもとで緩和されました。しかしながら、現経営者の保身のためだけの高値での自己株式取得は、取締役の責任が発生することに注意が必要です。子会社による親会社の自己株式の取得は緩和されず、禁じられています。

ⅳ　安定株主工作——予防策のところでも安定株主工作について述べましたが、ここでいう安定株主工作はもっと臨戦的な方策です。現経営陣の意向に合わせるため、委任状をとりまとめることにより、株主の意思を固めさせ、買収側の株式取得を諦めさせることです。特に株主は、買収側の呈示する買収価格、買取条件に惑わされるわけですから、大株主を集め、現経営陣が頑張っていることや、株主に対する高率の利益配当を示すなどして大株主に対

しアピールし、安定株主として現経営陣を支援してもらうようにすることが大切です。

ⅴ　関係会社の議決権の活用——防衛の要は、やはり株主総会における議決権です。現経営陣を支持する関係会社の議決権を最大限活用し、行使できる状態にしなければなりません。

ところが、おうおうにして、関係会社については、株式の持合いが進みすぎ、その関係会社の株式を当該会社の発行済株式総数の4分の1を超えて保有している場合があります。第2章1節で述べたように、この場合には、その関係会社は防衛すべき会社の株式の議決権を行使することはできなくなってしまいます。したがって、持合い関係をチェックし、関係会社の株式を4分の1を超えて（例えば、26%）所有している場合には、そのシェアを4分の1以下にして、関係会社が株主総会での議決権を行使できる状態にしておくことが重要です。この持合い関係は親子会社にも広がるので、その点のチェックも必要です。

③　その他の臨戦策

ⅰ　労働組合の協力を得る——敵対的M&Aを仕掛けられた場合には、労働組合の協力を得ることも必要です。企業を構成するヒト、モノ、カネのうち、人材が会社の中で重要な要素であることはいうまでもありません。組合の協力なしではM&Aを完遂することは困難です。そのためには、経営陣の組合に対する日頃の努力が必要です。もっと臨戦的には、労働組合なり社員を集めて、文書などで経営陣が危機を訴え、企業防衛の協力を求めることです。例えば、秀和に株を買い集められた忠実屋の労働組合が、秀和の構想に反発し、労使一体となって一方的な流通再編構想に反対するという決議をしています（1989年8月）。また、ライブドアの買収に対し、ニッポン放送の社員が労働組合結成を検討して買収に反対する、という動きがありました（05年3月）。

ⅱ　買収側の議決権を停止する仮処分——買収側の株主の議決権の行使をさせない仮処分決定をとることも可能です。特にグリーンメーラー相手の場合には、株式取得自体の効力、すなわち株式の帰属を争い、買収側の株式は単

なる名義株にすぎないということを理由に、仮処分申請をすることが可能です。

iii 独占禁止法の活用——独禁法上の制約のある会社を合併、結合してしまうことによって、買収側の株式取得そのものを独禁法違反に持ち込んでしまうという方法です。

　敵対的M&Aを仕掛けられた場合に、買収側の企業と独禁法上の競争関係にある会社を吸収合併する、あるいは自社内に買収側企業と競争関係にある事業部門を創設し、買収できなくすることができます。

iv その他

　（イ）焦土作戦（スコーチド・アース・ディフェンス　Scorched Earth Diffence）——会社をまったく魅力のないものにしてしまう、つまり焦土にしてしまうという、自滅的な防衛方法です。これにより、買収者の買収意欲を失わせてしまいます。例えば、主要な資産や、魅力のある指針部門、技術など（クラウンジュエル）を売却してしまう、あるいは対象会社にとって、きわめて不利な長期契約を締結したりして妨害する方法です。しかしながら、魅力ある部門や営業などを実際の価値以下で売却すれば、企業価値を損なう行為として株主代表訴訟などにより取締役の責任を追及されるリスクがあります。最終的には司法判断ですが、防衛策として使用するためには慎重な検討が必要です。

　（ロ）白馬の騎士（ホワイトナイト　White Knight）——買収を仕掛けられた会社が、その会社と友好的な関係にある会社に、より有利な条件で買収してもらうよう依頼する場合に、その依頼先の会社をホワイトナイトと呼びます。山之内製薬（現アステラス製薬）が、株買い占めに苦しむ米シャクリーの要請を受けて、同社を救済買収した件が、わが国企業の最初のホワイトナイトの例といわれており、わが国でも十分可能な方法です。

　（ハ）パックマン・ディフェンス（Packman Diffence）——買収をかけられた会社が、反対に相手の会社に対して買収をかけることです。TOBをかけられた会社が、逆に相手会社にTOBをかけかえすことで、テレビゲームのパックマンに似ていることでこの名があります。

(3) 過剰防衛は許されない

　企業の買収防衛は、高値買取り要求など濫用的な買収者に対して当然必要なことです。しかし、現経営陣の保身のためのみに過剰防衛することは許されません。最終的には司法の判断になりますが、防衛策を導入・発動することが企業価値・株主共同の利益を確保するもの、または向上させるものでなくてはなりません。

　防衛策導入とその発動については多くの実例、裁判例が出ています。前記企業価値研究会の08年6月30日の報告書はこれらのケースを分析して整理しています。株主の意思、利益の関係では、濫用的買収に対する発動は取締役会の決議で足りるが、買収提案が株主の共同の利益を毀損するかどうかなど、実質的な判断を要する場合には、単に多数の株主から賛成を得たというだけで防衛策が正当化されるものではないとし、取締役会が株主に対して十分な説明責任を果たしているか、買収者の属性なども勘案して発動の公正さが判断されるべきとしています。

　また、買収者に対する金銭交付による解決はすべきでないとしています。また、社外の独立委員会については、現経営陣から独立性が担保されていなければその勧告に従っただけでは正当化されないとしています。このように、防衛策の策定、導入、発動については難しい法律判断が求められますので、専門弁護士、公認会計士などのアドバイスが不可欠です。

　なお、米国においては、デラウェア最高裁判所のUnocal判決（1985）、Revlon判決（1986）およびその後の多くの判決が、防衛策についての基準を示しています。

索引 (Index) ── 太字は用語の主要な説明がなされているページ数です。

【タ行】

【ナ行】

［編著者・執筆者紹介］

■ 森信 静治 （もりのぶ・せいじ）

担当： 第2章、第3章1〜4節、第4章1〜6節、第5章1〜4節、第12章〜14章

梅新法律事務所所長、弁護士。

1975年、司法試験合格。76年、大阪大学法学部卒業。78年、弁護士登録（大阪弁護士会）。久保井法律事務所を経て、88年、梅新法律事務所開設、現在に至る。04年度に大阪弁護士会副会長。訴訟などの一般法律実務のほか、数多くの企業法務、M&A案件に携わっている。

瀬川武生 （せがわ・たけお）
1993年、司法試験合格。94年、京都大学法学部卒業。96年、弁護士登録（大阪弁護士会）。同年、梅新法律事務所入所、現在に至る。

奥野弘幸 （おくの・ひろゆき）
1997年、司法試験合格。98年、京都大学法学部卒業。2000年、弁護士登録（大阪弁護士会）。同年、梅新法律事務所入所、現在に至る。

三谷岳大 （みたに・たけひろ）
2007年、大阪市立大学法科大学院卒業。同年、司法試験合格。08年、弁護士登録（大阪弁護士会）。同年、梅新法律事務所入所、現在に至る。

■ 川口 義信 （かわぐち・よしのぶ）

担当： 第3章5節、第4章7節、第5章5節、第6章、第7章、第8章5・6節、
　　　 第12章2節 (2) ⑤

KDA監査法人代表社員。（有）エル企画取締役。
公認会計士・税理士　川口義信事務所所長。

1969年、神戸大学経済学部卒業。川崎製鉄を経て、78年、公認会計士登録。会計監査業務のほか、M&A、事業承継、企業再生、経営改善指導などの諸業務に従事している。

■ 湊　雄二 （みなと・ゆうじ）

担当： 序章、第8章1〜4節、第9章〜11章

（株）ネットM&Aコンサルティングファーム代表取締役

1973年、大阪大学経済学部卒業。住友銀行入行、情報開発部次長を務め、アドバイザーとして数多くの国内M&Aを成約、海外勤務11年を経験し国際業務にも精通。2000年、ネットM&Aコンサルティングファームを設立、M&Aのほか、03年から8年間大阪府の元気出せ大阪ファンド、再生支援部主任として数多くの企業再生に携わる。
著書『M&A相談業務入門』『CFO養成講座テキスト4』（共著、銀行研修社）
Eメール： net-ma-firm@kdp.biglobe.ne.jp

攻めのM&A戦略ガイド

2012 年 4 月 23 日　1 版 1 刷

編 著 者	森　信　静　治 川　口　義　信 湊　　雄　二

© Seiji Morinobu, Yoshinobu Kawaguchi,
Yuji Minato, 2012

発 行 者　斎　田　久　夫

発 行 所　日本経済新聞出版社
http://www.nikkeibook.com/
東京都千代田区大手町 1-9-5　〒100-8066
電話 03-3270-0251（代）

印刷／製本　中央精版印刷
ISBN978-4-532-31797-3

Printed in Japan